四川省哲学社会科学研究"十四五"规划 2022 年度课题"成渝双城经济圈建设"重大项目（SC22ZDCY03）

基于金融生态的成渝共建西部金融中心路径研究

魏良益　吴佳其　钟　鹏　李　晶　著

西南交通大学出版社
·成　都·

图书在版编目（CIP）数据

基于金融生态的成渝共建西部金融中心路径研究 / 魏良益等著. -- 成都：西南交通大学出版社，2024.8.
ISBN 978-7-5643-9958-0

Ⅰ. F832.771.1；F832.771.9
中国国家版本馆 CIP 数据核字第 20247K7P34 号

Jiyu Jinrong Shengtai de Cheng-yu Gongjian Xibu Jinrong Zhongxin Lujing Yanjiu
基于金融生态的成渝共建西部金融中心路径研究

魏良益　吴佳其　钟　鹏　李　晶　著

策 划 编 辑	孟　媛　吴　迪
责 任 编 辑	孟　媛
封 面 设 计	墨创文化
出 版 发 行	西南交通大学出版社
	（四川省成都市金牛区二环路北一段 111 号
	西南交通大学创新大厦 21 楼）
营销部电话	028-87600564　028-87600533
邮 政 编 码	610031
网　　　址	http://www.xnjdcbs.com
印　　　刷	成都蜀雅印务有限公司
成 品 尺 寸	170 mm × 240 mm
印　　　张	14
字　　　数	208 千
版　　　次	2024 年 8 月第 1 版
印　　　次	2024 年 8 月第 1 次
书　　　号	ISBN 978-7-5643-9958-0
定　　　价	68.00 元

图书如有印装质量问题　本社负责退换
版权所有　盗版必究　举报电话：028-87600562

前言

2020年1月3日，习近平总书记在中央财经委员会第六次会议上提出，要大力推动成渝地区双城经济圈建设，要使成渝地区成为具有全国影响力的重要经济中心、科技创新中心、改革开放新高地、高品质生活宜居地，在西部形成高质量发展的重要增长极。成渝共建西部金融中心是建设具有全国影响力的重要经济中心的重要支撑，是落实国家成渝地区双城经济圈建设战略的重大举措，将深刻改变成渝地区金融业发展能级和全国金融资源布局，提升成渝两地及核心城市在全国乃至全球金融大格局中的战略地位。

成渝共建西部金融中心是建设中国特色现代金融体系的新创举，需要在金融中心建设的理论和实践两方面创新。纵观全球金融中心发展演化历史，金融中心大多以国际性或区域性单一的中心城市为依托，诞生在经济、商贸高度发达的国家或地区。金融中心与中心城市、区域经济相互促进，共生共荣，彼此成就。以两个国家中心城市为核心，在西部内陆地区建设我国区域性的金融中心，是西部金融中心建设的重要特点。成渝共建西部金融中心意味着必须对现有金融中心理论和具体路径进行开拓性的探索。

西部金融中心建设是一个系统工程。从全国战略布局看，西部金融中心首先服务于成渝地区及西部地区经济社会高质量发展，与北部（京津冀）金融中心、东部（长三角）金融中心、南部（粤港澳大湾区）金融中心共同形成支撑我国社会经济高质量发展四大经济增长极的总体格局，西部金融中心建设必然涉及金融资源在全国乃至国际的流动、配置与优化。从成渝地区发展看，发展新质生产力，以传统产业升级、战略性新兴产业发展和未来产业培育为重点的现代产业体系重构，是成渝地区当前及今后一段时间的重要任务。与之相对应，在西部金融中心建设过程中，遵循金融中心演化发展规律，统筹建设目标与建设路径，并在建设实践中不断进行理论创新和实践创新，具有重要意义。

  本书主要介绍成渝共建西部金融中心的理论探析、国内外金融中心建设模式与经验借鉴、建设背景与基础、金融生态环境建设路径、金融生态主体建设路径、金融生态调节机制建设路径、建设使命任务问题与政策建议等内容，提出西部金融中心建设应重点从金融生态环境建设与"政府有为"两大方面寻求发展等观点和相应的政策建议，对指导西部金融中心建设具体实践具有一定的参考价值。

目录

第一章　绪　论 ………………………………………………… 001
　第一节　研究背景与意义 ……………………………………… 001
　第二节　国内外文献综述 ……………………………………… 002
　第三节　研究思路、研究方法及创新之处 …………………… 005

第二章　成渝共建西部金融中心的理论探析 ………………… 007
　第一节　金融中心建设的相关理论 …………………………… 007
　第二节　多主体共建金融中心的相关理论 …………………… 014
　第三节　成渝共建西部金融中心的金融生态理论 …………… 027

第三章　国内外金融中心建设模式与经验借鉴 ……………… 034
　第一节　欧美代表性国际金融中心建设模式及启示 ………… 035
　第二节　新加坡国际金融中心建设模式及启示 ……………… 040
　第三节　香港国际金融中心建设模式及启示 ………………… 042
　第四节　上海国际金融中心建设模式及启示 ………………… 045
　第五节　深圳国家金融中心建设模式及启示 ………………… 048
　第六节　经验与借鉴 …………………………………………… 050

第四章　成渝共建西部金融中心的背景与基础 ……………… 053
　第一节　建设背景 ……………………………………………… 053
　第二节　建设基础 ……………………………………………… 055
　第三节　存在的主要问题 ……………………………………… 071

第五章　成渝共建西部金融中心的金融生态环境建设路径研究 ……… 075
　第一节　成渝地区金融生态环境发展现状 …………………… 078
　第二节　基于金融生态的西部金融中心
　　　　　环境优化与制度创新逻辑 …………………………… 087

第三节　基于金融生态的西部金融中心
　　　　　　环境建设重点与任务 ································ 094
　　　第四节　基于金融生态的西部金融中心
　　　　　　环境建设的主要路径 ································ 123

第六章　成渝共建西部金融中心的金融生态主体建设路径研究 ······· 131
　　　第一节　成渝两地金融生态主体发展现状 ···················· 131
　　　第二节　金融生态环境影响金融主体发展的
　　　　　　内在机制和理论分析 ································ 132
　　　第三节　西部金融中心金融主体成熟度测度 ·················· 142
　　　第四节　基于金融生态的西部金融中心主体
　　　　　　建设重点与任务 ···································· 149
　　　第五节　基于金融生态的西部金融中心主体
　　　　　　建设的主要路径 ···································· 160

第七章　成渝共建西部金融中心的金融生态调节机制
　　　　建设路径研究 ··· 165
　　　第一节　成渝两地金融生态调节机制建设现状 ················ 166
　　　第二节　基于金融生态的西部金融中心
　　　　　　生态调节机制的内在机理 ···························· 172
　　　第三节　基于金融生态的西部金融中心
　　　　　　生态调节机制建设重点与任务 ························ 182
　　　第四节　基于金融生态的西部金融中心
　　　　　　生态调节机制建设的主要路径 ························ 187

第八章　西部金融中心建设使命与政策建议 ······················· 193
　　　第一节　建设使命 ··· 193
　　　第二节　政策建议 ··· 196

参考文献 ·· 211

第一章 绪 论

第一节 研究背景与意义

2021年3月,《中华人民共和国国民经济和社会发展第十四个五年规划和2035年远景目标纲要》发布,提出要建设西部金融中心;2021年10月,中共中央、国务院印发《成渝地区双城经济圈建设规划纲要》,进一步明确西部金融中心建设是成渝地区双城经济圈建设的重要内容;2021年12月,中国人民银行等八部门联合印发《成渝共建西部金融中心规划》,这标志着成渝地区共建西部金融中心进入实质性操作阶段。本书的研究目的是在探索区域金融中心建设规律的基础上,为成渝地区共建西部金融中心的实施路径提供理论支持和政策建议。

其研究价值与意义体现在两个方面:

(1)理论意义上,从金融生态角度出发,为成渝地区共建西部金融中心提供学理依据。改革开放以来,全国共有30多座城市提出要建设区域金融中心,在不同历史时期,成都、重庆、西安、昆明都提出过要建设西部金融中心。然而,从国际经验来看,金融中心的形成和发展,具有内在的规律性。本书基于金融生态理论体系,主要探讨成渝共建的西部金融中心的金融生态环境、金融生态主体、金融生态调节机制等内涵,及其建设路径问题,将金融生态理论与西部金融中心建设路径实践相结合,让研究既有理论价值,又有实践指导意义。

(2)实践意义上,本书通过梳理国内外主要金融中心的建设发展历程进行对比分析,探讨区域金融中心建设的一般规律,以期为成渝共建西部金融中心提供经验借鉴，并针对性地提出西部金融中心建设的对策建议，对加快推进成渝地区双城经济圈建设、改善金融资源地区分布不均衡、实现我国社会经济区域协调发展等实践创新具有一定参考价值。

第二节　国内外文献综述

金融中心一般是指城市，这类城市有一定的特殊性，比如它们具有显著的特点：金融机构在此地高度集中，资金流动和集散能力突出；金融信息的交换与传递在这里迅速且高效；同时，这些城市的金融业务辐射范围远超过本地区，实现了金融资源的优化配置和高效利用。这些特征共同构成了金融中心的核心竞争力和影响力，使其成为区域乃至全球金融活动的重要枢纽。

早在 1922 年，Gras 就从商业、工业、运输业以及金融业四大方面对城市经济进行剖析，四个方面相比较而言，金融业位于城市经济发展顶端，当金融业高度发达，金融主体高度集聚后，集聚城市就成为金融中心[1]。Kindleberger（1974）则对金融中心的功能进行了界定，将其总结为金融交易中介、区域间价值储存器、跨地区支付和资金跨区流动平台的综合中心[2]。Thrift（1979）认为，金融中心是一种特别的工具，主要处理日益增加的在经济体系循环的货币信息[3]。

从理论上解释金融中心演进和形成的内在机理，是学术界研究的重要课题。梳理下来，主要有以下几个流派：一是集聚经济理论学派，该学派侧重对国际金融中心形成和发展的影响因素进行研究，尤其关注金融机构和市场集中，这一学派以美国麻省理工学院的金德尔伯格为主要代表。二是区位选择理论学派，该学派重点从国际金融中心的选址视角研究其影响

1　GRAS N S B. The development of metropolitan economy in Europe and America[J]. The American historical review, 1922, 27(4): 695-708.
2　KINDLEBERGER C. The formation of financial centers: a study in comparative economic history[M]. Princeton: Princeton University Press, 1974: 58-70.
3　THRIFT N. On the social and cultural determinants of international financial centers: the case of the city of London[M]. Blackwell, 1994: 327-355.

因素，其主要代表是英格兰银行经济学家戴维斯。三是金融地理理论学派，该学派从地理空间角度研究金融中心的影响因素，尤其认为物理距离是金融中心选择的关键指标。

关于金融中心的类别划分，主要有以下几种划分方法。Dufey 和 Giddy（1978）系统分析金融中心的发展和演进规律，提出商业部门的业务发展会推动金融机构扩张，进而形成金融中心，而且这是一个渐进过程；由此，他们把金融中心划分为传统中心、金融集散地、离岸银行中心三类[1]。Reed（1981）则将金融中心分为世界性金融中心、国际性区域金融中心、全国性金融中心、国内区域性金融中心以及省市一级的金融中心五个级别，其依据是金融中心的能级差异性[2]。McCarthy（1979）按金融中心的功能和目的，将其划分为簿记中心和功能中心两类[3]。Park（1982）则把金融中心分为四类：基本中心、簿记中心、筹资中心、融资中心，其依据是资金流向和目的[4]。

金融是经济的核心，经济的高质量发展离不开金融的支持，每一个经济发达城市都将建立金融中心作为城市发展目标。关于金融中心的相关研究，我国学者已经提出了一系列观点与对策。王廷科、张军洲（1995）从国家的金融资源空间布局进行分析，提出区域金融中心分布与金融结构空间分布是相吻合的[5]。殷德生、肖顺喜（2000）提出区域金融中心有其自身的内在机制，建设区域金融中心必须遵循规律[6]。殷兴山等（2003）对区域金融中心的竞争力进行研究，并构建了一套综合评价指标体系[7]。吴念鲁和杨海平（2008）借鉴国际金融中心发展经验，提出我国可以布局多个金融

---

1 DUFEY GR. GIDDY I. H. Financial centers and external financial markets[M]. NJ: Prentice-Hall, 1978: 35-47.
2 REED H. C. The pre-eminence of international financial centers[M]. New York: Praeger, 1981.
3 MCCARTHY L. Offshore banking centers: benefits and costs[J]. Finance and development, 1979, 16(4): 45-48.
4 PARK Y. S. The economics of off shore financial centers[J]. Columbia journal of world business, 1982, 17(4): 31-35.
5 王廷科, 张军洲. 中国的金融中心问题研究[J]. 金融与经济, 1995(1): 14-19.
6 殷德生, 肖顺喜. 体制转轨中的区域金融研究[M]. 上海：学林出版社, 2000.
7 殷兴山, 贺绎奋, 徐洪水. 长三角金融集聚态势与提升竞争力分析[J]. 上海金融, 2003(8): 42-44.

中心，包括区域金融中心和区域性国际金融中心[1]。

金融生态理论是我国特有的中国特色金融理论体系，从2004年中国人民银行周小川行长提出以来，就成为研究考察中国金融问题的重要理论依据之一[2]。李扬等（2005）提出金融体系受所在区域的政治、经济、文化等环境要素和区域内的经济主体的影响。杨子强（2005）提出金融生态环境的广义和狭义概念，对于不同的层次在金融市场发展中所采取的措施应有差异[3]。曾康霖（2005）对金融生态、金融环境、金融管理等概念进行解析，认为一方面金融生态实质就是金融环境，另一方面，金融生态与金融管理具有很大的差别[4]。程亚男等（2006）提出一种健康的区域金融生态的理想模式，并构建评价指标体系对其分解研究[5]。马德功等（2012）对比成都和重庆在构建区域金融中心方面的优势和不足，这为目前成渝地区双城经济圈构建西部金融中心提供了一定的参考借鉴[6]。林欣（2016）提出中国金融生态与经济增长之间是相互依赖、相互促进的关系[7]。邢乐成等（2021）对我国普惠金融的实现路径从金融生态圈视角提出新的见解，并进行了金融生态圈案例实证研究[8]。

我国全国性金融中心主要是指上海、北京、深圳，其他均为区域性金融中心，从全国性及区域性金融中心布局可以看出，区域金融资源分布不均衡，东部多、西部少的问题很明显，所以在我国西部地区建设西部金融中心对于经济均衡发展具有非常重要意义。李忠民等（2010）在其研究中提出在西部布局两个核心区域金融中心和两个涉外区域金融中心的观点[9]。陈敏灵等（2010）选择重庆、成都、西安三个西部城市为研究对象，就三

---

1 吴念鲁，杨海平. 关于打造中国国际金融中心的评析与思考[J]. 金融研究，2008, (8): 166-176.
2 周小川. 法治金融生态[J]. 中国经济周刊，2005(3): 11.
3 杨子强. 金融生态环境与经济健康发展[J]. 银行家，2005(5): 24-28.
4 曾康霖. 试论我国金融资源的配置[J]. 金融研究，2005(4): 12-15.
5 程亚男，等. 区域金融生态环境评价指标体系研究[J]. 金融理论与实践，2006(1): 10-13.
6 马德功，杨陈晨，刘林昕. 成渝构建区域金融中心比较研究[J]. 社会科学研究，2012, (4): 14-18.
7 林欣. 中国金融生态与经济增长关系研究[J]. 统计与决策，2016(1): 119-123.
8 邢乐成，白朴贤，邢之光. 中国普惠金融实现路径研究——基于金融生态圈案例[J]. 山东社会科学，2021(12): 125-132.
9 李忠民，邹明东. 西部构建区域金融中心的比较研究[J]. 西部金融，2010(5): 36-37.

者推进西部金融中心建设的设想进行了对比分析，并就推进西部金融中心建设中三地的发展思路提出了建议[1]。耿小烬（2020）则从长期以来金融资源分布不均衡的问题出发，提出建设西部金融中心对我国金融整体稳定协调发展具有十分重要的意义[2]。

第三节 研究思路、研究方法及创新之处

一、研究思路

本书以西部金融中心建设路径为研究对象，对成渝共建西部金融中心建设有关问题进行深入分析，阐释成渝共建西部金融中心的重要作用和意义。在对现有国际国内区域金融中心建设经验进行归纳、整理的基础上，研究成渝共建西部金融中心的金融生态环境建设路径。在分析金融生态主体概念、分布现状、发展问题的基础上，研究适应西部金融中心发展多层次需求的金融生态主体建设路径。从政府与市场的关系视角出发，研究成渝共建西部金融中心的金融生态调节机制建设路径。

二、研究方法

1. 定性研究方法

本书理论性较强，需对西部金融中心的金融生态建设相关问题进行归纳综合，依据金融生态理论、系统理论等，从理论上探寻西部金融中心建设具体的可行路径。

2. 定量研究方法

本书将利用可获得数据，对西部金融中心建设现状与存在的问题进行

---

1 陈红霞，陈敏灵. 川、渝、陕构建区域金融中心的现实条件与路径研究[J]. 软科学，2010，24 (9): 71-76.
2 耿小烬. 金融资源分布、区域性金融中心布局与西部金融中心建设研究[J]. 改革与战略，2020，36 (2): 87-94.

定量分析，为西部金融中心建设路径科学化提供支撑。

3. 比较研究方法

本书将运用比较研究方法对西部金融中心建设问题及生成原因进行多层面、多角度比较。

4. 跨学科研究方法

本书将借鉴社会学、历史学、统计学等学科的研究方法，对金融生态体系与区域金融中心建设从理论解析和应用对策视角进行研究。

三、创新之处

一是问题选择与研究视角的创新。本书以问题导向与实践需要指导研究，从完善我国金融治理体系的角度研究西部金融中心建设路径问题。提出西部金融中心建设是我国金融治理体系的重要组成部分；并在我国金融治理体系框架中再次探讨政府与市场的关系，具有一定的创新性。

二是主要学术观点与内容的创新。本书研究的选题较新，最主要的创新观点体现在厘清了金融生态体系与区域金融中心建设的耦合关系，创造性地运用金融生态理论体系指导西部金融中心建设，并在成渝共建西部金融中心的过程中建设好、维护好成渝地区的金融生态。

第二章
成渝共建西部金融中心的理论探析

金融中心的建设，已经成为我国当前改革开放和经济社会发展的热点问题。据不完全统计，国内已有 30 多个城市竞相提出建设区域金融中心。2021 年 12 月，由中国人民银行等八部门联合发布了《成渝共建西部金融中心规划》，这标志着成渝共建西部金融中心作为国家规划进入了实质性操作阶段。[1] 深入研究区域金融中心形成机制和发展规律，指导区域金融中心联动化、差异化、特色化建设与发展，在全球新一轮金融资源争夺中抢占有利位置、获得竞争优势，具有十分重要的意义。

第一节　金融中心建设的相关理论

一、金融中心与经济发展关系理论

金融中心的形成、演进与发展，与一国或一个地区的经济、法律、社会、政治、文化、地理位置等多种因素相关。但其中最为重要的仍然是经济因素，经济发展与金融中心建设之间存在相辅相成、相互促进的关系。一方面，良好的经济基础是金融中心形成的必要条件，因为经济基础是金融中心这一经济发展高级形式产生的前提。另一方面，金融中心的形成和发展，对该地的经济发展具有十分重要的促进作用。[2]

---

[1] 中国人民银行，等. 成渝共建西部金融中心规划[Z]. 2021-12-28.
[2] 孙剑，苗建军. 我国区域金融中心的划分与构建[J]. 现代经济探讨，2006(2)：80-83.

1. 经济实力是金融中心形成的必要基础

金融作为经济的高级形态，是以经济发展为基础的。金融中心的形成，必须以一定的经济发展水平作为基础和条件。[1]经济的快速发展，会产生大量的资金需求；同时，经济的快速发展，又会促进居民收入和储蓄实现较快增长，资金供给增加。大量的资金供给和需求进行匹配，促进了金融机构和金融资源的集中以及金融环境的完善，促进金融中心的形成和发展。

在金融中心发展历史中，最初形成的国际金融中心大多依靠国际贸易作为支撑，[2]通过大量的国际贸易来促进资本的集聚。国家或地区在全球经济地位的提高则促使全球范围的国家或地区在该地发展金融业务和进行金融交易，从而进一步导致国际金融市场的发展。回顾历史，英国伦敦、美国纽约和日本东京先后成为国际金融中心，均与该国的经济实力快速增强紧密相关。正是因为这些国家在特定时期经济实力迅速雄厚，刺激了这些国家金融业发展，从而逐步演化成为国际金融中心。[3]

2. 金融中心对经济发展具有良好的促进作用

金融作为现代市场经济的核心，连接着国民经济的各个方面，涉及社会各部门、各行业、各单位和每个社会成员，能够较为深入地反映市场的经济活动。金融中心聚集了大量的金融机构，成为资金、信息和资源等生产要素的集散中心。金融中心通过市场机制能够充分实现各种社会资源的有效配置，满足经济发展对金融服务的有效需求，通过对经济产生强大的拉动和辐射作用来推动社会经济增长。

一是金融中心通过集聚效应推动经济增长。金融中心拥有数量众多的金融机构，实现金融资源的空间集中，使得融资和投资更加便利，也进一步降低风险，使实体企业融资信息成本和交易成本都得以降低；同时，大量的金融机构集聚在一起，为竞争性企业创新活动提供金融服务，有利于

---

[1] 张金清，石黎战，沈战. 我国区域金融中心形成的经济、金融发展阈值效应研究[J]. 复旦学报（社会科学版），2016, 58(1): 121-134.
[2] 王巍，李明. 国际金融中心的形成机理及历史考评[J]. 广西社会科学，2007(4): 65-68.
[3] 戴了. 香港金融中心影响力分析[D]. 沈阳：辽宁大学，2018.

新产品、新技术、新服务优先得到金融资源的支持，促进产品升级和技术进步，提升经济竞争力。

二是金融中心作为增长极产生扩散效应推动经济增长。金融中心具有良好的经济发展环境和金融市场基础，能够吸引周边地区甚至国外资源流入当地，[1]促进当地金融业和其他产业的发展，金融中心逐渐形成经济增长极。由于金融中心的扩散效应，金融机构提供的金融服务向周边地区扩散，增加了金融机构的辐射范围，增强了金融中心对周边区域的带动能力，从而促进周边地区金融发展和经济增长，最终实现区域经济整体发展。[2]

三是金融中心通过外部规模经济效应促进经济增长。企业通过金融中心的金融市场开展投融资活动，由于金融中心的规模经济效应，企业能够运用较少的周转资金就能为大规模经营活动提供资金支持，并降低融资成本。[3]证券市场为资金短缺者提供融资渠道，也为有盈余的资金方提供了投资对象。金融市场规模越大，资金流动性越强，越能满足资金供给方和资金需求方的要求，使融资成本和投资风险进一步降低。

由此可见，区域金融中心的形成与发展，首先是一个国家或一个地区的经济发展问题。金融的发展离不开经济的发展，脱离了经济谈金融，金融将成为空中楼阁。同时，金融中心问题也是一个区域经济中心问题，金融中心是区域经济和区域金融均衡发展到一定阶段的必然产物，[4]一旦金融中心形成，将会延续既有的路径不断发展，对区域经济产生较大的推动作用。

二、金融中心成因理论

从理论上解释金融中心的演进和形成的内在机理，是学术界研究的重要课题。

---

1 杨宁. 金融产业集聚与区域经济增长关系研究[J]. 合作经济与科技，2015(10): 45-46.
2 陆军，徐杰. 金融集聚与区域经济增长的实证分析——以京津冀地区为例[J]. 学术交流，2014(2): 107-113.
3 李扬. 金融中心：聚集金融资源的有效机制[J]. 经济管理，2003(9): 60-63.
4 慕丽杰. 中国区域金融非均衡发展研究[D]. 沈阳：辽宁大学，2009.

1. 金融中心形成的区位选择理论

一般认为,《金融中心的形成：基于比较经济史的研究》是学界首部关于金融中心的学术专著。在这本著作中，金德尔伯格（Kindleberger，1974）通过考察发现，形成金融中心的所在地往往具备多种区位优势，[1]这些区位优势不仅包括地理优势、交通优势、时区优势等自然区位优势，也包括市场优势、经济优势等软性优势。伦敦、法兰克福、罗马、纽约、芝加哥等历史上的金融中心，与其所处的地域密不可分，上述地区的地形地貌、气候水文等方面拥有独特的优势。翻看世界贸易史可以发现，金融中心几乎都是从海洋、湖泊贸易通道上的枢纽城市发展起来的，作为商品的集散地，先有交易，后有市场，再有金融中心。国际著名的金融中心，往往是地处江河湖海边的贸易枢纽，这有助于参与金融交易的企业降低运输成本。市场优势包括人口规模优势与资金实力优势；时区优势则体现为在相同的时差内形成市场工作日的衔接。区位之所以重要，是因为区位优势的存在可以有效降低金融企业经营成本，提高经营效率，因而能够在市场竞争中胜出。

1990年，英格兰银行经济学家戴维斯（Davis）在金德尔伯格区位选择理论的基础上，从供给与需求、沉没成本与不可分性角度对金融企业的区位选择进行分析。[2]供给要素包括经营特许权、专业人才、经营场所、资金状况等。经营特许权价值来源于金融管制所产生的获取垄断利润的能力，经营特许权是金融企业价值构成的一项重要内容。资金是金融市场最重要的供给因素，资金成本既取决于资金供求状况，同时还要受金融制度、法律等间接因素的影响。需求因素主要是指市场与客户的可得性。沉没成本是指金融机构因为迁移所造成的成本损失以及因新建网点所要支付的有关支出。与金德尔伯格强调自然条件和市场条件等硬性区位条件不同，戴维斯更看重经营特许权、金融制度、法律法规等软性区位优势。

---

[1] 李兵兵. 经济极化发展中的金融极化效应研究[J]. 区域金融研究，2013(11): 10-16.
[2] 潘英丽. 论金融中心形成的微观基础——金融机构的空间聚集[J]. 上海财经大学学报，2003(1): 50-57.

2. 金融中心形成的集聚经济理论

金德尔伯格是金融中心集聚经济理论的最早提出者，他认为集聚在一起的金融企业，通过规模化的金融交易，有助于降低支付结算的渠道成本，进一步提升了资金的使用效益和周转速度。同时，这种集中化的金融机构模式也使金融市场的覆盖面得以扩展，这对于调节不同地区之间的资金供应需求不平衡问题具有积极作用，并有效地提高了市场的流通性。[1]因集中所带来的交易规模的扩大，有利于降低资金需求方的融资成本，并有利于实施多元化战略以分散投资风险。金融机构集聚还有利于金融机构共享通信网络和交通等基础设施，并促进各金融企业信息交流。金德尔伯格认为，正是因为规模经济与集聚经济导致了金融市场与机构的集中，导致了不同等级的金融中心在世界不同区域的形成。

此外，韩国学者帕克（Park）也是上述理论的贡献者之一。在金德尔伯格的研究基础上，帕克提出，当金融从业者在一个地区的集中达到一定的规模量级时，规模经济效应便会显现出来，这就为该地区成为金融中心创造了可能性。金融中心的形成是金融集聚和由之而来的规模经济所产生的观点，被国内多数学者所认同和接受。[2]经济集聚在金融中心形成中的作用主要包括：有利于金融机构之间开展业务合作，有利于金融机构共享客户与基础设施，有利于提高市场流动性和降低投融资风险，有利于金融人才集聚与信息交流以及金融辅助产业发展等。

3. 金融中心形成的信息不对称理论

信息不对称理论以信息不对称以及金融产品的信息特征为主线来解释金融中心的形成，其中代表性的学者是美国经济学家奥布赖恩（O'Brien）。该理论认为，伴随着科技进步带来的信息传输效率提升，未来信息的传递费用将会显著下降，这意味着经济信息的差异性会被信息传递效率的提升逐步削弱，地理位置不再成为影响金融活动的关键要素。这就是所谓的"地

---

[1] 李兵兵. "金融极化"分析范式研究[D]. 武汉:武汉大学，2012.
[2] 覃剑，冯邦彦. 金融中心形成机理研究述评[J]. 首都经济贸易大学学报，2011，13(6)：93-99.

理终结论"。[1]

尽管技术的发展推动了信息的传播与获取，然而市场的有效性和完整性的提升并不意味着地理因素可以被彻底消除。相反，这种影响可能会随着证券信息的多样性而有所波动。例如，基于证券信息的透明程度、空间布局及金融机构的层级关系等因素，这些都会继续产生显著的空间差异。依据这一观察，克拉克和奥康纳提出了一个分类体系，他们把金融产品划为三个类别：透明型、部分透明型和全然不透明型。这个划分主要依赖于产品的信息特性及其所在的市场环境是否足够高效且无缝连接。因此，无论市场如何发展，如果其仍无法达到完美的效率和一致性，那么我们就能预期到这三种类型的金融产品将会长期存在，而且它们的地理重要性也不会随科技的进步而消退。

围绕信息技术会不会导致区位优势对金融中心的影响消失，学界产生了激烈的争论。克拉克和奥康纳（1997）坚决反对奥布赖恩的观点，其理由如下：尽管技术的发展已经极大地改变了生产和经营方式，但地理因素仍然对我们产生着深远的影响。奥布赖恩所述的完全一体化的市场在现实中并不存在，完全有效的市场也只是在理论中存在，因此，地理因素的影响并未随着信息技术的发展而消退，与之相反，地理因素与信息技术相结合，对金融市场的信息不对称产生了深远影响。例如，证券信息的获取本身是有成本的，在不同的区域其透明度会存在差异，根据距离金融中心的远近，其空间分布也存在差异。因此，金融中心的等级结构依然会存在。只要市场不是完全竞争的"完美市场"，信息差异就不会在金融产品上完全消失，地理因素不会因为信息传递效率和技术进步而彻底消失。例如，为了获取更快的网速和更迅捷的信息，量化投资基金一般都选择离证券交易所更近的位置架设交易后台和交易系统，在信息时代金融中心依然会存在。[2]克拉克和奥康纳从信息不对称视角，为金融中心在信息时代的存在提供了一个理论解释。

---

[1] 王朝阳. 金融发展中的地理、区位与集群分析[J]. 中国社会科学院研究生院学报, 2013 (4): 57-62.
[2] 李兵兵. "金融极化"分析范式研究[D]. 武汉：武汉大学, 2012.

波蒂厄斯（1995，1999）则提出了信息腹地概念来解释金融中心的形成和存在必要性。所谓信息腹地，是指一个空间或者区域，在该区域内存在一个特殊的金融中心，该中心是区域内能够获得营利性信息的最佳地点。一国金融中心的信息腹地有这样一种功能，能加强国内各地之间的联系，也能加强国内都市之间的联系。信息腹地的信息流主要取决于内部与外部贸易的模式、交通运输网状况以及历史、制度和政体更替因素。由于技术、经济和制度等因素处在不断变化之中，信息腹地也会发生相应变化。信息腹地的存在是导致金融集聚发生在特定区位的重要原因。一般而言，一个地区必须通过两个阶段的发展，才能形成金融中心：第一阶段是创建一个信息腹地，该信息腹地的作用是以最迅捷的方式开发最高利润的信息流；第二阶段，该地区有能力和途径频繁有效接受加工外来信息。[1]

三、金融中心理论

金融中心理论是介于经济地理学、演化经济学、金融市场学以及国际经济之间的交叉性理论。[2]依据金融中心的发展阶段，杜飞和盖迪（Dufey & Giddy，1978）认为，金融中心首先应该出现在一个大都市，在这个大都市里金融从业者高度聚集，从而形成区域或国家范围内金融机构进行交易的集中清算地。帕克（Park，1989）则认为，国际金融中心作为全球经济的核心枢纽，在地理位置上一般具有无可比拟的优势，这些优势可以归结为四个方面：便捷的交通运输网络形成的交通优势、时差便利性带来的时区优势、港口节点城市所形成的地点优势以及有利政策环境形成的政策优势，上述种种优势使得国际金融中心具备了吸引借款人和投资人的进入优势。[3]戴维斯（1999）指出，从金融活动的结果来看，国际金融中心往往都是金融从业者从事金融活动在空间集聚的中心。金德尔伯格（Kindleberger，

---

[1] 李成，郝俊香. 金融中心发展的理论、总结与展望[J]. 上海金融，2006(11)：4-8.
[2] 杨长江，谢玲玲. 国际金融中心形成过程中政府作用的演化经济学分析[J]. 复旦学报（社会科学版），2011(1)：99-107.
[3] 覃剑，冯邦彦. 金融中心形成机理研究述评[J]. 首都经济贸易大学学报，2011，13(6)：93-99.

1974）从国际金融中心应具备的功能出发，提出：一方面，金融中心要跨时段地为资金供给者与需求者提供中介服务，从而实现资金的期限错配；另一方面，金融中心还需要跨地区地为资金供给者与需求者金融中介服务，从而实现陈志武教授所言的"金融的核心是跨时间、跨空间的价值交换"。[1]金融中心则是跨时空借贷、存储、清算等业务的办理地，从而也成为国内和国际金融交易的清算地。[2]

综上所述，金融中心（financial centers）首先是一个地理区域的概念，这个地理区域能够提供最为便利的地理区位、最高效迅捷的国际支付清算系统以及最先进高速的国际通信手段，因而大量的银行、证券、保险、信托及其他金融机构将总部或区域总部设置如此，集聚开展金融交易。[3]格拉斯（Gras，1922）将城市经济的发展分为商业、工业、运输业以及金融业四个阶段，金融业位于城市经济发展顶端；与其他产业相比，金融业的集中度更高，金融业高度发达、聚集，就形成了金融中心。[4]

第二节　多主体共建金融中心的相关理论

按照国家规划，我国西部金融中心建设涉及四川省、重庆市两个不同行政主体，与单一主体建设金融中心的理论和实践不同，这两大行为主体的目标效用具有异质性。因此，成渝共建西部金融中心将面临系列的理论与实践创新。

一、西部金融中心建设主体博弈论

1. 博弈论及其理论适用性

自博弈论被引入经济学以来，就成为微观经济分析极为重要的工具，

---

[1] 陈志武. 金融的逻辑[M]. 北京：国际文化出版公司，2009.
[2] 蒋海涛. 国际金融中心的演进研究[D]. 南京：南京师范大学，2017.
[3] 杨长江，谢玲玲. 国际金融中心形成过程中政府作用的演化经济学分析[J]. 复旦学报（社会科学版），2011(1)：99-107.
[4] 潘英丽. 国际金融中心：历史经验与未来中国[M]. 上海：格致出版社，2010.

第二章 成渝共建西部金融中心的理论探析

对于决策相互依存的主体之间的行为分析具有较强的解释力，是分析多主体共建金融中心的有力工具。博弈论，又称对策论，是研究发生直接相互作用的决策主体进行决策以及决策均衡问题的理论。简单地说，博弈论研究决策主体在给定信息结构下如何决策以最大化自己的效用，以及不同决策主体之间决策的均衡。[1]在局中人（参与者）、信息、策略（行动）、收益（效用）等博弈要素中，局中人（参与者）之间是否达成有效合约是合作博弈以及非合作博弈的纳什均衡形成的关键。在具体博弈活动中，局中人一般是根据自身的决策能力、期望的收益（效用）、所掌握的信息采取相应的博弈策略（行动）。按照经济人假设的局中人（参与者）的决策能力分为完全理性、有限理性两类博弈局中人（参与者）；按照局中人（参与者）所掌握的信息是否完整分为完全信息、不完全信息两类博弈策略；按照局中人（参与者）的期望收益（效用）是否必须最大化分为最大化收益（效用）、次优收益（效用）两类博弈策略；按照整个博弈活动必须进行博弈决策的次数分为单次博弈、多次博弈。理论上，一个博弈活动可采用的博弈策略有很多种；在实践中，人们面临的大多数是有限理性、不完全信息、次优收益（效用）、多次博弈的博弈活动。[2]

四川省、重庆市两地政府争相建设西部金融中心，究其原因，是建立金融中心可以带来区位上的集聚效应和外部的规模经济效应。表现在：首先，金融中心为金融机构近距离交易和沟通提供了便利，并通过集中化、规模化集中提高金融交易效率；其次，金融产业的区域集聚能够提供投融资便利、节约周转资金余额、降低企业融资成本、提高市场流动性，产生显著正外部性；最后，金融机构的区域集聚，还能为其他配套性产业的发展，如法律服务、会计服务、审计服务、中介服务等提供发展机会，产生外溢性的正外部性（潘英丽，2003）。[3]然而，由于金融中心能够带来众多实际和潜在好处，在市场经济环境下，两个地区的政府可能会竞相在当地设立金融中心，甚至可能过度竞争，导致过度优惠政策滥用和金融中心重

---

[1] 郭鹏，杨晓琴. 博弈论与纳什均衡[J]. 哈尔滨师范大学自然科学学报，2006(4)：25-28.
[2] 魏良益，李后强. 从博弈论谈成渝地区双城经济圈[J]. 经济体制改革，2020(4)：19-26.
[3] 潘英丽. 论金融中心形成中的政府作用[J]. 上海综合经济，2003(10).

复建设问题。[1]两地追求自身发展最大化从而引起相互之间博弈和过度竞争的结果是形成"囚徒困境",反而使得收益最大化难以实现,亟须引入博弈论作为理论工具进行分析。

政府机构通常由多个部分构成,从纵向来看,包括中央政府和地方政府、省级政府和基层政府的区分;从横向来看,各省(区、市)的政府以及各县(市、区)的政府各有区别。此外,同一级别的政府内部也有各种不同的部门。这些政府机构和部门之间,不可避免地会存在某些部门利益,因此它们的行为也会相互依存进而构成博弈关系。如同其他市场主体基于利益需求进行的博弈一样,政府间也会存在博弈的可能,这种博弈既有可能是合作博弈,也有可能是非合作博弈。同样,在金融中心建设领域,政府间的博弈既有可能是纵向的,也有可能是横向的。[2]因此,我们从非合作博弈和合作博弈两个方面对多主体建设金融中心加以分析。

2. 多主体建设金融中心的非合作博弈

博弈论是一种研究相互依存的不同利益主体因为利益关联关系而采取不同行动策略的分析工具。根据博弈参与者是否关注其他博弈参与者的利益,可以将博弈分为合作博弈和非合作博弈两大类。[3]在非合作博弈中,每个博弈参与者在决定自己的行动策略时,都会以在对手行动模式提供的选项集内最大化自身利益为最高原则。简单来说,在非合作博弈中,如果他们的行动能够实现自身利益的最大化,他们可能会不考虑对其他参与者造成的损失,也就是说,他们更倾向于采取损害他人利益以利己的行为。[4]

任何地方的发展,都离不开资源的集聚,而资源的集聚,则往往是以资金的集聚为引擎的。要让资金向本地集聚,建设区域金融中心,是一条有效的捷径。可是,在一定区域内,有条件竞争建设区域金融中心的城市往往不止一座,例如,成渝的西部金融中心之争、广深的华南金融中心之

---

[1] 周海晨. 中国构建金融中心的城市间博弈分析[J]. 华南金融研究, 2004(3): 8-13.
[2] 邓献辉, 胡玲. 政府间非合作博弈及其制度引导——基于维护国家金融安全视角[J]. 广东行政学院学报, 2014, 26(1): 78-84.
[3] 钟鹏. "双支柱"调控框架下的金融监管组织结构研究[D]. 成都: 四川大学, 2021.
[4] 邓献辉, 胡玲. 政府间非合作博弈及其制度引导——基于维护国家金融安全视角[J]. 广东行政学院学报, 2014, 26(1): 78-84.

争、武汉和郑州的中部金融中心之争等。在竞争区域金融中心的过程中，地方政府起着极为关键的作用。在中央政府允许的范围内，它们自主决定本市的金融扶持政策、税收优惠政策、行业准入政策等，相互竞争区域金融中心的城市之间，由于经济发展水平相当，金融发展水平相似，为了提升本地在竞争区域金融中心建设中的竞争力，往往竞相出台更优惠的招商引资政策，放低金融准入门槛，吸引金融机构入驻。然而，多主体之间的竞争不仅不利于区域金融中心的形成，反而会形成"囚徒困境"，损人不利己，不利于区域金融资源的集中，以及区域金融政策的协同，从全局上更影响了国家层面的区域金融中心布局。下面，笔者以一个基本博弈模型加以说明。

假设在区域金融中心建设博弈中存在两个博弈方：甲地方政府和乙地方政府，它们都有两个博弈策略：建立、不建立。假定任何一方在作出自身决策时不知道另一方的博弈策略，该博弈的矩阵表述如表2.1所示。[1]

表 2.1 博弈矩阵

		乙地方政府	
		建立	不建立
甲地方政府	建立	$V_甲', V_乙'$	$V_甲, 0$
	不建立	$0, V_乙$	$0, 0$

甲地和乙地参与区域金融中心建设博弈的唯一目标都是为了实现本地区利益的最大化。对甲地而言，乙地有建立和不建立两种可能的策略。如果乙地的选择是"不建设"，那么甲地选择"不建设"策略的得益将是0，选择"建设"策略的得益将是 $V_甲$。显然，$V_甲 > 0$，因此甲地的最优策略是"建设"。因此，无论乙地作出何种决策，甲地的占优策略始终是"建设"。运用同样的分析方法可以得出，无论甲地作出何种决策，乙地的占优策略始终也是"建设"。博弈的上策均衡是"建设，建设"，最终的结果是甲乙两地不管对方作出何种决策，都会在各自区域建设金融中心，从而出现"囚

---

[1] 周海晨. 中国构建金融中心的城市间博弈分析[J]. 华南金融研究，2004(3)：8-13.

徒困境",这也正好解释了为什么我国相邻城市竞相提出建立金融中心。

如果从国家层面和社会全局出发,其中任何一方认为对自己最有利的"建设"策略,并不一定是全局层面的最优策略和最大收益。下文用成本收益法进行论证。

首先,两地都选择"建设,建设"策略,从社会全局看会导致成本的增加。创建一个成功的金融中心,必须满足一系列关键因素,必然需要付出一定的必要成本,这些成本包括网络基础设施建设维护成本、金融机构办公运营成本、服务于金融中心的相关配套成本等,而这些成本往往是开办金融中心所必需的固定成本。如果相邻区域的甲乙两地都要建设金融中心,那么势必造成重复投资,导致重复建设,产生社会资源的浪费。

其次,两地都选择"建设,建设"策略,会导致社会总收益减少。由于存在规模经济效应,当同等数额的资金投入到单一项目中,其所带来的收益往往大于将其分散投资于两个项目所得收益的总和。从整个社会的角度来看,在一个特定的地理区域内集中资源构建一个金融中心,相较于在同一区域内同时建设两个金融中心,更能促进金融业的聚集和规模经济的发展。两个地区分别独立建设金融中心,这将导致国家和社会整体收益的降低。

再次,两地都选择"建设,建设"策略,会导致优惠政策的过度。建设金融中心的关键是吸引金融机构的集聚,因此,所在地政府必然会推出具有吸引力的招商引资政策以提高自身竞争力,比如税收减免、租金补贴、土地优惠等。这些优惠政策往往意味着政府收入减少和成本支出增加,而两地政府竞相提供优惠又会抵消优惠政策带来的吸引,减弱政策实施的效果,最终导致两地政府的收益均出现减少。

最后,两地都选择"建设,建设"策略,会导致区域性金融风险加大。处在同一区域的两个城市为了争取金融机构的入驻,可能会放宽市场准入门槛、降低违规处罚力度、放松金融监管要求,这极易酿成区域性金融风险。

由此可见,在区域金融中心建设的竞争中,政府间横向关系上的博弈,发生在地方政府之间,主要是同级别地方政府之间,尤其是地理位置、经济位置相对靠近的同级别地方政府之间。如果任由竞争加剧，让地方政府之间进行非合作博弈，按照博弈论的原理，必然产生"囚徒困境"，反而不利于区域金融中心的形成和建立。因此，需要建立某种机制，让地方政府之间区域金融中心建设的竞争，由非合作博弈走向合作博弈。

3. 多主体建设金融中心的合作博弈

相较于非合作博弈，合作博弈的参与者在决定采取何种行动策略时，会将其他博弈方行动策略和利益计算在内。要将"囚徒困境"的非合作博弈转化为"投桃报李"的合作博弈，需要我们进行制度层面的创新。

（1）实现合作博弈的重复博弈机制。

在博弈理论中，重复博弈是将"囚徒困境"的非合作博弈转化为"投桃报李"的合作博弈的重要机制。这是因为，重复博弈将非合作博弈中静态的单次博弈转化为了动态的多次博弈，在反复进行的多次博弈中，每位参与者都有机会重新审视他们的行动，他们需要考虑到多次博弈后整体收益，一方在上一次的非合作行为，会导致另一方本轮博弈中的"不合作"，即所谓的"以牙还牙"，双方的"不合作"会造成彼此利益的受损。意识到这一点，双方在长期博弈中就有可能建立合作机制。在反复进行的博弈中，每位参与者都有机会塑造合作的声誉，以此激励对方也塑造出合作的声誉，从而形成了"合作，合作"的积极循环。由此可见，反复进行的重复博弈有可能推动博弈方的"合作"，并提升博弈的效率。[1]

（2）实现合作博弈的外来约束机制。

当然，想利用重复博弈的"互惠机制"取代一次性博弈的"囚徒困境"，在理论上具有可行性，在实际运用中却具有不小的操作难题。事实上，各地的区域金融中心之争进行了很多年，但并没有因为"重复博弈"而自发建立起合作机制，究其原因，是"区域金融中心之争"很难实现无限重复。这是因为，区域金融中心建设的机会并不是一直都有的，一旦某地建成区域金融中心，就意味着其他地方就此出局，博弈无法无限次、无限期地进行下去。并且，由于决策者的任期也是有限的，他们更会从自己的时限考

---

[1] 周海晨. 中国构建金融中心的城市间博弈分析[J]. 华南金融研究，2004(3)：8-13.

虑自己的竞争策略，因此，利用重复博弈机制解决"区域金融中心之争"具有现实困难性。

为解决上述难题，阿尔钦和德姆塞茨（1972）认为，可以通过引入一个外在的"裁决人"，对参与博弈的双方进行监督和裁决，从而促成合作。显然，此处适合担任"裁决人"的外部力量一定是中央政府（更高一级政府）。与之类似，"金融中心之争难题"仅仅依靠地方政府自行独立解决，往往很难实现。可以通过中央政府对不合作行为进行约束，同时诱导合作行为的发生。具体而言，中央政府可以根据区位条件和要素禀赋对有意建设金融中心的城市进行甄别，根据要素禀赋的不同，对参与竞争的城市进行协调、规划和指导。例如，多年来，西部城市成都、重庆、西安、昆明都提出要建设西部金融中心，并开始了各自的建设历程，各城市之间也没有形成真正的合作机制。由于这些竞争引起的重复建设加剧、优惠政策过度、地方政府得到的绩效效用不能转化为社会效用等问题，西部金融中心不仅一直没有建成，也没有在西部地区产生金融集聚效应，无法与东部沿海地区展开有效的金融中心竞争。2021年，中央政府作为外部"裁决人"，从要素禀赋和全局发展出发，作出了成渝共建西部金融中心的决定,[1]至此，西部金融中心的无序之争才画上句号，也开启了成渝地区合作建设西部金融中心的序幕。因此，鉴于作为局中人的地方政府很难独自解决"金融中心之争"的"囚徒困境"这一难题，作为外部"裁决人"的中央政府适时介入，从国家整体利益和社会全局的角度出发，协调各地方政府在建立区域金融中心的冲突，具有理论可行性和现实必要性。

二、西部金融中心建设要素协同论

1. 协同学及其分析适用性

"协同"一词，原本不是经济学的词汇，在系统科学中有一个专门研究协同的分支，即协同学。系统科学认为，系统是指宇宙中普遍存在的客观事物之间的一种组成模式。一个完整的系统一般都是由众多的子系统所组

---

[1] 中国人民银行,等. 成渝共建西部金融中心规划[Z]. 2021-12-28.

成，协同学就是研究这些子系统究竟要通过怎样的排列组合，才能在宏观和整体层面上产生出时间、空间或功能结构。[1]协同学中所指的"协同"（Synergy），包括产生宏观有序结构的子系统之间协同，以及决定系统有序结构的子系统序参量之间的协同两个层次的含义。[2]

协同学（Synergetics）是一门关于"协同作用的科学"，其词源来自希腊文，一般认为，德国理论物理学教授赫尔曼·哈肯（Hermann Haken，1977）是这一理论的创始人。哈肯提出这一理论的启发来自其对激光的研究，在远离平衡态时，激光会出现由无序转化为有序的有趣现象，而这种转变在许多不同的领域都得到了体现，并遵循着相同或相似的数学方程。[3]沿着哈肯的研究，许多科学家发现，许多系统的状态从无序过渡到有序的过程中，都表现出与激光惊人相似的特征，这强力说明系统从无序到有序状态变化中遵从某些相同的原理。[4]

由于协同学研究不同系统从无序过渡到有序过程中的共同规律，其理论、形式和分析方法在不同学科领域可以相互借鉴。[5]因此，自其问世以来，就被广泛应用到其他学科的研究中。协同学的跨学科应用首先体现在自然科学、医药科学以及工程与技术科学等领域，而其在人文与社会科学领域的应用始于20世纪80年代。从协同学在我国人文社科领域和管理学领域的应用来看，协同学在定性研究和定量研究两个方面有着不同的特点，发挥着不同的作用。在社会科学领域的许多研究中，如经济学、管理学、社会学、组织行为学等方面，都产生了丰硕的研究成果。在金融监管领域，李连友（2008）率先研究了将其运用于金融监管研究的可行性，认为金融主管当局的协同监管行为在宏观上可以产生一定的功能结构。[6]罗嘉（2004，2010）在李连友研究的基础上，对我国银行、证券、保险行业监管的协同

---

[1] 罗嘉. 协同学对我国建立金融监管协同机制的启示[J]. 经济师，2004(8)：40-41.
[2] 哈肯. 高等协同学[M]. 北京：科学出版社，1989：1-68.
[3] 李文清. 协同学中的相似思想[J]. 华北工学院学报（社科版），2002(4)：22-25.
[4] 刘迅. "新三论"介绍——二、协同理论及其意义[J]. 经济理论与经济管理，1986(4)：75-76.
[5] 姜璐，郭治安，沈小峰. 协同学与社会学的结合——定量社会学简介[J]. 社会学研究，1986(3)：84-88.
[6] 李连友，罗嘉. 我国金融监管协同机制分析——基于协同学的角度[J]. 财经理论与实践，2008(2)：22-26.

程度运用协同度模型进行了测算。[1]李景春、周清清（2013）从金融生态的角度研究了华南地区的广州和深圳在建设区域金融中心的协同发展问题。[2]陈银华、袁梅（2022）分析了成渝两地的保险业在共建西部金融中心新时代背景下如何协同发展。[3]

由此可见，将协同学运用于多主体共建金融中心具有较好的理论适用性。无论从研究成果的数量还是从研究的深度来看，协同学的理论与方法在多主体共建金融中心研究中的应用还处于起步阶段，有待进一步深入。

2. 多主体共建金融中心的协同论

《成渝共建西部金融中心规划》强调，坚持一体化协同发展原则，落实国家重大发展战略，统筹规划西部金融中心建设。[4]自此，成渝走上协同发展共建西部金融中心之路，多主体跨部门协同共建金融中心的内容和范围主要包括监管协同、主体协同和机制协同等。

监管协同强调监管机构之间的合作与协调，以实现监管工作的高效性、协同性和整体性。根据不同的监管领域和目标，监管协同可以分为以下几种类型。

（1）横向协同监管，指不同部门或机构之间的合作与协调，共同完成某一监管任务，例如人民银行和金融监管部门联合开展对金融企业的合规监管和行政处罚。

（2）纵向协同监管，指上下级监管机构之间的合作与协调，共同完成某一监管任务，例如中央和地方政府协同开展对某地区的反洗钱监管。

（3）跨界协同监管，指不同领域监管机构之间的合作与协调，共同完成某一监管任务，例如市场监管部门和金融监管部门联合开展对P2P行业的监管。

---

[1] 罗嘉. 我国金融监管协同机制研究[D]. 长沙：湖南大学，2010.
[2] 李景春, 周清清. 广州深圳区域金融中心协同发展研究[J]. 产业与科技论坛，2013, 12 (18): 123-124.
[3] 陈银华, 袁梅. 西部金融中心背景下的成渝保险市场协同发展路径探索[J]. 保险职业学院学报，2022, 36(5): 5-8.
[4] 中国人民银行，等. 成渝共建西部金融中心规划[Z]. 2021-12-28.

第二章　成渝共建西部金融中心的理论探析

（4）全要素协同监管，指在一个监管领域内，各个监管机构之间的合作与协调，共同完成某一监管任务，例如多个监管机构对某金融机构共同开展的联合监管。

以成渝两地银行保险监管协同为例，2020年6月《共建西部金融中心助推成渝地区双城经济圈建设合作备忘录》由四川银保监局与重庆银保监局共同签订。[1]两地银保监局在银保监会的指导下，从"共建西部金融中心""共商跨区域协同发展""共推改革开放试点""共促监管效能提升""共抓风险联防联处"五个方面强化监管合作，鼓励成渝两地金融监管部门、金融从业主体、金融行业协会共融、共生、共享、共建，共同发展，形成竞争合力，共同将成渝打造成在全国都具有竞争力的金融中心和金融市场体系。[2]

主体协同在跨部门协同治理中划分为三种跨界协同，即上下协同、左右协同和内外协同。上下协同是指官方内部两个不同层级的主体协同，左右协同是指官方内部同一层级的主体协同，内外协同是指官方与非官方的主体协同。多主体共建金融中心的主体协同主要是指金融机构之间的协同。以成渝共建西部金融中心的保险机构协同为例，成渝两地保险机构积极开展共保业务，中国人寿、人保财险、平安财险、太保财险、华安财险5家保险机构，以及锦泰财险和安诚财险分别开展共保业务，进行资源整合，强化风险分担。包括永安财险、安诚财险在内的24家保险机构，在成渝两地打通区域壁垒，实现了异地代为查勘、资产保全、代为理赔等保险服务，实现了在异地发生事故时的互赔互认和双城通赔[3]，取得了良好的协同发展效应。

在跨部门协同治理中，机制协同可以划分为两个方面，一是结构性机制协同，二是程序性机制协同。其中，结构性机制协同从等级纵向、横向

---

[1] 霍文波，余真仪，杨蕙宇. 成渝地区双城经济圈金融市场一体化建设研究[J]. 当代金融研究，2022，5(2): 69-82.
[2] 陈银华，袁梅. 西部金融中心背景下的成渝保险市场协同发展路径探索[J]. 保险职业学院学报，2022，36(5): 5-8.
[3] 陈银华，袁梅. 西部金融中心背景下的成渝保险市场协同发展路径探索[J]. 保险职业学院学报，2022，36(5): 5-8.

水平和条块间交叉三个维度考察主体协同间在体制层面的协同效果；程序性机制协同包括如下协同方式：会议调研、论坛研讨会、专门性机构、协议文件报告机制等。《成渝共建西部金融中心规划》强调，建立完善跨区域合作机制，提升成渝两地金融融合水平，有效推动区域经济金融协同发展，[1]这些都离不开成渝共建西部金融中心机制协同。已连续七次召开的"推动成渝地区双城经济圈建设重庆四川党政联席会议"，[2]两地地方金融监督管理部门签署了《共建西部金融中心助力成渝地区双城经济圈建设合作备忘录》等，[3]都是两地在共建西部金融中心的过程中开展机制协同的典型表现。

多主体共建金融中心的协同论吸收借鉴了整体政府、协同政府、协作治理等相关领域的内容，打通了各层级政府及其部门间的既往合作界限，实现了以多中心、多主体、多视角、多层次为特征的跨界性合作。对这种跨界性合作的整合行为具体表现在协同理念的指导下，构建统一的组织结构和专业分工的协作。这种通过整合行为实现的实践创新，是建立在政府部门原有相互协调与协作基础之上的更高层次的协同性跨界合作。它扬弃并融合了协同政府、协同治理、区域协调等跨部门协同机制，既在一定程度上弥补了旨在通过组织机构调整来解决职能职责不匹配这一手段的不足，又提升了传统的政府部门间议事协调机构及其机制的效率和作用。赖先进认为，多主体跨部门协同治理机制的构建既要深入推进传统的组织机构调整优化手段，又要继续探索政府内部运行的基本规律，通过调整、优化相关制度与规则，以实现决策的协同性、整体性为目标导向之一。[4]

协同学的引入，对研究多主体共建金融中心具有十分重要意义，具体而言，可以归纳为三点。

第一，协同学为多主体共建金融中心的研究提供了理论指导和一般方法论。协同学把多个主体作为一个系统来考察，为多主体共建金融中心提

---

[1] 中国人民银行，等. 成渝共建西部金融中心规划[Z]. 2021-12-28.
[2] 本刊特约评论员. 扎实推动成渝地区双城经济圈建设开好局起好步[J]. 四川党的建设，2020(8): 1.
[3] 霍文波，余真仪，杨蕙宇. 成渝地区双城经济圈金融市场一体化建设研究[J]. 当代金融研究，2022, 5(2): 69-82.
[4] 赖先进. 论政府跨部门协同治理[M]. 北京：北京大学出版社，2015.

供了系统观,它揭示系统演变和进化的过程,为促进多主体共建金融中心系统的演变和进化提供了借鉴。

第二,协同学成为多主体共建金融中心理论研究的有用工具。多主体共建金融中心理论的研究需要多学科的支持,协同学为其提供了有用的概念和方法论,丰富了多主体共建金融中心研究的思想宝库。例如,已有学者挖掘出协同分析法等别具一格的经济学研究方法。这些方法推动多主体共建金融中心的研究朝着多学科交叉、多种方法结合的方向发展,促进多主体共建金融中心研究更加繁荣。

第三,协同学可以成为制定多主体共建金融中心经济管理措施的有效定量分析工具。协同学方法论强调对系统进行定量分析,这可以为多主体共建金融中心提供有效的量化方法。同时,协同学还可以为多主体共建金融中心中所努力寻求的系统控制的途径和方法提供帮助。

3. 多主体共建金融中心的协同度测量

协同学的一个重要运用,是对多主体合作共建的协同度测量。从理论上看,建立多主体共建金融中心协同度模型,可以直接对多主体共建金融中心系统内部各子系统间相互关联所产生的协同作用进行度量。这便于我们揭示多主体共建金融中心系统演变和进化的过程,为促进系统的演变和进化提供了借鉴。其次,从方法上看,进行协同监管的首要基础是要清楚地掌握当前协同的程度究竟如何,而建立协同度模型能较好地为这一问题提供评价的方法。该模型的应用也将推动多主体共建金融中心理论的研究朝着多学科交叉、多种方法结合的方向发展,促使多主体共建金融中心研究更加繁荣。最后,从实践上看,建立多主体共建金融中心协同度模型,便于我们度量现实中的多主体共建金融中心系统各个子系统相互之间协同的程度,考察协同度的特征及变化趋势。

在经济学、管理学和社会学领域,哈肯模型、复合系统耦合模型和DEA模型是较为常用的协同度测度模型。下文进行分别论述。

基于协同学理论,哈肯模型对系统演化过程采用数学模型进行表达。该模型假设,即使外部环境发生了一定的变化,也不会对系统内的各个组成部分产生显著的影响，因此，系统是否能够朝着更高级、更加有序的方向发展，主要取决于系统内部各种因素之间的相互作用机制。在这个模型中，影响因素被划分为快速和缓慢两个类别，而那些起着关键作用的因素被称为哈肯模型的演化缓慢变量，也就是我们常说的序参量。在复杂的系统演化过程中，核心元素往往只存在于少数，这些元素就是所谓的"慢变量"。慢变量的数量可能只有一个或者几个，它们在系统的演化过程中起着至关重要的作用。哈肯通过对系统参量的简化和数学处理，提出了一种名为"绝热近似原理"的方法来识别影响系统演化的各种因素。这种方法实际上是一种构建运动方程以求解的方法，它允许我们在每个子系统之间进行两两比较，以此来判断运动方程的各个参数是否符合绝热近似原理的假设。从而找出系统演化中的关键驱动因素。[1]

与哈肯模型类似，耦合度模型的概念同样源于物理学中的协同学理论，可用于测度系统内各模块之间的关联程度，衡量系统中子系统之间的有序水平。在构建耦合度模型之前，可以使用构建评价指标体系的方式作为模型构建的前提，从而以全面视角衡量系统内有序程度，反映子系统之间的协同互动。运用耦合度模型研究多主体共建金融中心问题，可以反映多主体之间的相互影响以及良性互动程度，在耦合度的基础上，耦合协调度着重研究良性耦合的程度，具有十分重要的实践价值。

数据包络分析（Data Envelopment Analysis, DEA）方法是使用运筹学、管理科学和数量经济学相关理论，在规模报酬不变情形下，基于投入产出视角考虑多种投入和多种产出情形下一种的效率评价方法。拓展 DEA 模型拓展了指标效率测度的层面，实现了从规模和技术两个视角测度效率，从而满足了系统内子系统协同水平测度的要求。在使用拓展 DEA 方法研究子系统协同水平时，使用规模效率衡量了子系统协同作用的发展水平，使用技术效率衡量了子系统协同作用的有效性，基于交叉输入输出表测

---

[1] 赵丽，车璐. 软件和信息技术服务业高质量发展影响因素研究——基于哈肯模型的演化分析[J]. 商业经济, 2022(11): 38-40.

算效率，规模效率与技术效率的乘积构成了协同发展水平。[1]DEA 模型与拓展 DEA 模型在区域协同领域有着广泛的运用。

哈肯模型、耦合度模型和拓展 DEA 模型作为衡量系统内部协同发展水平的常用模型，有着各自的特点和适用范围。其中，哈肯模型对变量数量的要求较少，具有较强的可操作性，作为研究复杂系统协同程度的重要方法得到广泛应用。耦合度模型常用于研究复合系统内不同子系统之间的协同水平，如区域内经济、社会、生态等子系统之间的协同发展水平测度。拓展 DEA 模型由于其多投入多产出的特点，能够从更多视角衡量区域协同的水平，因此更能反映实际问题。上述模型在研究社会学、管理学、经济学问题时得到了广泛应用，也是测量多主体共建金融中心协同度可借鉴的模式。

第三节　成渝共建西部金融中心的金融生态理论

一、金融生态及其理论概述

在《现代汉语词典》中，生态是指生物在一定的自然环境下生存和发展的状态，也指生物的生理特性和生活习性。[2]生态系统指的是在一个特定地理区域和空间范围内生物种群与非生物环境之间通过不断地信息传递、能量流动和物质循环而形成的彼此间紧密联系并互相依赖的有机整体。借鉴生物学的概念，我们可以将金融生态视为一种类似的生态系统，具体而言，金融生态系统是由金融从业主体与其外部环境进行的各种形式的信息传递、资金循环和货币流动而构成的一个动态循环系统。在自然界，生态系统中的物质交换、信息传递以及能量循环相互依存并共同构建了该系统的运作流程。与之类似，信息传递、资金循环和货币流动也同样构成了

---

[1] 李琳，吴珊. 基于DEA的我国区域经济协同发展水平动态评价与比较[J]. 华东经济管理，2014，28(1): 65-69.
[2] 伍钢，陈月红. Ecology 一词的译入与词义演变探微[J]. 三峡论坛（三峡文学·理论版），2017(2): 75-79.

金融生态系的运作流程。[1]

生态学中的生态圈可按大小划分为生态核、生态基、生态库。"区域金融生态核"指的是一个特定地理区域内所有金融机构的总和，涵盖了该地区所有的商业银行、保险公司、证券公司、信托公司以及担保、小贷、保理等地方金融组织的集合，这也构成了该地区的"金融生态核心圈"，它代表了一个地区的金融机构体系的整体状况。"区域金融生态基"指的是特定地区所有的金融机构开展业务所需的基本条件，它涵盖了金融机构开展业务所必需的网络通信等基础设施、宏观金融政策、金融市场的成熟程度、会计准则、监管策略、金融经营管理人才储备情况等。这些都是构成金融经营的核心要素，它们共同构成了金融生态的内在介质，也就是我们所说的金融生态系统内部环境圈。[2]"区域金融生态库"指的是金融生态系统的外部环境圈，涵盖金融业的科技应用程度、银行中介服务的广度和宽度、信用信息数据库的层级、征信市场的完善程度、债权法则的保护力度等。当然，对金融生态圈"三个层次"的划分不是绝对和一成不变的，这是因为内部环境圈和外部环境圈之间的界限并不是完全泾渭分明，两者经常存在交叉。[3]

如同自然界的生态系统，金融生态系统也同样面临着来自外部的风险因素所带来的影响。这些风险因素可能包括经济环境的变化、政策调整、市场波动等。当这些外部因素作用于金融生态系统时，往往会导致其内部的机构和功能产生相应的变化、移动或者混乱。这种变化可能会引发金融生态系统的失衡，如果情况恶化，甚至可能导致系统出现破坏性的波动、恶性循环，甚至最终导致整个系统的崩溃。因此，对于金融生态系统来说，我们必须时刻关注并应对这些外部风险因素的影响，以确保其稳定运行。在金融领域，当一个生态系统出现不平衡时，往往会引发一系列负面效应，这些效应主要体现在金融环境的恶化上。具体来说，这种失衡可能导致金融主

---

1 刘国宏. 基于金融生态视角的区域金融中心建设研究[D]. 天津：南开大学，2012.
2 李嘉晓. 我国区域金融中心发展研究[D]. 咸阳：西北农林科技大学，2007.
3 陈平. 从金融生态圈的构成思改善金融生态环境的对策[J]. 金融纵横，2005(8)：29-31.

体的多样性减少,从而使得整个系统的稳定性和抵御风险的能力降低。[1]这不仅会对地方经济产生直接的影响,还会间接地削弱其金融可持续发展的能力。

当然,与自然生态系统类似,金融生态系统也具备一定的自我组织能力,可以根据自身的需求以及外界的压力来自行调整,以应对各种挑战。这种自我调节的能力不仅体现在金融体系内部,也包括了其对外部风险因素的抵御能力。当面临外部冲击时,金融生态系统会通过自我调节来维持自身的稳定性和平衡性。[2]这就像自然界中的生物,当面临恶劣的环境条件时,它们会采取各种方式来适应环境变化,如迁徙、改变生活习性等,以此来保护自己的生存。因此,我们可以看到,无论是金融还是自然生态系统,它们都有着强大的自我恢复和自我调节能力,这使得它们能够在面对各种挑战时保持稳定和平衡。

在复杂且多样化的金融生态系统中,金融机构的数量、规模、种类都会受到其所处的金融生态环境的影响。当环境条件适宜时,金融机构的数量和种类就会增加,规模也会扩大;相反,如果环境不佳,金融机构的数量和种类就会减少,规模也会缩小。这主要是因为金融机构的生存和发展需要一个良好的生态环境,包括政策支持、市场需求、技术进步等因素。只有在一个健康的金融生态系统中,金融机构才能更好地发挥其功能,为社会经济的发展做出贡献。因此,我们应该关注并维护好这个重要的生态系统,以确保金融业的健康发展和繁荣。

二、成渝共建西部金融中心的金融生态理论内涵

(一)成渝共建西部金融中心的金融生态建设路径

"金融生态环境"是由金融生态外部环境对生态系统施加作用,从而形成调节功能;金融生态运行环境通常包括经济环境、信用环境、法治环境以及当地政府的政策环境。"金融生态主体"主要是生态系统内部金融机

---

[1] 胡永彬,王磊. 金融生态系统自我调节机制及提升途径研究[J]. 金融纵横,2016(8): 95-98.
[2] 胡永彬,王磊. 金融生态系统自我调节机制及提升途径研究[J]. 金融纵横,2016(8): 95-98.

构，它的自我调节具有更强的自发性和主动性。无论是金融主体的自我调节机能，抑或是运行环境的自我调节机制，都要通过金融生态调节来实现，在金融生态建设中都具有十分重要的地位。基于此，成渝共建西部金融中心的金融生态建设路径从以下三个方面展开。

1. 成渝共建西部金融中心的金融生态环境建设路径

金融生态环境是金融企业生存和发展的重要外部条件，在《成渝共建西部金融中心规划》中，金融生态环境优化既是该规划设置的主要战略目标，也是成渝建设西部金融中心的重要路径，其外在表现是区域金融中心的金融生态保持动态平衡性。长期以来，政府有形之手和市场无形之手是影响金融生态平衡性的主要力量。在政府主导型制度变迁情境下，应立足于增进政府正式制度供给有效性，探索金融生态环境优化与区域性金融中心建设间的理论逻辑；研究金融生态环境影响因子，从"政府—市场"不同路径，分析金融生态环境因子如何作用于成渝经济组织间的金融交易，进一步地探索成渝现实金融生态环境是否符合金融中心的条件。

2. 成渝共建西部金融中心的金融生态主体建设路径

金融市场主体是金融活动的主要参与者，《成渝共建西部金融中心规划》将"加快形成具有竞争力的金融机构组织体系，增强金融创新活力和综合服务能力"作为主要任务，[1]规划中提及的各类主体均为重要的金融生态主体。它们既是西部金融中心生态系统的核心和主要参与者，同时更是西部金融中心生态系统持续健康运行的动力来源。研究培育金融市场主体、打造多元化和有序竞争发展格局，建立金融生态主体成熟度的评价体系，进一步丰富成渝共建西部金融中心的金融机构组织体系，[2]增强成渝地区对金融资源的集聚能力，提升成渝地区双城经济圈金融创新活力和综合服务能力。

3. 成渝共建西部金融中心的金融生态调节机制建设路径

金融生态调节是金融生态平衡破坏时的自我修复机制，金融生态是金

---

[1] 彭扬，赵白执南. 成渝共建西部金融中心规划出炉[N]. 中国证券报，2021-12-25(A01).
[2] 施小琳. 为成渝共建西部金融中心贡献成都力量[J]. 中国金融，2022(8)：9-12.

融主体与其环境之间相互关系的总和，当金融生态出现失衡时，就需要发挥金融生态调节机制作用使金融系统恢复到平衡状态。金融生态调节机制是政府必不可少的重要职能，是政府发挥作用的主要形式，是成渝共建西部金融中心必须建立的金融调节机制，是金融生态出现失衡时政府让金融系统恢复平衡的必要措施。《成渝共建西部金融中心规划》提出要"建设法治透明高效的金融生态体系，营造安全、稳定的金融发展环境"，[1]因此，厘清金融生态调节机制的内在机理与实施路径，梳理健全金融生态调节机制的工具手段，对于成渝共建金融生态调节机制具有十分重要的意义。

必须强调的是，金融生态环境、金融生态主体、金融生态调节存在内在的逻辑关系，是一个完整不可分割的有机整体。一个金融生态系统要维持平衡，包括经济因素、制度因素、法治因素等在内的各种生态环境因子要处于基本的稳定状态。[2]同时，金融主体是金融生态的核心，没有金融主体就没有金融生态的活动载体，金融主体与环境的相互作用构成金融生态系统。最后，当金融生态失衡时，金融生态调节机制是帮助金融生态系统恢复到平衡状态的必要措施。金融生态环境是基础，金融主体是核心，是金融生态环境的主要组成单元和服务对象，金融调节机制是金融生态环境失衡和金融主体出现危机时的调节机制与救助手段，三者相互作用，共同构成了金融生态的完整系统。

（二）成渝共建西部金融中心的金融生态自我调节机制

依据霍林和冈德森（Holling & Gunderson, 1992）的适应性循环理论（Adaptive Cycle），金融生态系统自我调节机制是指当金融生态系统遭到冲击和破坏后而被打破原先的平衡性时，金融主体依靠自身的调节能力，重新回归到动态平衡状态的过程。通过这种自我调整机制，金融主体能够更好地适应不断变化的市场环境，从而增强其抗压能力和应对风险的能力。同时，这种自我调节能力也可能成为一种反馈机制，帮助金融主体识别并

---

[1] 刘定. 成渝金融法院来了，意味着什么?[J]. 四川省情，2022(3)：51.
[2] 杜凤娜. 中部地区金融生态环境优化研究[D]. 武汉：中南民族大学，2013.

解决潜在的问题。因此，一个具有强大自我调节能力的金融主体，不仅能保护自己免受外部风险的侵害，而且还能为整个金融生态环境带来积极的变化。[1]

自然生态系统的调节机制包括负反馈和正反馈。自我调节的关键在于负反馈，它能抑制或削弱初始变化的元素，从而维持生态系统的稳定性和平衡性。与之对应，自然生态系统也有正反馈的存在，即一个元素的改变会引发一系列连锁反应，这种反馈不仅不抑制变化，反而会加速其发展，导致生态系统偏离稳定状态。[2]与自然界类似，金融生态系统也具有自我调节的功能，同样也包括负反馈和正反馈两个方面，这两种反馈机制有助于抵御或加强外部的干扰。通过持续优化金融生态环境，包括政策环境、市场环境、法律环境和信用环境等关键因素，确保宏观政策顺利实施，推动经济金融改革措施成功执行，提高区域应对金融风险的能力，从而增强金融生态系统的自我调节机制，实现长期的动态平衡。[3]通过持续有效地深化金融生态环境建设，不断完善其中的政策环境、信用环境、法治环境等组成要素，促进宏观政策顺畅贯彻，推动经济金融改革措施有效落地，提升地方化解处置金融风险的能力，可以增强金融生态系统自我调节机制，长期保持动态平衡状态。[4]

为了提升金融体系自身的自我调整能力，应对外部的各种风险挑战，确保金融生态系统的持续动态平衡与稳定，需要对金融生态环境进行深入的改进和优化。其中，关键在于强化金融生态系统的自我调节功能。为此，必须建立起一个全面的风险管理体系，这个体系应涵盖风险产生、预防以及处理的整个过程，同时还需将视野扩展至金融生态中的所有参与者。只有这样，才能真正实现金融生态系统的自我调整，从而有效地抵抗外部风险的影响，保持其稳定性。要提高金融生态系统自我调节机能，必须建立全面风险管理理念，不仅要覆盖风险形成、防范和化解处置的各个阶段，也要

---

1 胡永彬，王磊. 金融生态系统自我调节机制及提升途径研究[J]. 金融纵横，2016(8)：95-98.
2 刘国宏. 基于金融生态视角的金融中心形成机制研究[J]. 开放导报，2011(6)：49-52.
3 刘香叶. 完善内部调节机能 促进金融生态建设[J]. 中国金融家，2006(5)：110-111.
4 胡永彬，王磊. 金融生态系统自我调节机制及提升途径研究[J]. 金融纵横，2016(8)：95-98.

覆盖到金融生态中金融主体和运行环境等每一个组成要素。

地方政府在构建金融生态系统中的作用发挥，对金融系统的自我调整和恢复能力具有重大影响。对于成渝地区来说，需要加强政府有关部门、人民银行地方分行、行业金融监管部门、地方金融监管机构之间的交流和协调，从体制、机制上为改善金融生态环境提供保障。要鼓励金融机构进行多元化和多层级的创新和发展，以弥补地方金融体系的空白。要引进全国性的股份制银行、中外保险机构、证券经纪公司、金融租赁公司等多种形态的金融市场主体，形成正规金融与地方金融、商业金融与政策性金融等多种形态金融之间的竞争格局，推动区域金融发展规划与产业发展的良性融合，激活区域经济发展活力，促进地方金融生态系统的健康发展。[1]这样，才能增强成渝共建西部金融中心的金融生态系统自我调节能力。

---

1 胡永彬，王磊. 金融生态系统自我调节机制及提升途径研究[J]. 金融纵横，2016(8)：95-98.

第三章
国内外金融中心建设模式与经验借鉴

西部金融中心按规划将于2025年初步建成。与此相关的是，成渝经济区营商环境优化方案也明确，到2025年，经济区的贸易、政务、法治等领域的一流营商环境基本建成，接下来完成这些任务的时间已较为紧迫。因此很有必要借鉴其他金融中心的建设经验，这对于又好又快地如期实现建设金融生态及营商环境一流的西部金融中心目标至关重要。

现阶段成渝地区经济金融综合实力和资源禀赋，与欧美传统国际金融中心还存在较大的差距。成渝地区建设西部金融中心应在中央和地方政府主导下，参考国际金融中心主流评价指标，聚焦金融生态及营商环境的关键影响因子，力争在短期内实现重点突破，久久为功持续发力实现全面突破。

本书主要关注欧美代表性国际金融中心[1]的金融生态及营商环境建设的经验，有针对性地选择国内外可比地区，如新加坡金融中心、香港金融中心、上海金融中心和深圳金融中心，作为成渝共建西部金融中心建设模式的参考。

---

[1] 欧美代表性国际金融中心的样本选择，本书将重点关注英国伦敦金融中心。因为伦敦金融中心是全球金融中心当中历史最悠久的，该金融中心对欧美及亚太主要国际金融中心（例如香港国际金融中心）建设的影响力大，国际金融中心评价体系全球金融中心指数（Global Financial Centres Index，GFCI）也源于伦敦金融中心。

第三章 国内外金融中心建设模式与经验借鉴

第一节 欧美代表性国际金融中心建设模式及启示

一、欧美代表性国际金融中心建设模式

英国伦敦和美国纽约建设的金融中心是最具代表性的欧美国际金融中心，其国际金融中心地位建立在特定历史时期，建立在它们的金融经济地位具有巨大领先优势的基础之上，是全球金融经济发展的自然需要。伦敦和纽约国际金融中心的 GFCI 评价自 2007 年以来长期保持前两位。欧美国际金融中心的形成主要属于市场主导型制度变迁的结果，如表 3.1 所示，2023 年 GFCI 国际金融中心评价指数第 33 期报告表明，国际金融中心仍以欧美地区主导，前 10 位中占据 60%，其余主要分布在亚洲地区。GFCI 国际金融中心评价指数重点关注金融生态及营商环境、金融人力资本等 5 个方面。本书主要以英国伦敦金融城为例，归纳欧美代表性国际金融中心建设的主导性诱因，基于此梳理对西部金融中心成渝共建的启示。

表 3.1 2023 年国际金融中心综合实力排名

国际金融中心	GFCI 33 排名	GFCI 33 得分	GFCI 32 排名	GFCI 32 得分
美国纽约	1	760	1	760
英国伦敦	2	731	2	731
新加坡	3	723	3	726
中国香港	4	722	4	725
美国旧金山	5	721	5	724
美国洛杉矶	6	719	7	722
中国上海	7	717	6	723
美国芝加哥	8	716	12	717
美国波士顿	9	715	14	715
韩国首尔	10	714	11	718

资料来源：2023 年中国（深圳）综合开发研究院和英国 Z/Yen 集团联合发布的第 33 期全球金融中心指数报告。

一是综合竞争优势观点。已有研究认为，伦敦国际金融中心自第一次产业革命以来，其文字语言通用性、文化影响力、金融服务能力长期处于优势地位。2008年伦敦国际金融服务局将其归纳为以下方面：（1）深厚的全球贸易传统；（2）高质量的金融机构体系和市场体系，金融生态主体发育完善；（3）注重金融监管规则的公平性，已成为制定国际金融监管规则的重要参考；（4）法律制定体系具有连贯性，提倡政治中立；（5）金融领域的法律、会计、咨询服务等中介组织集聚；（6）对金融投资者、营运商具有较强的吸引力；（7）相比于亚洲和美洲具有时间区位优势，是联结中东和欧洲金融服务的重要纽带；（8）金融服务的专业性广受尊重；（9）伦敦金融城汇聚了大量的世界级优质金融资产；（10）为便利国际贸易而设立的金融基础设施体系较为完备。

二是国际贸易诱发论。17世纪末至18世纪初，伦敦成为英国的国际贸易中心，得益于全球殖民地贸易急剧增长对跨境支付结算与投融资金融服务的需要。在此期间，大大小小的银行机构相继涌现，并在接下来的时间内获得大的发展，银行间金融市场由此兴起，借由国际汇兑支付结算机制，伦敦快速从单一提供商业贸易结算的交易中心，发展成具有世界影响力的国际金融中心。商业贸易和金融服务便利化节约了资本主义生产与交易成本，传递着科学发明、新技术运用、产品市场供需和金融信息，这些伴随国际贸易涌动的技术流、信息流、资金流必然推动金融组织、产品和服务的时空集聚，在特定历史时期和特定的区域自然衍生而成国际金融中心。

三是综合经济实力决定论。也有研究认为，决定国际金融中心形成的首要条件是综合国力。这是因为，获利性是金融资本的天然属性，经济组织对利润的追逐是金融中心形成的内在诱因。综合经济实力越强劲的地方也越有利于经济组织实现利益追逐。这些地方的经济实力、产业成长性、国际美誉度、法治基础、贸易便利度、政务环境均与综合经济实力相关。众所周知，英国工业革命和美国股份制资本导致综合国力强大，英国凭借第一次和第二次产业革命带来的高质量工业品和市场价格竞争优势，率先成为世界工厂。随着英国工业品的全球流通，英镑就成为国际贸易支付结算和金融资本输出的通用币种。由此，伦敦作为英国首都就"众望所归"地跻身于金融市场体系高级别的国际金融中心。

四是市场主导下的自然演进观。部分研究基于比较制度分析对伦敦金融中心演进历史做出分析，归纳出的演进脉络为：一是经济实力决定金融市场发展；二是金融市场的发展决定金融制度环境变化；三是金融制度环境的变化决定金融产品及服务供给的变化；四是金融产品及服务供给的变化最终孵化金融中心形成。与自然演进观形成互补的分析认为，人类的科学技术进步和金融监管制度变迁形塑了全球金融发展格局，这些市场力量主导下的经济发展影响了伦敦在内的金融中心的金融制度变迁。

五是政府主导下的强制性制度变迁。伦敦金融管理当局并非简单地采取自然演进观以保持其金融中心的竞争力。事实上，伦敦金融中心制度体系的产生和发展之所以具有前瞻性，主要源自政府金融管理当局的人为设计、强力政策支持。例如，以金融创新和税收优惠集聚金融资源应对经济萧条的压力；又如，紧抓欧洲美元市场机遇，驱动英国金融产业的国际化，牵引英国国内其他产业发展，促进产业—金融良性循环，最终奠定了伦敦国际金融中心地位。

除以上主流观点外，还有研究对伦敦国际金融中心形成的微观基础进行了研究，强调信息流的重要性；金融地理学利用市场摩擦理论和实证分析，为国际金融中心"漂移说"提供佐证。对伦敦何以成为国际金融中心做出丰富的理论探讨。

伦敦是世界最重要的国际金融中心，全球金融中心排名长期位居世界第 1、2 位（如表 3.1 所示，伦敦国际金融中心在 GFCI 33 中位居第 2）。即使在世界三大金融中心中，伦敦国际金融中心也具有其他国际金融中心无法比拟的地位。如上所述，因为伦敦金融中心的地理区位处于东京和纽约之间，有时差的独特优势。伦敦金融城是位于英国伦敦中心市区的专业金融商业区，面积虽仅约 2.9 平方千米，对英国国内生产总值的贡献却超过 2%。每天大约有约 35 万人在城内工作。尽管成渝西部金融中心与伦敦国际金融中心在宏观层面不具有可比性，但是在微观层面，欧美代表性金融中心在综合治理、各类金融服务和金融生态环境建设方面的经验丰富，可以从金融生态及营商环境优化领域为成渝共建西部金融中心提供经验借鉴。

伦敦金融中心领先的"城中城"组织治理机制发挥了对金融组织的集聚效能。（1）伦敦金融中心依托金融伦敦城具有领先的组织治理结构。伦敦金融城这座"城中城"虽然隶属大伦敦市，却拥有自己的市长、法庭和近千名警察，以及一套严格的管理体系。伦敦金融城由金融城公司管理，该公司属于政府部门，被赋予较高的自治权，内设金融城市长、参事议政厅、政务议事厅和市政委员会委员等组成决策和管理机构。伦敦金融城市长任期一般为1年，伦敦金融城的治理机制已传承数百年。（2）金融组织机构的集聚。约75%的世界500强企业在金融城设了分支机构。有约500家各国银行在此经营。世界首家保险市场——著名的"劳合社"诞生于此，全球20家一流保险公司在此设立了分支机构。伦敦金融城拥有基础设施完善、功能齐备的要素交易体系，例如外汇交易市场、航运保险市场、证券交易所、金属交易所、期货交易所等。

伦敦金融中心长期以来高度重视对金融专业人才的集聚，并持续巩固其核心竞争力。伦敦金融中心一流的服务、完善的设施和最先进的技术是伦敦金融中心的高价值社会资本。灵活健全的法律和市场机制，以及承袭于先人的企业家精神是金融城的无形资产。作为英国经济的火车头和世界金融服务业的中枢神经，伦敦金融城肩负着促进英国乃至世界经济稳定和持续发展的重任。国际金融中心的竞争是外交竞争、经济竞争、科技教育竞争、综合国力竞争，归根到底是金融专业人才的竞争。从金融人才引进看，伦敦金融城具有宽广的国际视野，长期以来与投资银行家、基金经理人或者伦敦金融城政府的政府官员和管理层共事。伦敦金融城里的国际化金融人才越优秀，其国际金融中心竞争优势就越强，其竞争优势越强，就可以延揽更新型高端的金融人才。于是，伦敦金融中心在金融专业人才集聚方面就形成了一个良性循环。

伦敦金融中心营造一流金融生态及营商环境，注重中介组织培育和法治环境培育。(1) 中介组织培育伦敦金融中心长期以来一直是世界级的专业金融服务及中介服务中心。世界四大会计师事务所在伦敦金融城均设有总部。伦敦金融城内的管理咨询业增长显著。1992年至2002年，英国管理咨询协会会员的总收入从8.1亿英镑增至47亿英镑，增长了5倍多，相当于19%的年平均增长率。而伦敦金融城的金融专业服务和综合商业服务也被称为"钻石级"的服务。(2) 法治环境培育。法治环境是建设国际金融中心的基础性制度设施，法律制度所代表的三方契约治理机制对社会信用的双边契约治理机制发挥了保障作用。第三方治理难以避免金融契约治理的有限理性问题。伦敦金融中心吸引国外经济组织的原因之一就是其法律制度的信誉，伦敦金融城在公平解决经济纠纷等方面令人信服。另外，伦敦金融城执业的专业律师较多。调查显示，世界15大律师事务所的5家事务所诞生于伦敦金融城，这些法律事务所至少25%的员工在英国境外工作，所提供的法律服务具有显著的高端化、国际化特征。

二、对成渝共建西部金融中心的启示

伦敦国际金融中心建设对西部金融中心建设的启示是，地方综合经济实力要为金融中心建设提供有力支撑，"市场—政府"手段需协同发力，不可顾此失彼。既需要政府的宏观规划科学可行，还需要营造一流营商环境以吸引金融组织机构、金融专业人才、中介组织。伦敦建设国际金融中心是经济组织汇聚金融资源的历程，在各级政府的大力支持下、各类市场主体的参与下，成功实现"市场—政府"双向互动和"产业—金融"良性循环的产物。其建设模式是：在战略、领导力、制度等因素的作用下，通过地缘结构、加工贸易、投融资服务、科技进步、信息知识网络等政治经济全方位链接，发现、挖掘、整合和高效利用内部优势资源，使区域内部优势资源之间、区域内部和外部优势资源之间，在良性竞争合作中形成国际或国内金融资源集聚地、经济增长极，实现资源的远程集聚和全球集聚，最终提高区域经济竞争优势和经济效益，实现本地经济和合作体经济互利共生式发展。

第二节　新加坡国际金融中心建设模式及启示

一、新加坡国际金融中心建设模式

新加坡国际金融中心建设成功，首先得益于特殊的地理位置。新加坡位于东南亚，是马来西亚半岛最南端的一个热带城市岛国，国土面积较小，主要由50多个海岛组成。新加坡地处国际贸易航运要道——马六甲海峡的出入口，地理位置十分重要，是世界海运交通中心和国际航空交通中心。新加坡是亚太地区重要的国际金融中心（如表3.1所示），GFCI国际金融中心评价指数表明，新加坡国际金融中心综合实力位于全球第3、亚洲第1。新加坡是我国西部陆海新通道建设的重要合作伙伴，与重庆市已建立良好的经贸合作关系，成渝共建西部金融中心有与新加坡深化离岸金融合作的专门部署。

新加坡国际金融中心的形成是其政府主导型制度变迁的结果。1965年新加坡实现主权独立时，国内经济较为低迷，金融发展水平滞后，国民失业率较高，国际转口贸易衰弱，在此经济基础之上很难规划国际金融中心建设。但是，新加坡政府抓住了亚洲离岸金融市场的发展机会，出台多项优化营商环境的政策，鼓励外资金融组织机构入驻新加坡金融市场，迅速产生以下经济效应：（1）国际化金融营商环境促进金融机构集聚。美洲银行新加坡分行于1968年在新加坡设立了开展离岸借贷业务——亚洲货币单位——是新加坡建设国际金融中心的首个里程碑。此后，花旗银行等先后进入新加坡开展美元离岸业务，新加坡金融服务业得到高速发展。（2）自由化金融营商环境激发金融市场活力。新加坡政府相继出台措施给这些金融市场主体放松管制，例如取消亚洲货币单位准备金、免除印花税、减收离岸所得税。营商环境优化促成外资银行登陆新加坡经营亚洲美元业务，离岸金融市场业务等，使得新加坡快速成为亚太地区的国际金融中心。经过约20年的经济金融高速发展，新加坡就迈入了中等发达国家行列。国际清算银行（Bank for International Settlement，BIS）在2019年调查发现，新加坡的全球外汇交易量额已位居全球第3、亚洲第1。在证券市场建设方面，新加坡也体现了以境外为主的服务特点。虽然东南亚地区赴新加坡融资的企业数量少且规模小，新加坡股票市场挂牌企业数量仅为中国香港的1/4，债券发行规模仅为中国香港的1/6。但是新加坡交易所挂牌企业中境外企业占比全球最高达35%，为全球第1。

在国际化金融营商环境建设取得显著成就之际，新加坡并未忽视对本土金融的保护，并加大力度改善政府公共金融服务。新加坡一方面持续放宽市场准入门槛吸引外资金融机构，另一方面严格限制外资银行经营新加坡本币业务，在1998年就禁止以任何形式开发基于新加坡本位币的金融衍生品。这些措施缓释了外资银行对其国内银行业的压力，也在一定程度上减小了外资金融机构对其国内自主发展经济的干预。世界经济论坛2009年10月公布的全球金融中心排名，新加坡由上一年度的第10跃升至第4，首次击败中国香港成为亚洲最佳金融中心。全球金融中心指数GFCI 33报告显示，新加坡国际金融中心与香港国际金融中心处于亚太地区领先，这两个金融中心长期交替保持亚洲第1、世界第3的地位。近年来，除在金融营商环境和金融人力资本指标较香港国际金融中心继续领先之外，在金融基础设施、金融业发展水平和声誉等诸多方面已领先香港国际金融中心。

二、对成渝共建西部金融中心的启示

新加坡国际金融中心建设对成渝共建西部金融中心的启示是，后发国家或地区若想迅速建设新的金融中心，"有为政府"的推动至关重要，尤其是政府公共服务推进"金融营商环境"建设方面对金融要素资源的集聚发挥了决定性作用，新加坡构建国际金融中心虽重视金融市场化、国际化，但是更注重对本土金融体系的保护。新加坡最初主要凭借东南亚区位优势和政府开放的金融政策，重点打造离岸金融特色。近年来，新加坡已逐步摆脱离岸金融业务局限，业务重心逐步向全球拓展，有意与香港国际金融中心竞争成为欧美和亚太地区联结的枢纽。同时也要注意，因为新加坡自身综合国力有限，其主要依附的东南亚经济圈在20世纪90年代东南亚经济危机之后曾持续表现低迷。外围经济支持乏力，这也是新加坡难以跃升为比肩伦敦、纽约国际金融中心的主要制约。这充分说明了地区综合经济实力是金融中心建设的基础支撑和重要保障。

第三节　香港国际金融中心建设模式及启示

一、香港国际金融中心建设模式

香港特别行政区位于我国三大核心经济区之一的粤港澳大湾区，是亚太地区著名的国际金融中心、贸易中心和航运中心。如表3.1所示，GFCI 33统计数据表明，香港国际金融中心综合实力位于全球第4、亚洲第2。成渝地区长期以来与香港一直保持着较为密切的经济金融合作，西部金融中心建设亦将全方位地深化成、渝、港之间的合作。

香港自由贸易港作为其国际贸易和口岸物流服务全球领先，贸易关税制度具有吸引力。除香烟、烈酒和动力燃油外，香港不对其他进口物品征收关税。因为香港经济具有自由贸易、低税率、政府干预少等特征，加之其优越的国际贸易口岸物流地理区位，20世纪60年代香港就发展为亚洲最重要的转口贸易中心。国际贸易支付结算和华侨汇款是香港初期发展的主要资金来源。20世纪60年代与新加坡政府的金融改革形成对照的是，香港特区政府一方面想继续征收外币存款利息税，另一方面又想限制外资银行准入，因此失去了建设亚洲离岸金融市场的时机，此后香港的金融业曾一度陷入发展低谷。1978年，香港特区政府适应国际形势发展，放宽了外资银行的准入牌照限制，吸引了大量外资银行入驻香港。香港在1982年取消外币存款利息税之后大量国际资金回流。80年代末期香港作为亚太地区国际金融中心的地位再次被确立。香港目前已成为全球最具活力的国际金融中心之一，其股票市场、外汇市场交易额都位于全球前列。

香港一直是亚洲最大的资产管理中心，金融生态及营商环境优越，金融市场具有韧性。如表3.2所示，近年来香港金融生态及营商环境竞争力位居全球第 6，使得香港成为连接内地与全球市场之间的门户。此外，粤港澳大湾区间的联系越来越紧密、金融市场"互联互通"机制不断扩容和深化，离岸人民币业务稳步发展。香港作为国际金融中心具备优势，未来可继续保持现有资本市场规模优势，抓住与国际资金聚集于港的机遇，借助"互联互通"机制，在开展对外开放合作方面发挥更大作用；与上海、深圳等国际金融中心发挥协同效应，形成合力，在全球金融市场发挥更大作用；加强与全球金融市场的深度联结，拓展合作领域，持续巩固全球国际金融中心地位。

表 3.2　GFCI 33 国际金融中心营商环境及人力资本排名

排名	金融营商环境	金融人力资本
1	美国纽约	美国纽约
2	英国伦敦	英国伦敦
3	美国旧金山	美国旧金山
4	美国芝加哥	卢森堡大公国
5	美国洛杉矶	澳大利亚悉尼
6	中国香港	美国波士顿
7	新加坡	新加坡
8	荷兰阿姆斯特丹	美国洛杉矶
9	美国波士顿	荷兰阿姆斯特丹
10	韩国首尔	瑞士苏黎世
11	中国上海	中国香港
12	美国华盛顿	中国上海

资料来源：2023 年中国（深圳）综合开发研究院和英国 Z/Yen 集团联合发布的第 33 期全球金融中心指数报告。

金融中心的生态及营商环境优化核心目标是集聚高质量的金融人才。表 3.2 的数据显示，香港 2023 年对金融人才的吸引力仅排名 11，领先上海

1位，但是相比于亚太金融中心重要竞争对手新加坡已落后4位。中国香港相比新加坡具有丰厚的内地资源，但新加坡和东盟的联系更紧密，未来存在从中国香港转移更多的企业、人才和市场的可能，在全球发挥更强的国际金融中心作用。当前全球经济衰退风险上升，逆全球化背景下产业链重新布局，此前的产能转移或将发生逆转，表现为产能可能从其他新兴经济体重新回流至新加坡等"亚洲小龙"。新加坡或将借此机会重回全球产业链重要位置，这将进一步巩固其国际金融中心地位，对于香港国际金融中心、上海国际金融中心等金融中心都将形成挑战。

二、对成渝共建西部金融中心的启示

香港国际金融中心的建设模式对西部金融中心建设的启示是：（1）国际贸易中心引致香港国际金融中心的形成，意味着建设金融中心的自然地理因素至关重要，因此成渝共建西部金融要明确自身的资源禀赋和区位定位；（2）在全球经济一体化趋势下，要成为金融中心就要适当放宽金融管制，采取较为宽松和开放的金融政策制度和灵活优惠的税收制度，营造自由发展、自由融通的金融营商环境，才能吸引大量的金融资本进入。成渝地区现阶段的统一大市场建设处于起步阶段，相比于内地其他金融中心的财税政府金融优惠力度还不够，有待加强；（3）汲取20世纪60年代末期香港特区未能及时放开外资银行准入、将欧美银行美元离岸业务以及货币市场、证券市场、外汇市场业务等让与新加坡的教训，在政府主导型金融中心建设中，提升政府决策科学性、战略性、前瞻性；（4）香港能够成功建成国际金融中心的核心要件还包括金融专业人才和中介组织培育，香港已培养和吸引大量专业的律师顾问、会计审计师、金融分析师、保险精算师及管理咨询顾问等，能为市场主体提供高质量的服务，这也是香港能够长期保持国际金融中心地位的人力资源基础。因此，成渝共建西部金融中心需高度重视金融人才的培育，可以前瞻性地和国内外金融教育机构建立战略合作，持续优化聚集高端金融人才的制度供给。

第四节　上海国际金融中心建设模式及启示

一、上海国际金融中心建设模式

上海位于我国三大核心经济区之一的长三角经济区的核心区，是我国历史最悠久的国家金融中心，也是我国在新的历史时期最具有世界影响力的国际金融中心。如表3.3所示，在国际金融中心指数GFCI 33排名中，上海仅次于香港，在我国城市金融中心综合实力排名中位居第2。上海金融中心地位的确立是国家发展战略的需要。因此与成渝共建西部金融中心类似，上海国际金融中心建设同样是政府主导型制度变迁逻辑。党的十八大以来，上海建设国际金融中心成效卓著，按预定标准，在2020年已经建成与我国综合经济实力相适应的国际金融中心。因为上海是我国金融创新发展的标杆，其市场化、法治化、国际化营商环境建设也一直处于世界前列。上海是世界银行集团营商环境B-READY评价体系中两个入选城市之一[1]，所赋予的权重为55%。30多年以来，上海国际金融中心建设在制度安排、制度执行等方面均为成渝共建西部金融中心提供了弥足珍贵的借鉴，主要概括为以下几个方面。

表3.3　2023年我国金融中心城市综合实力排名

金融中心	GFCI 33 排名	GFCI 33 得分	GFCI 32 排名	GFCI 32 得分
香港	4	722	4	725
上海	7	717	6	723
深圳	12	712	9	720
北京	13	711	8	721
广州	34	690	25	704
青岛	36	688	36	693

---

[1] 北京是我国另一个入选世界银行集团营商环境评价系统的中国大陆城市，所赋予的权重是45%。香港、澳门除外。

续表

金融中心	GFCI33		GFCI32	
	排名	得分	排名	得分
成都	44	680	34	695
台北	63	629	55	673

资料来源：2023年中国（深圳）综合开发研究院和英国Z/Yen集团联合发布的第33期全球金融中心指数报告。

一是上海国际金融中心建设在制度安排方面，规划较为科学，建设路线明确，过程积极稳妥。

邓小平同志于1991年年初视察上海时指出"上海过去是金融中心，今后也要这样搞。中国在金融方面取得国际地位，首先要靠上海"。[1]依据中央的定位，2003年底上海出台上海国际金融中心建设的行动纲要，明确"三步走"战略——要求基础性工程在5年内完成、金融中心的框架结构在10年内完成、总体上在20年基本建成。2020年基本建成区域性国际金融中心，并开启区域性向全球性金融中心新征程。上海根据2007年全国金融工作会议精神，明确金融中心建设的"五个重点"和"一个聚集"工作任务。[2]2009年4月国务院发布文件，明确上海加快发展现代服务业和先进制造业，建设"金融+航运"国际双中心；进一步明确上海国际金融中心在2010年基本建成。文件就四个重点工作的体系化作出部署，包含金融市场体系、金融机构体系、金融人力资源体系、法律法规体系。国务院首次以正式文件明确国家战略定位——上海要建设国际金融中心，随即上海以立法的形式推出《上海市推进国际金融中心建设条例》强化政策执行力。

二是上海国际金融中心建设的制度执行方面，紧扣国家战略出台大量金融扶持和优惠政策。

上海围绕国际金融中心建设这一国家战略目标长期优化制度供给和执行。早在1990年就专门针对金融信贷和其他业务出台减税政策。2002年上海为营造良好的金融营商环境，专门出台促进金融机构来上海发展的政

---

[1] http://www.ce.cn/xwzx/gnsz/szyw/201105/09/t20110509_2240821.shtml.
[2] 重点工作主要包括：发展金融市场；支持金融机构做优做强；集聚金融人才；优化金融环境；支持强化金融监管。

策意见，率先设立上海金融产业发展引导基金，积极改善促进新设金融机构发展的营商环境。例如，专门建立上海金融机构服务中心，帮助解决从新金融机构注册到员工生活等一系列问题，将优化金融营商环境落实落细。此外，对新引进银行保险类金融机构总部、地区总部、高管人员给予一次性补贴。上海已形成以商业银行和保险机构为主体、其他金融机构并存的金融组织机构体系，形成了以证券、外汇、货币、黄金市场为主，门类齐全、交易活跃的金融要素市场体系。在资本市场发育方面，上海证券交易所近年的交易规模已跻身全世界前列。

三是紧跟金融发展前沿从制度建设、法治引领、政策支撑多方面发力优化金融生态及营商环境。

（1）以产业发展引领科技金融、绿色金融、供应链金融等发展。增强对长三角经济区的辐射力，上海协同苏、浙、皖等省打造区域性科创金融试验区、绿色金融试验区。加强制度性基础设施体系建设。持续改善科技金融、绿色金融发展营商环境，建立上海国际金融中心的 ESG 生态体系，建设上海 ESG 投资国际合作促进机制，将上海打造成可持续、高质量发展的国际金融中心。（2）以法治建设引领金融生态环境建设。深化金融法律法规的制度供给侧结构性改革，发挥法治在金融营商环境建设中的基础性保障。增强金融法治的国际交流，提升金融法治国际影响力和公信力。加强地方金融监管正式制度供给，为民营企业、中小企业、知识产权金融发展等领域提供制度保障。在上海浦东推动制度创新，探索长三角跨省立法协同，重点推进长三角经济区营商环境建设联动。（3）优化政策集聚金融机构和专业人才。探索上海国际金融中心税收优惠政策。为金融业重点领域的金融创新给予税收支持。对跨境金融、离岸金融试点配套税收优惠，对标国际标准，持续优化金融服务、税收、贸易领域的营商环境。

二、对成渝共建西部金融中心的启示

上海国际金融中心建设对成渝共建西部金融中心的启示是：（1）上海国际金融中心的成功建设是与国家经济发展宏观战略需要密切相关的。上海建设国际金融中心多次获得党中央国务院的支持。[1]这一战略背景与西部金融中心建设对西部大开发新格局的形成、西部陆海新通道的建设的国家战略高度契合。（2）上海的成功也有其自身原因。对中央政府的支持政策上海能够创造性转化，主动优化营商环境，各种优惠政策出台为上海集聚了大量金融组织机构，人性化的金融政策与制度供给为上海赢得了众多金融组织机构和金融专业人才的认同，上海专门打造的金融机构服务中心是高质量金融公共服务的鲜明体现，只要政府为金融市场主体做实事、谋实利，就不愁金融组织结构、金融人才"引不进、留不住"。（3）上海金融中心建设是国内城市建设区域性金融中心的典范。上海金融中心建设的实践成果较为丰硕，上海市政府长期重视各类金融国际论坛的举办，对社会科学研究的重视也发挥了舆论引导作用。上海市创造性将国际金融中心评价体系与金融营商环境优化相互结合，充分重视上海国际金融中心的社会形象。鉴此，成渝共建西部金融中心的进程中，一方面可以激发社会科学研究工作者对西部金融中心建设这一伟大事业的关注热情，积极为成渝共建西部金融中心寻找规律、建言献策；另一方面，成渝共建西部金融中心可以和巴蜀文化旅游有机结合。本书认为，科研资源、文旅资源、舆论资源也是成渝共建西部金融中心的生产性资源。

第五节　深圳国家金融中心建设模式及启示

一、深圳国家金融中心建设模式

深圳毗邻香港，同属粤港澳大湾区的核心城市之一。深圳是我国第一个经济特区，是我国改革开放的"桥头堡"和"试验区"，作为我国最早、最大的经济特区，深圳在经济金融领域创造了多个第一。例如，我国首家外资银行在深圳成功引入，首家股份制上市银行、首家证券公司均诞生在深圳。这些众多第一也造就了深圳开拓进取、开放包容、勇于创新的城市

---

[1] 2023年中央金融工作会议再次明确支持香港和上海建设国际金融中心。

特点，也持续巩固了深圳国家金融中心地位。国际金融中心指数 CFCI 33 显示，深圳金融中心的排名位居我国第 3、全球第 12。深圳短短数十年的金融中心建设历程为成渝共建西部金融中心提供了重要参考，尤其是对成都参与共建西部金融中心提供了宝贵的经验借鉴。

深圳建设国家金融中心既有政府主导型制度变迁的特色，更为重要的是发挥内生动力，保持金融中心建设的战略定力，主动加强粤港澳大湾区城市群的深度合作共享。深圳金融中心建设一路走来历经坎坷。首先是 1990 年底深圳证券交易所的成立和前期金融业发展的积累，为深圳带来了建设国家金融中心乃至国际金融中心的希望。但是 1991 年邓小平同志在上海考察时的谈话和党的十四大明确上海建设国际金融中心的战略之后，深圳建设国际金融中心面临了较大的区域性战略竞争压力。此后 10 余年，深圳面临了更多政策层面的压力，例如 1998 年人民银行深圳分支机构被降格为二级支行；2000 年深圳以停发新股为换来的二板市场迟迟难以成立，直到 2004 年才恢复发行新股，深圳的金融资本在这 4 年之内不断流失。

但是深圳却没有因为这些不利因素而丧失发展金融中心的动力。深圳在此情境下敢于逆水行舟，在 2003 年出台支持金融业发展的若干规定，在政府层面设立金融资产管理办公室、金融发展咨询委员会、金融发展专项资金，持续深化"港深"金融合作，优化金融政策供给。深圳在 2009 年 9 月又出台支持金融业发展若干规定的细则，给予入驻深圳的金融机构和金融高级管理人才以更大的政策优惠和生活便利。此后深圳还出台了发展资本市场、保险业和加快金融改革创新的一系列政策文件及其实施细则。2008 年深圳市人民代表大会审议通过了《深圳经济特区金融发展促进条例》，这标志着深圳为促进金融业发展提供了法律层面的制度保障，是深圳建设金融中心法治化营商环境的基础。

深圳持续努力地建设国际金融中心最终获得了回报。深圳目前已成为中国金融创新最活跃的城市，巩固了其国家金融中心甚至国际金融中心的地位。伦敦金融城政府于 2009 年 9 月所发布的该期全球金融中心指数表明，深圳获得第 5 的佳绩，这是深圳首次被纳入评选。深圳在该期评选所取得的排名领先于上海（第10）和北京（第22）。近年来，深圳国际金融中心建设工作所取得的成绩已经可以与上海和北京比肩。

二、对成渝共建西部金融中心的启示

深圳建设国家金融中心对成渝共建西部金融中心的启示是：（1）深圳市政府发展金融业和建设金融中心的目标坚定，不屈不挠。深圳与香港同处粤港澳大湾区的核心，广东省和香港特别行政区的经济综合实力为深圳建设金融中心提供了物质基础保障。就地域竞合关系而言，深圳与香港、深圳与广州、深圳与上海在一定程度上均存在金融中心建设的竞争，但是深圳金融中心的成功建设说明，区域多个金融中心建设可以实现互利共生。（2）深圳与上海相似，地方政府从立法的角度大力支持金融产业发展、优化金融生态及营商环境。在政策制度执行方面，专门设立金融服务中心，对聚集金融机构、金融机构管理人员、高端金融专业人才、金融中介组织等给予一次性补贴、税收优惠，并配套相关政策制度的实施细则，以加大这些金融政策制度的执行。这些增进"政府—市场"互动的综合举措提升了深圳金融中心建设的社会美誉度，为深圳金融中心聚集更多优质金融资源提供了制度保障。

第六节　经验与借鉴

通过对欧美全球性国际金融中心、亚太区域性国际金融中心和国内长三角等地金融中心的建设模式及路径的分析，本书基于金融生态理论视角，以金融生态环境建设、金融生态主体建设、金融生态调节机制建设为重点，归纳当下可供成渝共建西部金融中心借鉴的经验。

第一，国内外建设金融中心的一个重要的共性经验是要具备坚实的经济基础和独特的资源禀赋。

本部分重点分析的伦敦全球性国际金融中心，新加坡区域性国际金融中心，以及我国长三角、粤港澳大湾区多个金融中心建设的成功经验都印证了建设金融中心要基于所在地理区位强大的经济基础和独特的资源禀赋。本书认为，金融中心也是一个有其生命特性的经济组织，金融中心不可能脱离实体经济而存在，有了经济基础和资源禀赋，金融中心建设和发展才能固本培元，否则金融中心即便在物质层面建成了，也很难在激烈的金融中心竞争中保持其旺盛的生命力。表 3.3 所示的国际金融中心指数 GFCI 33 排名中，西部金融中心核心城市成都和重庆的排名及其变化需要予以关注。首先重庆排名处于第 60 位之后，这说明以重庆为主体建设西部金融中心的经济基础仍有待提升；其次，成都虽在第 44，在中国位于第 6 位，但是排名相比 GFCI 32 下降了 10 位，下降幅度在表 3.3 中是最大的。这在一定程度上说明，成都作为传统的西部金融中心建设的领先城市，保持领先位置的韧性不足。借鉴国内外其他金融中心，成渝共建西部金融中心有必要在经济综合实力、金融生态及营商环境细分领域持续改进。

第二，无论是市场主导的自然演进型金融中心还是政府主导型金融中心的建设，都需要政府一以贯之地大力支持。

政府的支持和优惠政策是聚集金融机构、金融专业人才的重要因素。从国际金融中心的成功建设模式看，金融生态及营商环境优化与政府公共服务质量直接相关，政府的金融服务质量不仅取决于高质量金融制度供给，还取决于建设金融中心的制度执行是否有力。尤为重要的是，公正廉洁的金融法治环境是金融中心建设的基础设施。因此成渝共建西部金融中心很有必要引育一支优质的公共金融政务团队，创新金融监管规则和加强金融法治建设。结合《成渝地区双城经济圈优化营商环境方案》，先期可以将金融生态及营商环境建设的任务聚焦为科技金融、绿色金融等细分领域，合作共建多元化、跨区域的绿色创新投融资金融服务体系，健全政府性融资担保体系，以规避商业性融资担保体系"非法集资""自建资金池""高管跑路"等违法违规行为对金融营商环境的危害。成渝地区在发展科技金融、绿色金融等特色产业金融时，要高度关注金融信贷债权融资的先天性短板，创新金融组织业态和治理业态，丰富金融资本业态的多样性，进一步实现金融生态主体组织创新和服务创新的共生发展。

第三，金融中心是一个巨型复杂系统，金融中心的建设与维护需要一个自由开放的金融生态环境。

金融中心的核心功能是实现资金流、信息流、技术流、人才流等资源要素的配置。市场化的资源配置需要自由开放的金融生态环境，自由开放的外部环境有利于社会网络组织间交换，促进良性治理秩序，这是影响资源要素高效率流通的内生因素。社会组织网络系统的发育高度依赖社会信用环境，相比于国外金融中心建设模式，国内上海等金融中心更重视社会信用体系的建设[1]，社会信用指标在地方营商环境评价中所占的权重也更高。如何将社会信用体系建设和西部金融中心建设深度结合，促进成渝地区金融业制度性交易成本和市场主体的融资交易成本节约值得深入探索。成渝地区可以协同推进社会信用体系建设，构建成渝地区信用政策制度和标准体系对接机制，推动信用惠企场景共享互认，编制联合奖励措施补充清单，开展跨区域信用监管、实施信用联合激励与惩戒。

第四，建设金融中心的决定性力量是人，集聚高素质的金融人才是建设金融中心的重中之重。

党中央在2023年10月明确了金融强国建设目标，指出金融强国建设需匹配强大的国际金融中心、强大的金融人才队伍等要素。高素质的金融人才是国际金融中心的核心建设者，也是金融生态环境中最具活力的生态主体。金融调控和监管体系是否科学有效？金融机构和市场体系是否协调开放？金融产品服务和基础设施体系是否专业安全？如何应对这些问题关键还是在于金融人才的质量。本书的前述分析发现，重视金融人才聚集是国内外成功建设金融中心和保持竞争优势的共性经验。相比于长三角、粤港澳大湾区等东部沿海经济区的金融中心对金融专业人才的重视程度，成渝共建西部金融中心在延揽高素质的金融人才方面并不具有比较优势，在成渝共建西部金融中心的政府主导型模式下，如何切实有效地优化金融营商环境，高效率地聚集大量高素质的金融专业人才亟待川渝地方政府重点关注。本书的第四章将对这些方面做出有针对性的探讨。

---

1 如前文所述，国内主流营商环境评价指标体系的一级指标中均包含"社会信用环境"，但是世界银行集团的B_Ready营商环境评价体系未专门设置"社会信用环境"。中国国际贸易促进会和中国社会科学院的营商环境评价体系亦将"社会信用环境"和"社会法治环境"列为一级指标，更详细的内容参见本书第五章内容。

第四章

成渝共建西部金融中心的背景与基础

第一节 建设背景

1993年，国务院对成都市提出建设西南地区金融中心的要求。2009年1月，《国务院关于推进重庆市统筹城乡改革和发展的若干意见》强调，要将重庆建设成为长江上游地区金融中心。[1]至2010年末，成都、重庆、西安分别制定了建设西部金融中心的目标，昆明、南宁、贵阳、兰州等城市也纷纷提出建设不同层次的区域金融中心的构想[2]。中国社会科学院蓝皮书（2011）对全国30个金融中心城市的金融规模和总体竞争力分析后认为，西部城市与北京、上海等公认的金融中心相比，差距明显，成都市、重庆市是金融业发展最好的两个城市，也是西部金融中心建设的直接竞争对手。从近三十年来的实际效果来看，西部地区金融中心的建设成效并不理想，金融中心建设工作呈现多点开花、重复低效的现状。形成这一现状的原因主要是：一个中心（特别是处于经济发展核心地位的金融中心）的形成，需要多种相互作用和影响的要素聚集，需要时间积累，需要文化积淀，需要政策、环境、人才、技术等匹配。西部区域的主要中心城市，无论成渝还是西安，或其他单一城市，都在经济总量、功能完善等方面，不能完全担当该重任。党中央、国务院在对京津冀、长三角、粤港澳大湾区中各金

---

1 周雪梅. 对构建重庆区域性金融中心的思考[J]，特区经济，2011.
2 同勤学. 丝绸之路经济带视域下构建西部区域金融中心的设想[J]，宝鸡文理学院学报（社会科学版），2015(5)：46-50.

融中心建设实践基础上，基于西部各地实践及未来战略考量，决定以成渝双城经济圈为依托，成渝共建西部金融中心。

2021年10月，中共中央、国务院出台了《成渝地区双城经济圈建设规划纲要》，以加强顶层设计及统筹协调，加快推动成渝地区形成有实力、有特色的双城经济圈。2021年12月，中国人民银行等部门根据《成渝地区双城经济圈建设规划纲要》要求，联合印发《成渝共建西部金融中心规划》，以推动将成渝建设成为立足西部、面向东亚和东南亚、南亚，服务共建"一带一路"国家和地区的西部金融中心，推动成渝地区加快双城经济圈建设、打造高质量发展重要增长极和新的动力源。[1]

四川省、重庆市、成都市相继发布的各自区域性"十四五"金融业发展规划，均用专节论述共建西部金融中心。各省（市）在2022年的党代会报告中也对此分别提出了特别要求。2022年12月印发《成渝共建西部金融中心规划联合实施细则》，是四川省、重庆市深入贯彻落实习近平总书记重要指示精神和党中央、国务院决策部署的具体行动，是扎实推动成渝地区双城经济圈建设的务实举措，有利于推动成渝地区加快打造高质量发展重要增长极和新的动力源，该联合实施细则强调要抓住成渝共建西部金融中心重大机遇，以金融服务实体经济为主线、以金融改革创新为动力、以防范化解金融风险为保障，促进金融资源合理流动、高效集聚，不断完善科创金融、普惠金融、绿色金融等金融服务体系，为高质量发展提供有力金融支撑。2022年9月，四川省地方金融监督管理局牵头起草了《四川省〈成渝共建西部金融中心规划〉实施方案（征求意见稿）》，给出了四川省参与共建西部金融中心的19条具体举措，向社会公开征求意见；2023年1月，四川省人民政府办公厅印发《四川省贯彻〈成渝共建西部金融中心规划〉实施方案》（川办发〔2023〕2号），共从8个维度提出了42项四川举措。这些文件，明确了成渝共建西部金融中心的具体目标、任务及路径。

---

1 中国人民银行，等. 成渝共建西部金融中心规划[Z]. 2021-12-28.

第二节 建设基础

金融因商而生、因商而兴。商业的基础在产业，经济体量、产业基础决定着金融渗透与滋养的环境。从经济体量、产业基础、金融总量、市场主体到要素市场而言，重庆市、成都市及四川省关于共建西部金融中心的系列成就、政策、规划都将是成渝双城经济圈建设的重要支撑和保障。

一、总体情况

（一）经济体量

四川省、重庆市的经济体量是成渝共建西部金融中心工作的压舱石。2022年，四川省经济总量达到5.67万亿元，同期重庆市、成都市分别为2.91万亿元、2.08万亿元。未来五年，四川省的经济总量预计将突破8万亿元，重庆市有望迈上4万亿元的台阶，成都市将冲刺3万亿元。不管是现在，还是未来五年，四川省、重庆市的经济总量都将是成渝共建西部金融中心的重要支撑。

（二）产业基础

四川省、重庆市的产业基础是成渝共建西部金融中心工作的重要支撑。四川省工业"5+1"、服务业"4+6"、农业"10+3"现代产业体系基本形成，电子信息、食品饮料产业规模相继迈过万亿元大关。重庆市数字化变革、"2+6+X"产业规划、制造业发展与产科金平台战略已经提出。成都市已形成万亿级电子信息产业和8个千亿级产业集群。

（三）金融总量

四川省、重庆市的金融总量是成渝共建西部金融中心工作的基本盘。以区域内银行业机构总资产、保费收入占比为代表的金融总量为例，截至2022年第二季度，四川省域内银行业机构资产总额达13.44万亿元，保险公司原保险保费收入1 427.99亿元。同期，重庆市域内上述指标分别为6.86万亿元、649.5亿元。

（四）市场主体

四川省、重庆市的市场主体是成渝共建西部金融中心工作的动力源。2022年底，四川省域内城商行、农商行总部机构众多，除注册在成都的四川银行、成都银行、成都农商行外，还有各地市的城商行、农商行法人机构；总部位于重庆市域内的商业银行有重庆银行、重庆农商行、重庆三峡银行；总部位于四川的证券公司有华西、国金、川财、宏信4家；总部位于重庆的有西南证券1家。注册地位于四川省域内的保险公司和公募基金公司分别有2家和1家；注册地位于重庆市域内的保险公司和公募基金公司分别有5家和2家。2022年底，成渝两地规上工业企业数量分别为16 796户、7 617户，在电子信息、新能源汽车、装备制造等行业，具备打造世界级产业集群的基础。

（五）要素市场

四川省、重庆市的要素市场是成渝共建西部金融中心工作的重要载体。2022年底，四川省域内的要素市场包括：天府（四川）联合产权交易中心股份有限公司、西南联合产权交易所有限责任公司、天府商品交易所有限公司、四川联合环境交易所有限公司、四川金融资产交易所有限公司、成都农村产权交易所有限公司、四川中国白酒产品交易中心有限公司、蒙顶山茶叶交易所有限公司、成都文化产权交易所有限公司、四川联合酒类交易所股份有限公司、成都托管中心有限责任公司、成都花木交易所有限责任公司、成都市知识产权交易中心、成都市金融资产交易中心14家。总部位于重庆市域内的要素市场有：重庆联合产权交易所集团股份有限公司、重庆农村土地交易所有限责任公司、重庆农畜产品交易所股份有限公司、重庆药品交易所股份有限公司、重庆航运交易所、重庆金融资产交易所有限责任公司、重庆涪陵林权交易所有限责任公司、重庆汽摩交易所有限公司、重庆土特产品交易中心股份有限公司、重庆石油天然气交易中心有限公司、重庆科技要素交易中心有限公司、重庆三峡柑橘交易中心有限责任公司12家。

第四章 成渝共建西部金融中心的背景与基础

从上述支撑西部金融中心建设的要素基础来看，四川省（含成都市）、重庆市存在差异化的特质。区域性股权文化、银行文化、资本市场、区域影响力与辐射度等方面，成渝均存在各自独特的差异。其核心原因在于资源禀赋差、产业结构差异、巴蜀文化差异、金融市场结构差异、金融主体群差异等。这些差异，是两地共建的基础，也是共建效应最大化的潜力和空间。

二、成渝双核城市金融国际影响力不断增强

（一）成渝双核城市金融发展指数排位不断提升

自 2007 年 3 月发布的《全球金融中心指数》[1]报告第 1 期到 2017 年 3 月发布的第 21 期这十年里，成都、重庆均未入选金融中心指数的排名；2017 年 9 月发布的第 22 期《全球金融中心指数》报告中成都作为首次新进入者，以竞争力综合得分 604 分的成绩入选全球前 92 个金融中心中排位的第 86 位，未入选亚洲排名前 15 的金融中心之列，专业维度方面位列区域专业性的第 2 位，城市声誉及金融科技水平均未被纳入排名。成都在随后 5 期《全球金融中心指数》报告的综合竞争力排名震荡向上，最低到了 87/102 的位次，最高到了 73/104 的位次，专业维度曾位列国际专业性第 5 位（第 23 期）、全球专业性第 2 位（第 27 期），首次于第 26 期入选亚太金融中心第 20 位、金融科技全球排名第 18 位，第 27 期进入亚太金融中心第 18 位、金融科技全球排名第 28 位。

2020 年 9 月至 2022 年 9 月发布的第 28 至 32 期《全球金融中心指数》报告显示，成都一举从综合竞争力总分排名第 43 位前进到第 34 位，专业维度曾进入全球专业性第 3 位，亚太金融中心排名由第 16 位进阶到第 12 位，金融科技排位由全球第 32 位进阶到第 22 位，这一时期的具体排位变化情况见表 4.1。

---

[1] 数据来源：https://www.163.com/dy/article/G5EOJJ8E0515AUFE.html。

表 4.1 成都在各期《全球金融中心指数》评价报告中的得分及排名表

时间（年/月）	期数	全球综合竞争力得分	全球综合竞争力排名	专业性排名	亚洲/太平洋地区综合竞争力排名	声誉排名前15位中的声誉加权得分	前15位声誉中的排名	金融科技得分	金融科技排名
2022/3	33	680	44/120	8	14	816	1/15	680	17/114
2022/9	32	695	34/119	14	12	788	5/15	672	22/113
2022/3	31	664	37/119	8	13	未入选	未入选	618	44/113
2021/9	30	670	37/116	8	13	未入选	未入选	597	60/109
2021/3	29	678	35/114	4	12	未入选	未入选	664	25/105
2020/9	28	659	43/111	3	16			641	32/99
2020/3	27	641	74/108	2	18			649	28/52
2019/9	26	608	73/104		20			707	18
2019/3	25	583	87/102		>20				
2018/9	24	576	79/100		>20				
2018/3	23	556	82/96						
2017/9	22	604	86/92	区域2					
2017/3	21	未入选前88位							

数据来源：https://www.zyen.com/。

截至 2022 年 9 月，纳入全球金融中心指数研究排名的城市目前共 119 个，重庆仍未被纳入这一排名体系。成都首次进入声誉优势这一项的排序，位列全球金融中心第 5 位。成都有良好的声誉，声誉得分为 788 分，综合评价得分为 695 分，声誉优势差值高达 93 分，位居全球金融中心声誉差值榜的第 5 位。

综上可见，2017 年 9 月成都首次入选全球金融中心综合竞争力排行榜以来，经过近五年的持续优化进阶，当前成都已经位列全球金融中心竞争

第四章 成渝共建西部金融中心的背景与基础

力排名 34 位,约三分位处,位于亚太金融中心的第 12 位,在中国的金融中心中排在上海、北京、深圳、广州之后位列第 5 位。在极具行业发展潜力的金融科技领域位居全球金融中心的第 22 位,在中国的金融中心中排在上海、北京、深圳、广州、青岛之后位列第 6 位。成都在金融中心整体竞争力、金融科技竞争力、专业性、声誉优势等维度都处于中国的第一梯队,在共建西部金融中心中将发挥主力军的作用。

全球金融中心综合竞争力排行榜表明,对照金融中心发展的评价标准,成渝地区金融基础建设具备良好条件,但与发达国家或地区的金融中心比较,尚存很大差距,未来发展路艰且长。因此,在当前及今后共建西部金融中心过程中,需要各方凝心聚力,发挥各自优长,围绕金融中心内核协同发力,促使金融中心共建提质增效。

(二)成渝双核城市金融发展能力不断增强

一直以来,成渝地区自然禀赋优良,产业基础较好,位于"一带一路"和长江经济带交汇处,是西部陆海新通道的起点,具有连接西南、西北,沟通东亚与东南亚、南亚的独特优势,在我国经济发展中具有重要的战略地位。[1]成都是中国西部的重要经济中心和金融新兴城市,2022 年全年实现金融业增加值 2 500.2 亿元,比上年增长 10.1%,延续了连续增长的趋势。各项金融服务规模持续扩大,金融综合实力显著增强,西部金融中心地位跃升。重庆作为国家重要先进制造业中心、西部金融中心、西部国际综合交通枢纽和国际门户枢纽,2022 年全市金融业增加值达 2 491.8 亿元,比上年增长 1.3%,占地区生产总值的 8.55%。

成都和重庆是国内较早提出金融中心建设目标并制定落实政策的典范城市,多年来围绕自身金融中心定位实现了金融产业发展跨步迈进,两地金融业务总量指标排名全国领先、位居中西部前列,并在金融创新领域中形成不同比较优势,持续建设开放平台和内外合作通道,共建西部金融中

---

[1] 周跃辉. 加快推动成渝地区形成有实力、有特色的双城经济圈——《成渝地区双城经济圈建设规划纲要》解读[EB/OL].(2021-11-15). https://www.12371.gov.cn/Item/591301.aspx.

心具备厚积薄发的坚实基础和强大动能。[1]

目前,成渝地区已具备相对完善的银行、证券、保险、期货等金融牌照,但四川、重庆本土非金融机构(证券、基金、期货、保险)仅十余家,也缺乏具有全国影响力的银行、证券等机构。政府正在积极推动成渝地区金融体系的完善,西部金融机构体系将更加健全,金融机构迎来发展机遇。成渝"十四五"金融业目标指标和2021年数据见表4.2。

表4.2 成渝"十四五"金融业目标指标和2021年数据

指标/城市	成都		重庆	
	2025目标值	2021年值	2025目标值	2021年值
金融业增加值(亿元)	2 800	2 271.6	—	2 459.8
金融业增加值占GDP比重	12%	11.4%	9.50%	8.80%
金融机构本外币各项存款余额(万亿元)	6.5	4.8	6.3	4.6
本外币各项贷款余额(万亿元)	6.5	4.64	7.1	4.7
当年保费收入(亿元)	1 500	1 004.5	1 600	969.53

数据来源:《成都市"十四五"金融业发展规划》《重庆市"十四五"金融业发展规划》以及两地《国民经济和社会发展统计公报》。

成渝两地依托于"一带一路"、中新、中日、中国—东盟等金融开放合作通道建设,已成为中西部地区外商投资首选目的地和外资金融机构主要集聚地。[2]但同时也需要看到,成渝两地金融发展的全球竞争力仍然较弱,距离上海、香港、北京仍有较大差距,未来随着双城经济圈对外开放合作通道的深入建设,西部金融中心国际化发展将得到不断深化。

三、与京津冀、长三角、粤港澳大湾区存在差距

当前,建设西部金融中心还存在三方面不足:统筹协调机制方面,机

---

[1] 成渝共建西部金融中心、打造全国金融"第四极"的战略突围路径[EB/OL].(2022-01-07). https://m.thepaper.cn/newsDetail_forward_16206477.

[2] 成渝共建西部金融中心、打造金融"第四极"的战略突围路径[EB/OL].(2022-01-07). https://m.thepaper.cn/newsDetail_forward_16206477.

制存在不健全的问题；金融聚集辐射方面，成渝地区缺少全国性法人银行等金融机构和金融基础设施；资金和人才资源方面，成渝地区经济实力较弱，高端金融人才欠缺，难以满足金融中心建设需求。[1]相比于东部地区的金融市场发达程度，西部地区金融市场的规模较小，金融机构和金融专业人才相对不足，金融体系相对不完善，这限制了西部金融中心的发展和吸引力。与京津冀、长三角、粤港澳大湾区相比较，成渝地区的经济发展相对较弱，资金不足是限制金融中心建设的一个重要因素。另外，缺少有效的政策支持也是一个问题，政府在金融中心建设中支持政策不到位，缺乏定向和有效的政策措施，也会制约西部金融中心的发展。同时，西部金融中心还面临着来自东部地区其他金融中心的竞争压力，东部地区已经建立起了相对完善的金融体系，吸引了大量的金融资本和金融机构，这使得西部金融中心要在竞争中找到自己的定位和竞争优势变得更加困难。

经济发展是金融中心建设的前提和基础，足够的经济发展需求才能承载金融中心的建设，金融中心的建设也会对经济发展发挥积极的互动推动作用。作为现代经济发展的核心所在，金融在经济发展中的地位不断强化，但西部金融中心建设目前存在多个问题，包括金融业务供给需求不平衡、金融产业结构有待完善、金融人才短缺、金融创新动力不足等，主要原因是成渝地区经济发展水平对西部金融中心建设的制约。

（一）经济社会发展方面

根据国家统计局数据，选取京津冀（北京市、天津市、河北省）、长三角（上海市、江苏省、浙江省、安徽省）、粤港澳（广东省、香港、澳门）、成渝地区（四川省、重庆市）2018年至2022年的经济发展指标进行对比（见表4.3）。从地区生产总值来看，成渝地区在全国四大经济增长极中地区生产总值较低；就2022年数据来看，成渝地区为85 878.83亿元人民币，分别占京津冀地区100 292.64亿元人民币的85.62%、长三角地区290 288.40亿元人民币的29.58%、粤港澳大湾区为154 876.53亿元人民币的55.45%。就成

---

[1] 区域经济高质量发展"多点开花"[J]. 经济，2022（4）：52-59.

渝地区核心城市——成都市、重庆市各自城市地区生产总值看，均比京津冀地区核心城市——北京市、长三角地区核心城市——上海、粤港澳大湾区核心城市——深圳低，与粤港澳大湾区另一个核心城市——香港基本持平。将成都市、重庆市作为一个整体，其地区生产总值与北京市、上海市、深圳市、香港基本持平。成渝地区与北京金融中心所辐射的京津冀、上海金融中心所辐射的长三角、深圳—香港金融中心所辐射的粤港澳大湾区相比，生产总值明显偏低，难以为成渝地区金融业的发展壮大及西部金融中心建设提供有力的支撑。

表 4.3　京津冀、长三角、粤港澳大湾区、成渝地区生产总值数据　　单位：亿元人民币

地区	年份				
	2018	2019	2020	2021	2022
京津冀	85 139.89	84 580.08	86 393.17	96 355.9	100 292.64
北京市	30 319.98	35 371.28	36 102.55	40 269.60	41 610.90
天津市	18 809.64	14 104.28	14 083.73	15 695.00	16 311.34
河北省	36 010.27	35 104.52	36 206.89	40 391.30	42 370.40
长三角	211 479.24	237 252.56	244 713.53	276 054.10	290 288.40
上海市	32 679.87	38 155.32	38 700.58	43 214.90	44 652.80
江苏省	92 595.40	99 631.52	102 718.98	116 364.2	122 875.60
浙江省	56 197.15	62 351.74	64 613.34	73 515.80	77 715.00
安徽省	30 006.82	37 113.98	38 680.63	42 959.20	45 045.00
粤港澳大湾区	125 690.77	137 057.13	13 047.77	149 732.09	154 876.53
广东省	97 277.77	107 671.07	110 760.94	124 369.70	129 118.58
其中深圳市	24 221.98	26 927.09	27 670.24	30 664.85	32 387.68
香港	24 884.55	25 696.73	22 701.69	23 462.67	24 279.74
澳门	3 528.45	3 689.33	1 585.14	1 899.72	1 478.21
成渝地区	61 041.32	70 221.59	73 601.55	81 744.8	85 878.83
四川省	40 678.13	46 615.82	48 598.76	53 850.80	56 749.80

第四章 成渝共建西部金融中心的背景与基础

续表

地区	年份				
	2018	2019	2020	2021	2022
其中成都市	15 342.77	17 012.65	17 716.70	19 916.98	20 817.50
重庆市	20 363.19	23 605.77	25 002.79	27 894.00	29 129.03

注：1. 数据来源：《中国统计年鉴》(2018、2019、2020、2021、2022)；
   2. https://www.163.com/dy/article/HT068JMG05476W34.html；
   3. 1 港元=0.8777 元人民币（2018.12.31）、0.8 967 元人民币（2019.12.31）、0.8 444 元人民币（2020.12.31）、0.8 176 元人民币（2021.12.31）、0.8 933 元人民币（2022.12.31）；
   4. 1 澳门元=0.7 935 元人民币（2018.12.31）、0.8 707 元人民币（2019.12.31）、0.8 154 元人民币（2020.12.31）、0.7935 元人民币（2021.12.31）、0.8 670 元人民币（2022.12.31）。

（二）对外贸易发展方面

在对外贸易方面，成渝地区与京津冀、长三角、粤港澳大湾区进出口总额也存在较大的差异（见表 4.4）。2022 年，成渝地区货物进出口总额为 18 235.10 亿元人民币，占京津冀地区货物进出总额 50 523.00 亿元人民币的 36.09%、长三角地区货物进出口总额 150 724.80 亿元人民币的 12.09%、粤港澳大湾区货物进出口总额 161 245.26 亿元人民币的 11.31%。成渝地区对外贸易量还不足以支撑西部重要经济增长极的形成及西部金融中心的建设。

表 4.4 京津冀、长三角、粤港澳大湾区、成渝地区货物进出口总额数据

单位：亿元人民币

地区	年份				
	2018	2019	2020	2021	2022
京津冀	38 818.90	40 037.90	35 137.70	44 421.30	50 523.00
北京市	27 185.50	28 689.70	23 313.00	3 0436.10	36 445.50
天津市	8 080.20	7 346.10	7 367.90	8 567.70	8 448.50

续表

地区	年份					
	2018	2019	2020	2021	2022
河北省	3 553.20	4 002.10	4 456.80	5 417.50	5 629.00
长三角	110 459.10	113 012.50	118 676.30	141 041.80	150 724.80
上海市	34 012.10	34 054.00	34 872.70	40 604.70	41 902.70
江苏省	43 793.50	43 383.10	44 503.60	52 104.50	54 454.90
浙江省	28 511.60	30 838.20	33 848.50	41 418.70	46 836.60
安徽省	4 141.90	4 737.20	5 451.50	6 913.90	7 530.60
粤港澳大湾区	150 349.22	147 743.47	140 931.98	167 959.92	161 245.26
广东省	71 602.10	71 487.70	70 871.10	82 681.60	83 102.90
香港	77 935.37	75 359.56	69 218.00	83 954.44	76 734.36
澳门	811.75	896.21	842.88	1 323.88	1 408.00
成渝地区	11 167.70	12 581.60	14 602.20	17 520.40	18 235.10
四川省	5 946.70	6 789.80	8 088.60	9 520.60	10 076.70
重庆市	5 221.00	5 791.80	6 513.60	7 999.80	8 158.40

注：1. 数据来源：《中国统计年鉴》（2028、2019、2020、2021、2022）；

2. https://www.163.com/dy/article/HT068JMG05476W34.html；

3. 1 港元=0.8 777 元人民币（2018.12.31）、0.8 967 元人民币（2019.12.31）、0.8 444 元人民币（2020.12.31）、0.8 176 元人民币（2021.12.31）、0.8 933 元人民币（2022.12.31）；

4. 1 澳门元=0.7 935 元人民币（2018.12.31）、0.8 707 元人民币（2019.12.31）、0.8 154 元人民币（2020.12.31）、0.7 935 元人民币（2021.12.31）、0.8 670 元人民币（2022.12.31）。

（三）上市公司（A 股）、新三板挂牌企业、专精特新"小巨人"公司培育方面

截至 2023 年 6 月，成渝地区上市公司、新三板挂牌企业、专精特新"小巨人"公司分别为 245 家、256 家、602 家，与京津冀地区（597 家、1 103

家、1 124家)、长三角地区(1 947家、2 087家、2 778家)、粤港澳大湾区(848家、900家、877家)差距较大(见表4.5)。主板市场(A股)上市公司数量基本代表各地区目前在资本市场上融资能力,新三板挂板企业数量、专精特新"小巨人"数量基本代表各地区未来在资本市场融资的能力,这两个方面成渝地区与其他地区差距很大。在市场主体培育方面,成渝地区与京津冀、长三角、粤港澳大湾区存在较大差异。

表4.5 成渝地区、京津冀、长三角、粤港澳大湾区重要市场主体数量　单位:家

地区	上市公司(A股)	新三板挂牌企业	专精特新"小巨人"企业	合计
京津冀	597	1 103	1 124	2 824
北京市	468	809	591	1 868
天津市	70	124	194	388
河北省	59	170	339	568
长三角	1 947	2 087	2 778	6 812
上海市	426	450	507	1 383
江苏省	667	792	710	2 169
浙江省	682	611	1 073	2 366
安徽省	172	234	488	894
粤港澳大湾区	848	900	877	2 625
广东省	848	900	877	2 625
香港	/	/	/	/
澳门	/	/	/	/
成渝地区	245	256	602	1 103
四川省	169	181	345	695
重庆市	76	75	257	408

数据来源:1. https://www.sohu.com/a/696185990_121713520;
2. 2022年各省市国民经济和社会发展统计公报;
3. https://www.neeq.com.cn/全国中小企业股份转让系统。

（四）金融业发展方面

2022 年，成渝地区本外币存款余额、本外币贷款余额、保费收入、金融业增加值分别为 159 842.00 亿元、141 015.19 亿元、3 278.89 亿元、6 078.50 亿元（见表 4.6），分别占京津冀地区本外币存款余额、本外币贷款余额、保费收入、金融业增加值的 44.53%、65.10%、59.93%、48.70%，长三角地区本外币存款余额、本外币贷款余额、保费收入、金融业增加值的 23.64%、24.99%、29.92%、23.31%，粤港澳大湾区（不含香港、澳门）本外币存款余额、本外币贷款余额、保费收入、金融业增加值的 49.59%、57.39%、55.63%、54.97%。从金融资源集聚看，成渝地区本外币存款余额、保费收入基本是京津冀、粤港澳大湾区（不含香港、澳门）的 50% 左右，是长三角地区的 30% 左右；从金融资源使用看，成渝地区本外币贷款余额基本是粤港澳大湾区（不含香港、澳门）的 60% 左右，是长三角地区的 25% 左右；从金融产业发展看，成渝地区金融业增加值大约是京津冀、粤港澳大湾区（不含香港、澳门）的 50% 左右，约为长三角地区的 25%。从总量上看，成渝地区金融资源相对较少，金融业发展也相对落后，对当地经济社会发展支撑力度不够。

表 4.6　成渝地区、京津冀、长三角、粤港澳大湾区金融业总量　单位：亿元人民币

地区	本外币存款余额	本外币贷款余额	保费收入	金融业增加值
京津冀	358 935.35	216 606.29	5 471.21	12 481.30
北京市	218 628.80	97 819.90	2 758.50	7 603.70
天津市	40 488.25	42 494.69	670.21	2 153.20
河北省	99 818.30	76 291.70	2 042.50	2 724.40
长三角	676 054.36	564 338.61	10 959.91	26 075.90
上海市	192 293.06	103 138.91	2 095.01	7 973.30
江苏省	212 225.20	203 925.50	4 317.70	9 164.00
浙江省	196 340.00	189 808.00	3 129.00	6 159.10
安徽省	75 196.10	67 466.20	1 418.20	2 779.50
粤港澳大湾区	322 357.66	245 722.94	5 894.16	11 058.10

续表

地区	本外币存款余额	本外币贷款余额	保费收入	金融业增加值
广东省	322 357.66	245 722.94	5 894.16	11 058.10
香港	/	/	/	/
澳门	/	/	/	/
成渝地区	159 842.00	141 015.19	3 278.89	6 078.50
四川省	110 274.80	90 963.30	2 297.80	3 618.70
重庆市	49 567.20	50 051.89	981.09	2 459.80

注：1. 本外币存款余额、本外币贷款余额、保费收入为2022年12月31日数据，数据来源为各省市国民经济和社会发展统计公报；

2. 金融业增加值为2021年12月31日数据，数据来源为 https://www.sohu.com/a/560992865_121388095。

（五）证券金融机构集聚方面

截至2023年6月30日，成渝地区证券公司、分公司、营业部机构总数为740家，占京津冀地区1 116家的66.30%、长三角地区2 620家的28.24%、粤港澳大湾区（不含香港、澳门）606家的122.11%；成渝地区基金公司、分（子）公司22家，占京津冀地区352家的6.25%、长三角地区140家的15.71%、粤港澳大湾区（不含香港、澳门）37家的59.46%；成渝地区期货公司、分公司、营业部总数为98家，占京津冀地区222家的44.14%、长三角地区1 696家的5.78%、粤港澳大湾区（不含香港、澳门）117家的83.76%；私募基金管理人553家，占京津冀地区4 123家的13.41%、长三角地区7 243家的7.63%、粤港澳大湾区（不含香港、澳门）5 191家的10.65%；成渝地区私募基金规模4 376.89亿元，占京津冀地区54 501.41亿元的8.03%、长三角地区74 541.01亿元的5.87%、粤港澳大湾区（不含香港、澳门）35 248.37亿元的12.42%；成渝地区证券投资咨询公司、分公司总数5家，占京津冀地区22家的22.73%、长三角地区39家的12.82%、粤港澳大湾区（不含香港、澳门）40家的12.50%（见表4.7）。成渝地区各类证券金融机构总量偏少，特别是基金管理公司、私募基金管理人、私募基金数量、私募基金规模较京津冀、长三角、粤港澳大湾区差距甚大。

表4.7 成渝地区、京津冀地区、长三角地区、粤港澳大湾区证券基金机构

地区	证券公司及分支机构/家	基金管理公司及分支机构/家	期货公司及分支机构/家	私募基金 管理人/家	私募基金 基金数量/只	私募基金 基金规模/亿元	证券投资咨询公司及分支机构/家
京津冀	1 116	352	222	4 123	26 708	54 501.41	22
北京市	633	36	142	3 667	24 268	46 670.09	14
天津市	189	182	36	367	2 214	6 965.27	4
河北省	294	134	44	89	226	866.05	4
长三角	2 620	140	1 696	7 243	62 292	74 541.01	39
上海市	234	65	1 212	4 008	43 353	52 268.85	31
江苏省	1 054	9	212	1 268	5 770	11 266.67	3
浙江省	982	4	229	1 738	12 015	10 673.37	3
安徽省	350	62	43	229	1 154	332.12	2
粤港澳大湾区	606	37	117	5 191	3 400	35 248.37	40
广东-深圳	606	37	117	5 191	3 400	35 248.37	40
香港	/	/	/	/	/	/	/
澳门	/	/	/	/	/	/	/
成渝地区	740	22	98	553	2 245	4 376.89	5
四川省	485	21	59	390	1 601	2 554.61	3
重庆市	255	1	39	163	644	1 822.28	2

数据来源：1. 中国证券监督管理委员会 http://www.csrc.gov.cn/；

2. 中国证券投资基金业协会 https://www.amac.org.cn/。

（六）金融人才引育方面

从2017年到2021年，成渝地区金融人才总量持续增长，已突破60

第四章 成渝共建西部金融中心的背景与基础

万人大关，与西部金融中心建设人才需求强劲有关；但与京津冀、长三角、粤港澳地区相比，还存在差距。从2017年到2021年，粤港澳大湾区金融人才持续增长；京津冀、长三角地区金融人才保有量基本稳定（见表4.8）。

表4.8 成渝地区、京津冀、长三角、粤港澳地区城镇非私营单位就业人数 单位：万人

地区	2021	2020	2019	2018	2017
京津冀	113.53	117.13	121.78	107.88	108.26
北京市	61.00	62.78	64.48	54.69	54.45
天津市	15.80	17.96	19.80	17.05	19.17
河北省	36.73	36.39	37.05	36.14	34.64
长三角	144.76	145.85	147.56	141.86	146.67
上海市	32.38	29.74	37.88	33.39	34.18
江苏省	43.47	40.41	38.89	39.40	40.35
浙江省	46.70	48.20	47.56	44.97	48.45
安徽省	22.21	27.50	23.23	24.10	23.69
粤港澳大湾区	83.68	95.34	84.38	61.30	48.89
广东省	83.68	95.34	84.38	61.30	48.89
香港	/	/	/	/	/
澳门	/	/	/	/	/
成渝地区	63.97	65.86	53.34	46.48	46.10
四川省	41.76	37.86	32.70	32.40	31.70
重庆市	22.21	28.00	20.64	14.08	14.40

数据来源：Wind数据库。

根据国家统计局披露的2009年至2021年期间四川省和重庆市金融业城镇职工人数显示：2009年至2021期间，四川省金融从业人员数量从2008年的17.9万人逐年上升到2021年的41.8万人；重庆市的金融从业人员数量从2008年的9.1万人增加到2020年的28万人，2021年下降到22.2万人（见图4.1）。

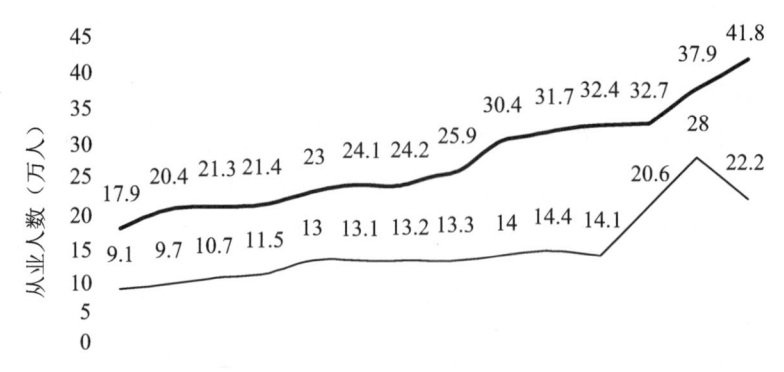

图 4.1　四川省、重庆市金融从业人员数量

数据来源：国家统计局。

（七）政策文件出台方面

自《成渝地区双城经济圈建设规划纲要》《成渝共建西部金融中心规划》发布以来，四川省、重庆市、成都市相继发布的各自区域性"十四五"金融业发展规划，均用专节论述共建西部金融中心，三地在 2022 年的党代会报告中也对此分别提出了特别要求。

但从西部金融中心共建的演化时序、区域及城市能级、产业纵深度等维度而言，在成渝共建西部金融中心工作中，还需要增加成渝特色，充分发挥两地政府的能动作用，还需要国家相关部委（特别是金融行业主管部门）、央属金融机构和西部相关省市的支持和配合，发挥协同效应，加快推进西部金融中心高质量建设，以更好地服务国家战略实现，还需要研究出台支持西部金融中心建设的专项政策措施。在积极向上争取政策支持、争取更多金融改革、创新试点示范、深化与金融机构总部的合作、持续争取金融资源、鼓励有条件的地区建立完善民营企业和小微企业贷款、金融科技创新、普惠金融发展等风险补偿基金和创业投资风险补偿机制等方面加快出台政策[1]。

---

[1] 成渝共建西部金融中心"规划图"变"施工图"，干货有 18 条[EB/OL].（2022-10-12）. https://www.shangyexinzhi.com/article/5260718.html.

第三节 存在的主要问题

概括起来，成渝共建西部金融中心存在的问题主要表现在六大方面。

一、金融资源存量不够，集聚力不强

首先，成渝地区的金融资源存量相对不够。虽然成渝地区的经济总量较大，但金融机构的总数和规模相较于一些国内一线城市还存在一定差距，这可能是由于成渝地区的发展相对较晚、金融机构的发展相对滞后。缺乏充足的金融资源可能会限制成渝地区的金融活动和金融创新，制约其经济发展的速度和质量。其次，成渝地区的金融集聚力不强。虽然成渝地区拥有一些重要的金融机构和金融市场，如区域性股权交易市场、知识产权质押中心、成都金融城和重庆金融商务区等，但相较于国内一线城市，其金融集聚力还有待进一步提升。这可能是由于成渝地区的金融产业链还不够完善，金融机构的数量和种类相对较少，金融市场的规模和活跃程度相对较低。

二、金融市场结构不优，效率不高

成渝地区金融市场的结构相对简单，缺少多样化的金融机构和产品，这导致金融市场的风险分散能力较低，无法满足不同投资者的需求。同样，金融产品的创新和多样化也受到限制，影响了金融市场的活跃度和竞争力。成渝地区金融市场还存在一些制度性问题，比如金融监管不够完善、监管空白和监管力度不足，这可能导致金融市场不稳定和风险增加。另外，成渝地区的金融市场对于小微企业的支持力度相对较弱，这也影响了金融市场的效率和包容性。成渝地区金融市场的发展还受到一些地区性和行业性的限制，比如，由于地理位置和区域发展的差异，金融资源在成渝地区的分布不均衡，导致金融市场的发展不够均衡和协调。此外，成渝地区特定行业如制造业和能源业，对金融资源的需求较大，但金融市场在服务这些行业方面仍有待改进。

三、金融机构总量偏少，规模偏小

成渝地区在金融发展方面起步较晚，一直以来以制造业为主导产业，金融业发展相对滞后，金融机构数量和规模因此受到影响。由于地区内金融机构的数量不足，企业和个人在获取金融服务时可能受到限制，特别是在复杂的金融产品和服务方面。此外，金融机构较少还可能导致金融市场的竞争程度不足，缺乏多样化的金融产品和创新的金融服务，这也会限制地区经济的发展和吸引力。较小规模的金融机构可能面临资金、技术和人力资源等方面的限制，这些限制可能导致金融机构难以满足地区内企业和个人对于资金融通、风险管理和金融创新的需求。此外，较小规模的金融机构也可能缺乏竞争力，难以与大型金融机构竞争，限制了整个金融体系的发展和效率。

四、金融人才总量不够，结构不优

一是金融人才总量不足，难以满足地区经济快速发展对金融服务的需求。二是金融人才结构不优，缺乏高层次、跨领域的综合型人才。三是金融人才培养和引进机制不完善，无法有效支撑地区金融业的提升和发展。成渝两地作为西部地区的两座国家中心城市，均拥有良好的人才引进氛围。从人才占比与经济发展匹配的视角看，京津冀、长三角、粤港澳大湾区分别以占全国7.82%、16.66%、8.93%的人口贡献了8.48%、23.42%、10.90%的GDP，主要原因是人才占人口比重较高，对经济发展的支撑作用更突出。因此，成渝地区要成为全国城市群"第四极"，还需要加快人才集聚，打造"中国人才集群第四极"，支撑城市群"第四极"建设。

五、金融制度体系不健全，创新不够

金融制度体系的健全和创新能力的提升对于促进地区经济的发展至关重要。然而，目前成渝地区的金融制度体系存在一些问题，创新力不够强劲。首先成渝地区的金融机构之间的协作和互联互通不够紧密，导致资金在地区

内部流动不畅。其次成渝地区的金融监管体系存在缺陷，包括监管机构职责不明确、监管法规不够完善等问题。最后成渝地区的金融创新相对滞后，金融科技、互联网金融等新兴金融业态在成渝地区的应用相对有限。

六、特色金融发展水平不高，协同不够

成渝地区特色金融发展水平不高，主要表现在金融产品和服务的创新程度相对较低，缺乏与地方特色产业发展需求相匹配的金融产品和服务。虽然该地区有一些金融创新和特色金融项目，但整体产业链条尚未形成，缺乏完善的金融服务体系。同时，成渝地区的金融机构之间协同发展程度不够，缺乏良好的合作机制，金融机构之间信息交流不畅、联动合作不够紧密，限制了成渝地区整体金融体系的协同发展。

第五章

成渝共建西部金融中心的金融生态环境建设路径研究

根据《成渝共建西部金融中心规划》，西部金融中心的金融环境建设可归纳为法治环境、市场环境、创新环境、政策环境等方面。

法治环境建设的主要任务有七个方面。一是完善地方金融监管法规制度；二是健全金融审判体系；三是完善网络司法维权；四是建立与国际接轨的跨境金融法律服务体系；五是建立跨地区金融纠纷非诉调解机制（Alternative Dispute Resolution, ADR）；六是建立成渝地区司法安全联动合作会议；七是发展行业自律组织[1]。

市场环境建设的主要任务有九个方面。一是发展会计审计、法律咨询、资产评估等中介服务机构；二是设立市场化征信、信用评级、信用增进等法人机构；三是推动在担保、不良资产处置、创业投资和私募股权投资等领域跨区域合作；四是在金融基础设施统筹规划建设与监管框架下推进区域金融市场建设；五是优化区域多层次资本市场服务；六是推动移动支付在成渝地区公共服务领域互联互通；七是推动成渝地区信用体系一体化、市场化建设；八是安全有序推进金融统计数据共建共享共用；九是支持全国性交易所和金融机构在成渝地区设立交易系统和数据备份中心。[2]

创新环境建设的主要任务有十二个方面。一是深化科创金融产品和服务创新；二是拓宽科创企业融资渠道；三是打造中国（西部）金融科技发展高地；四是稳步推进人民币跨境使用；五是稳妥创新跨境资本流动管理；

---

1 魏良益. 着力提升金融集聚力辐射力[J]. 中国金融, 2022(8): 21-23.
2 施小琳. 为成渝共建西部金融中心贡献成都力量[J]. 中国金融, 2022(8): 9-12.

第五章 成渝共建西部金融中心的金融生态环境建设路径研究

六是有序推进跨境金融业务创新；七是建立适应改革创新的多功能开放账户体系；八是协同推进支付体系一体化建设；九是促进金融服务乡村振兴；十是推进绿色金融改革创新；十一是推进供应链金融和贸易融资创新发展；十二是探索特色金融服务。

政策环境建设的主要任务有十个方面。一是推进金融市场一体化；二是深化境内外金融市场互联互通；三是优化区域多层次资本市场服务；四是打造西部股权投资基金发展高地；五是促进成渝地区保险业协同发展；六是落实好新时代西部大开发相关财税、金融、产业、用地等政策；七是探索建立完善民营企业和小微企业贷款、金融科技创新、普惠金融发展等风险补偿基金；八是建立跨区域的创业投资风险补偿机制，大力培育天使投资人群体；九是对于川渝自贸试验区可复制可推广的金融改革先行先试政策，经评估后可在成渝地区双城经济圈复制实施；十是在改革开放过程中遇到的其他重大政策突破事项，根据"一事一报"原则，按程序报批后实施。[1]

西部金融中心现阶段的金融生态及营商环境建设，相比于欧美国际金融中心及我国长三角、粤港澳大湾区等经济区的金融中心还有诸多方面有待提升。[2]其原因是多方面的，如地处西部的地理区位因素、综合经济实力、社会信用环境和法治环境建设相对滞后等，在此情境下，西部金融中心建设有赖于政府公共金融服务高质量的正式制度供给。因此，成渝要共建西部金融中心，相比于资源禀赋和综合经济实力需要长期积累之外，还需要借鉴国内外金融中心成功建设模式及经验，针对聚焦2025年初步建成西部金融中心的近期目标，结合成渝地区金融生态环境现状，力争在成渝金融生态环境优化方面能够实现尽快突破。因此，明确金融生态环境建设工作重点及任务尤为迫切。

并非所有的正式制度供给都有利于成渝共建西部金融中心，制度学派

---

[1] 魏良益.着力提升金融集聚力辐射力[J].中国金融，2022(8)：21-23.
[2] 周小川（2005）和曾康霖（2005）认为金融生态的核心就是金融环境，因此，本书参考理论文献和2023年《成渝共建西部金融中心》实施方案有关金融生态及营商环境的表述，对金融生态和金融营商环境的内涵不做严格区分。

的交易成本理论认为，只有定位于节约交易成本的政策制度创新，才具有决策科学性。交易成本节约主要包含宏观和微观两个方面：一是宏观层面由政府力量所主导的制度交易成本；二是微观层面由市场力量所主导的投融资交易成本。Williamson（1996）等交易成本学者还构建了"个体—市场组织—制度环境"宏观和微观视角相统一的分析框架。京津冀、长三角、粤港澳大湾区等国内三大经济区建设金融中心的成功经验固然可以借鉴，但西部金融中心建设所处的制度环境有其自身的特性，只有结合成渝特有的金融生态环境，才有助于增进政府金融制度供给的有效性，真正改善成渝地区金融生态环境，通过制度性金融交易成本的节约，推进市场主体微观金融交易成本的节约。在宏微观交易成本节约引导下，实现金融资源配置效率提升、产业链资金链深度融合，形成微观金融生态主体和宏观金融生态环境良性互动，最终探索一条金融生态及营商环境优良的西部金融中心成渝共建的路径。

以金融生态及营商环境的优化，进而助力制度交易成本节约是我国金融供给侧结构性改革的主线。[1]国务院所颁布的优化营商环境降低市场主体制度性交易成本的意见，阐释了金融营商环境优化和制度性交易成本节约间的关系。川渝两省市也分别针对降低实体经济企业成本出台了专门政策措施，聚焦减轻实体企业融资成本负担问题，在探索降低实体经济企业融资成本的路径中，将优化外在金融生态环境、金融营商环境与挖掘企业内在潜力相结合，最终实现降低制度性金融交易成本、融资成本、税费、物流等成本。因此，金融生态环境、金融营商环境的优化可以提升企业的融资可得性和便利度，这些方面均有助于支持实体经济企业发展的可持续性。

金融生态环境优化，助力降低企业经营成本符合我国现阶段实体经济市场主体的真实需求。中国国际贸易促进会 2018 年至 2022 年的营商环境

---

[1] 我国 2020 年实施的《优化营商环境条例》（国务院令 722 号）中所称营商环境，是指企业等市场主体在市场经济活动中所涉及的体制机制性因素和条件，包含投融资相关的金融条件。参考前人研究，本书取金融生态及营商环境有关制度环境的交集内容。

第五章　成渝共建西部金融中心的金融生态环境建设路径研究

调查将金融营商环境、社会信用、社会法治列为重点调查内容。[1]在金融生态及营商环境的子项目中，信贷融资成本、融资便利性及覆盖面是重点调查内容，针对市场主体的调查结果发现，企业融资成本问题是2018年以来，金融营商环境亟待改进的最集中的问题之一。

为此，拟将企业融资成本作为实证分析成渝金融生态环境建设路径的核心被解释变量，重点关注金融生态营商环境的信用生态环境和法治生态环境，以信用生态环境和法治生态环境为切入口，探索节约宏微观金融交易成本的制度路径，也符合交易成本理论（transition cost theory）制度演化分析的主流范式。交易成本理论认为，探讨金融生态和金融环境优化问题，其本质是探讨金融制度优化问题，而金融制度能否实现优化则主要取决于制度性交易成本能否节约，并以交易成本节约来判断制度变迁的方向。制度性交易成本节约取决于"政府—市场主体—制度环境"之间互动，金融制度环境会通过治理机制对金融生态主体的微观市场交易发挥调节作用。社会信用可以促进金融市场主体的一体化治理（unified governance）或双边治理（bilateral governance）；社会法治则有助于保障金融市场主体的三方治理（trilateral governance）或市场治理（market governance）。交易成本理论的制度分类中，社会信用是非正式制度的核心，社会法治是正式制度的核心。综合世界银行B-READY评估和中国国际贸易促进会的营商环境评估体系，在本部分的实证分析中，拟引入交易成本理论的资产专用性等三大影响交易行为的关键因素，在此基础之上，进一步地重点考察微观宏观金融生态的社会信用、社会法治因素与金融交易成本间的关系。

本书基于成渝共建西部金融中心规划内容及实施方案的具体内容，选用微观和宏观相互结合的范式探讨"成渝金融生态环境建设路径"，符合交易成本理论的"经济个体—经济组织—制度环境"的分析框架，结合世界银行集团、中国国际贸易促进会、中国社会科学院、川渝金融营商环境评

---

[1] 中国国际贸易促进会参照世界银行集团（World Bank Group，WBG）的B-READY营商环境评估系统，结合我国科技创新、社会信用等制度环境实际，从2016年起对我国各省市进行了营商环境评估。其中包含金融营商环境、社会信用环境、社会法治环境等12个一级指标。本部分所选用的金融生态及营商环境数据主要源于中国国际贸易促进会近年的调查数据，并综合其他评价体系指标设立实证模型。

估指标[1]，以节约金融交易成本为切口，从制度背景、理论分析和实证检验多个层面，对成渝共建西部金融中心的金融生态环境建设的路径加以探索，最后在归纳成渝地区金融生态环境建设所面临的突出问题后，给出有针对性的政策建议，为本书第六章、第七章分别深入探讨金融生态主体建设路径、金融生态调节机制建设路径提供经验证据支持。

第一节 成渝地区金融生态环境发展现状

现有政策文件对成渝地区金融生态及营商环境建设的阶段性目标任务已作出部署。其中最有代表性的是，《成渝共建西部金融中心规划》和《成渝地区双城经济圈优化营商环境方案》已明确在2025年初步建成西部金融中心，要求金融生态环境明显优化，金融营商环境居于全国前列。并从完善金融社会信用体系、金融法治体系等角度推进金融生态营商环境优化，以宏观制度性金融交易成本的节约，助力微观实体经济企业融资成本节约。川渝两省市于2022年联合印发《成渝地区双城经济圈优化营商环境方案》，还相继出台《四川省社会信用条例》《重庆市社会信用条例》等法律法规，高标准建设成渝金融法院，推进金融司法一体化。统一金融市场逐渐形成，将逐步降低因市场分割引致的制度性金融交易成本。

经川渝两省市委批准，2020年7月川渝两省市人大常委会签订了合作协议，明确将优化地区营商环境立法作为四川和重庆两省市协同立法的首个项目，以此形成成渝地区双城经济圈川渝同向发力的重要着力点。

一、成渝金融生态环境建设的现实制度背景

为落实好国务院的优化营商环境条例，川渝两地以协同制定的优化地方营商环境条例为指引，进一步形成成渝地区优化营商环境的方案。该方

---

[1] 中国社会科学院李扬等学者构建的中国城市金融生态评价指标体系中，有关社会信用和法治环境的指标权重超过50%。这为本书将西部金融中心建设的金融生态路径细分为社会信用环境优化和法治环境优化提供了进一步的理论和经验证据支撑。

第五章　成渝共建西部金融中心的金融生态环境建设路径研究

案明确了成渝金融生态及营商环境优化的主要目的是促进实体经济发展，聚焦企业全生命周期，以企业需求为导向创新政府公共服务和制度供给，促进成渝地区双城经济圈金融要素资源高效配置，持续提升两地市场主体金融服务的满意度和获得感。

无论是世界银行集团的 B-READY 营商环境评估体系，还是中国国际贸易促进会和地方省市的营商环境评估体系，金融生态及营商环境均是一级指标的核心构成，信贷融资及法治保障——例如担保权力——是二级指标的核心构成。

然而，中国国际贸易促进会的数据显示（见图 5.1），2018 年至 2022 年，相比于营商环境 12 个一级指标的均值，金融营商环境一直低于营商环境平均水平。

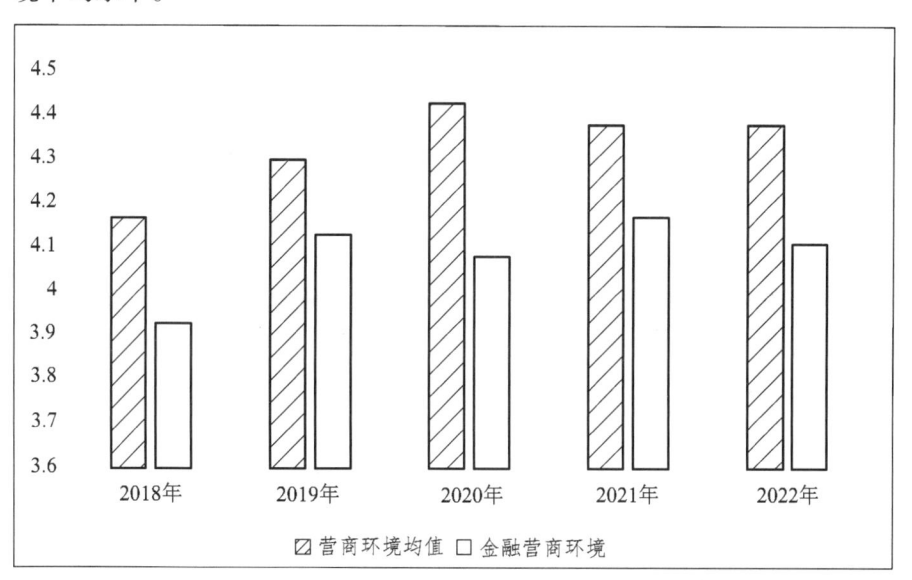

图 5.1　金融生态营商环境：营商环境均值与金融生态环境的比较

《成渝地区双城经济圈优化营商环境方案》围绕"金融市场主体活力—政府金融公共服务—法治和信用环境"布局了四方面重点工作，持续改善成渝地区金融生态及营商环境，并且助力西部地区金融生态及营商环境在 2018 年至 2022 年间实现大幅度提升（如图 5.2 所示）。

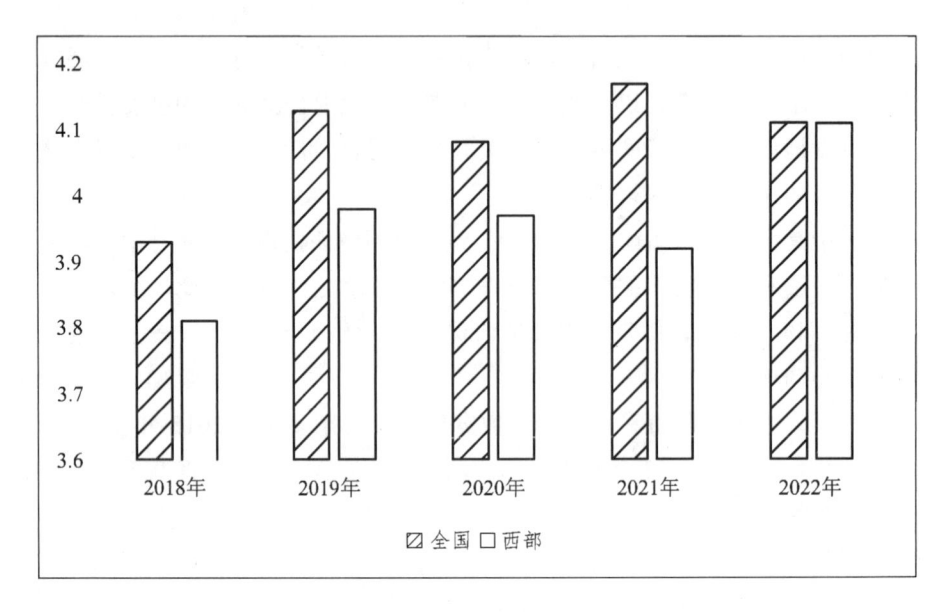

图 5.2　金融生态营商环境：全国均值与西部的比较

一是以降低金融交易成本为牵引，提升金融市场主体的活力。从生产经营活动中的关键环节着手，维护市场准入的统一性、普遍落实"非禁即入"。清理与统一大市场不符的政策文件，经济组织所反映的有关市场壁垒的问题给予及时处理和回应。建立"市场准入异地同标"机制，推动成渝地区双城经济圈公平竞争审查交流合作，及时纠正、制止滥用行政权力，排除与限制竞争行为。这些制度安排均有助于市场性金融交易成本节约，保障企业融资可得性。

二是提升政府金融公共服务质效，统一政府公共政策标准、规范中介组织服务。在金融领域拓展公共服务"川渝通办"、政务数据共享等工作举措，提升市场主体的满意度。注重两地政府金融公共服务政策法规协同。探索成渝地区金融同类立法项目协同调研论证，地方政府规章、行政规范性文件清理及合法性审核沟通机制。市场主体可以参与涉企政策制定，强化政企双方在实体经济、企业产权保护等方面的政策互鉴和交流，听取企业和行业中介组织意见，提高决策科学化、民主化、法治化水平。

第五章　成渝共建西部金融中心的金融生态环境建设路径研究

三是健全以成渝金融法院为核心的金融法治保障体系。从立法、执法、司法服务方面着手，提出政策法规协同、金融市场监管执法协调联动、科技金融和知识产权金融试验区联合申请、信用体系协同建设等方面深度合作，保护各类金融市场主体的合法权益。推动金融市场监管执法协调联动，加强知识产权保护，保障民营企业合法融资权益，加强金融法律服务领域合作，协同优化诉讼服务便利度，提升破产案件办理质效。不符合优化营商环境要求的地方性法规、规章、规范性文件及其他政策文件按程序修订或废止。

四是健全社会信用体系，提升金融信贷服务质量。社会信用体系建设方面，提出遵循信用一体化，构建川渝信用政策法规制度和标准体系。联合制定公共信用信息补充目录，促进信用信息平台资源共享，推动信用激励约束场景共享互认。编制两地联合奖惩清单，深化跨地区信用监管合作。

在金融信贷服务提质增效方面。提出共建多元化、跨区域的科技创新投融资体系，探索科技金融新模式。引导金融机构运用金融科技提升风险管理能力，完善信贷标准、优化授信流程，推行线上金融服务。

成渝地区围绕"市场主体—公共政务服务—制度环境"持续优化包含金融生态在内的营商环境方案，制度执行力度也在持续加大。近年来，川渝两省市联合明确成渝地区营商环境"放管服"改革的重点任务，对川渝"免证办""一件事一次办""跨区域数字化场景应用"等事项实施分批次的清单管理，推动成渝政务平台与国家部委信息系统联通。从制度执行效果看，成渝地区总体金融生态及营商环境的优化与提升，主要依赖于成渝主城区的带动。重庆市是全国首批营商环境创新的六大试点城市之一，成都市也多次入围全国营商环境标杆城市和示范城市。成渝两地可以密切围绕"一极一源，两地两中心"这一国家战略，对标国际先进水平，深化"放管服"改革，赋能西部金融生态和营商环境持续提升。

二、成渝金融生态环境建设中的制度性交易成本问题

近年来，虽然成渝地区的金融生态及营商环境建设成绩显著，但是降

低制度性金融交易成本仍面临诸多问题。

一是在社会信用环境建设方面。有代表性的"信用通"平台在成渝主城区的推广相对便捷，申请"科创贷"的中小企业也面临相似的情况，但市场监督管理、税务等部门的信息还没有完全纳入统一的征信管理体系，这就导致对中小企业综合信用评估模糊，信用信息难以真正服务于债权人的授信决策。如图5.3所示，调查发现，样本企业信用等级处于B至BBB+区间的占比达到73.27%，CCC及以下的企业占比不足10%。市场主体若要获得金融机构的融资支持，首先要获得金融合作伙伴的信任，需坚守"信誉至上"的商业伦理。

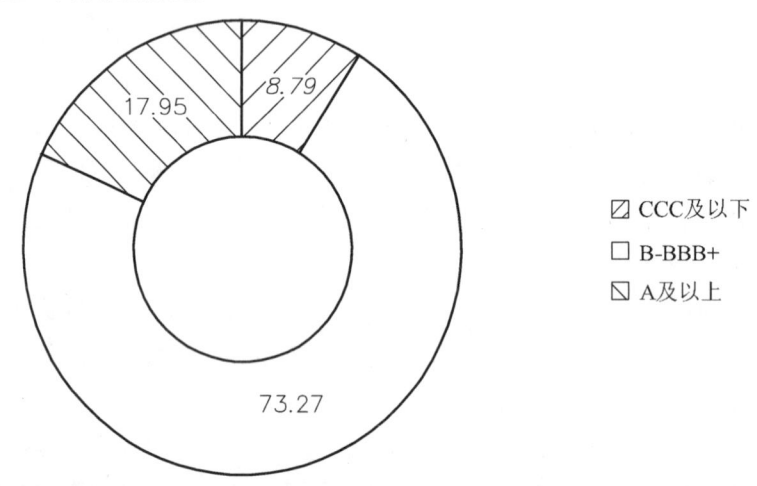

图5.3 样本市场主体信贷融资的信用等级分布（单位：%）

两地各级政府主管部门设立的融资平台资源有待整合。这些融资平台发挥的功能主要是信息中介，信用风险仍有赖于银行线下的信用评级。受区块链技术和知识产权金融成功率的影响，这些在线平台对市场主体的"信用信息聚合"和"信用精准画像"等功能与市场主体的期待还有距离。政府产业发展主管部门也积极应对产业组织的融资约束和融资成本问题，部分政府机构设立了各自的企业融资平台。例如，四川省科技厅设立的"科创贷"、省经济和信息化厅设立的"园保贷"、省知识产权服务促进中心设立的"知来贷"；重庆市设立的"长江·绿融通"，等等。这些地方性

第五章 成渝共建西部金融中心的金融生态环境建设路径研究

融资平台组织，如何同国家发展和改革委员会的"信易贷"、人民银行的"信用通"融资平台组织形成信息互通、优势互补，学术界和实务界目前还缺乏关注。

在建设统一大市场战略下，成渝地区可以尽快建立一个完整的专门针对实体经济的企业信用评估系统。实体经济企业融资系统包括企业市场主体、金融机构、政府部门和信用评估中介组织等，目前还缺乏构建体系化征信系统"自上而下"的激励机制，地方各部门协同参与征信系统建设的动力不足。加之征信主体分散于不同行业，这从客观上造成信息分割，出于部门利益考量，各部门共享信息的积极性也不高[1]。由于人为的信息割裂，形成了众多信息孤岛，这就加大了信用服务的制度性交易成本。

当前，国家发展和改革委员会正在推广"信易贷"金融服务模式，因为该金融服务模式与我国信用基础设施建设密切相关，是健全我国社会信用体系的有益尝试。"信易贷"平台和地方性线上融资平台组织的功能有何不同，能否在提升企业融资可得性、覆盖面、降低政企间的制度交易成本和金融市场的融资交易成本等方面发挥更大作用还有待市场检验。

二是政府性融资担保的代偿风险增加了制度性交易成本。《成渝共建西部金融中心》及其实施方案，明确建立以政府性担保为核心的融资担保体系，鼓励有条件的地方成立融资担保基金。四川属于国内的融资担保大省，已经形成"国家级融担基金—省级再担保—21个市州级融资担保"三个层级的融资担保组织体系。省市政府财政部门出资的融资担保基金（包含再担保基金）是主流的地方政府性金融组织；各市州也建立了国有融资担保组织。但因近年地方财力普遍收紧，成功设立融资担保基金的地市州较少，第三级融资担保组织体系的惠及面有限。更大的融资担保责任仍由第一级政府性融资担保组织承担。但是自2018年以来，四川省第一级政府性融资再担保的代偿笔数呈递增趋势（见图5.4），2022年度代偿409笔，相比2021年度增长了321.65%。

---

[1] 高校和科研机构也难以获取政府职能部门的非公开数据等资料，这不利于理论界为政策界提供高质量的咨政服务。

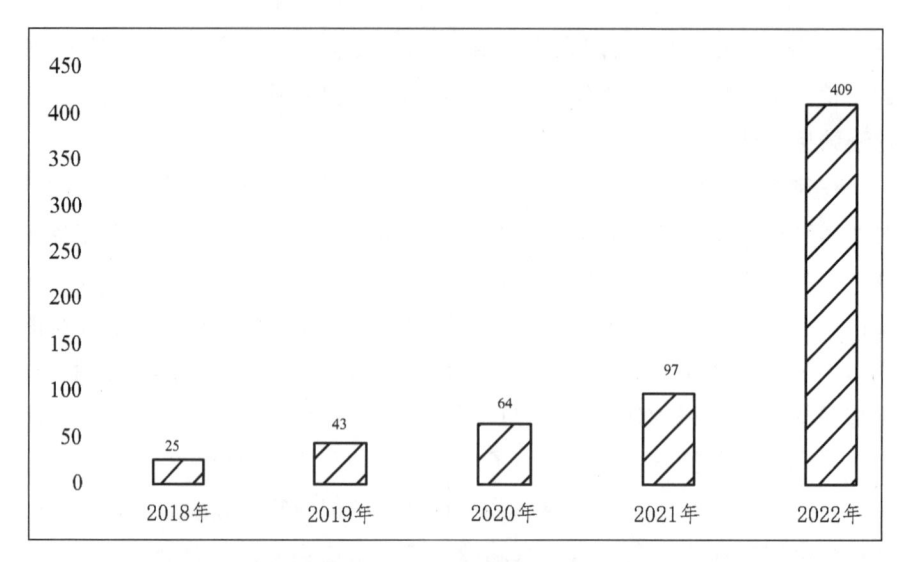

图 5.4 我省再担保体系的代偿风险加大（单位：笔）

图 5.4 显示了四川省第一级再担保组织的代偿笔数呈快速增长趋势，这也在一定程度反映了四川省融资担保体系的潜在金融风险在加大。在实际担保工作中，大部分政府性融资担保机构（或与其合作的商业性融资担保机构）基于风险控制的考量往往也会设置担保准入门槛，要求市场主体提供反担保。由此一来，融资担保的综合交易成本也并不低廉，这就导致政府性融资担保难以为市场主体的融资提供有效的风险分担和成本节约。

三是融资中介费用增加了制度性交易成本。例如在信贷融资的担保权落实方面，出让土地、划拨土地的抵押价值及其附着物的产权确认、评估、登记流程需要准备大量资料或证明文件，增加了企业融资的时间成本。虽然目前各级政府部门在深化"放管服"改革，优化政务营商环境，相应政府性协会提供的中介服务转移到商业化机构。这些商业化的中介组织其综合服务费率高，也会增加市场主体的融资成本。分析发现，中介组织发育与融资交易成本正相关。这也意味着，中介组织发育不仅是机构数量的增加，更重要的是要能提供有价值的专业服务。目前，成渝两地商业性金融服务中介的质量参差不齐，高专业性知识产权金融中介组织匮乏，金融机构的认可度低，也间接增加了市场主体的融资交易成本。

三、成渝金融生态环境建设中的融资交易成本问题

成渝金融生态环境建设既有制度性交易成本，还有市场性融资交易成本。市场性融资交易成本增加主要表现在以下几个方面。

一是市场主体第一及第二还款来源缺乏保障。经营现金流是第一还款能力的核心。经营现金流源于市场主体的经营能力，经营能力直接影响金融机构的信用认证等级。基于银行授信管理的视角分析，《中国人民银行贷款通则》和《中华人民共和国商业银行法》均载明，信用等级直接影响企业融资可得性和融资成本。银行授信会依据 6C 标准评估企业的信用等级，6C 标准中就包括经营能力（capacity）、经营持续性（continuity）等经营因素。若市场主体战略不明、经营管理不善，会导致其经营活动难以为继，经营现金流缺乏会引致金融机构对其信用认证等级降低，最终会制约其融资可得性。此外，物权担保是最主流的第二还款来源，如图 5.5 所示。调查发现，84.73%的企业市场主体需要提供物权担保才能获得债务融资。而面临融资约束更大的中小科技企业的有形资产较少且资产专用性高，其抵押价值本身就有限，仅凭自身资产实力难以提供充足的物权担保。在此情境之下，若寻求外部第三方担保会诱致融资交易成本增加。

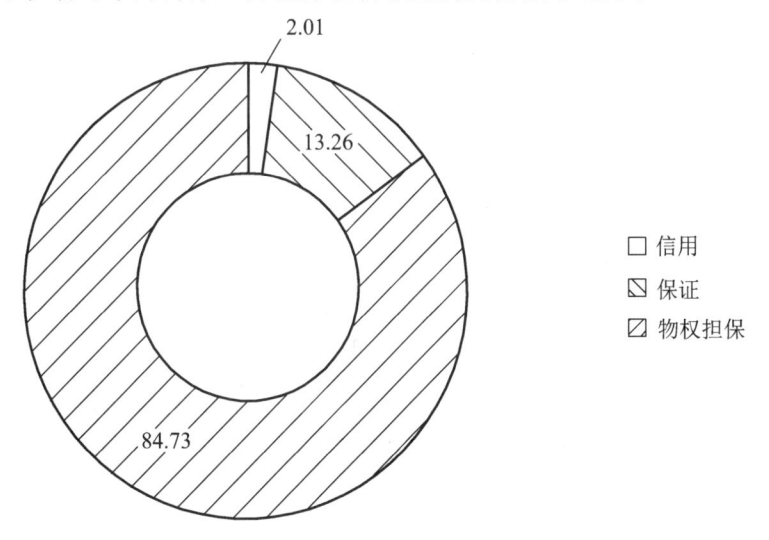

图 5.5　样本市场主体债务融资的担保分布（单位：%）

二是市场主体对物权担保选择受限，金融资源供给侧产品创新和服务创新不足也会增加融资交易成本。（1）市场主体物权担保选择受限。理论界对小企业融资存在信息不透明、不确定性高的问题已形成广泛共识，金融机构常常会出于降低事后不确定性，要求企业市场主体出具物权担保。金融市场主流的担保方式为有形资产抵（质）押，无形资产公允价值难以客观计量，投资人的认可度一直较低。调查数据显示（如图5.5），约85%的企业需要提供抵押质押担保才能获得融资。当前并未形成一个权威的无形资产评估体系，专利、商标、著作权等知识产权无论是在价值评估还是价值流转方面都很难，因为公允价值难以评估，知识产权质押成功率一直较低。对于应收账款质押而言，其真实性往往难以认证。出于减小兑付的不确定性的考量，银行也较少接受小企业的应收账款质押。对于小型科技企业而言，可用于担保的资产主要是专用性机器设备、应收账款以及知识产权，这就造成了企业在申请债权融资时陷入无法提供有效担保的困境。若市场主体面临融资刚性约束，在自身物权担保选择受限的情境下，就有必要寻求第三方的信用增进，尤其是政府性融资担保在降低融资成本方面显得尤为重要。（2）金融产品和服务创新不足。调查数据显示，信用贷款在样本中的占比为2.01%。大多数银行、新型农村金融机构原则上要求无有效担保不予放贷，各地企业对产业链供应链金融等新型融资方式的认可度并不高。虽然成渝地区在加大力度缓释中小企业融资困境，所开发的线上金融产品或服务看似多元，但仍以线下信贷融资主导。在四川，虽然人民银行搭建了"天府信用通"平台，平台所共享的信用信息有限，已有的金融创新产品只是局部地区选用企业经营信息、财务信息、纳税信息等"硬信息"，不能根据中小企业的特点归集更多"软信息"，进而开发更匹配中小企业的关系型融资产品。金融产品和服务创新供给"小数目问题（small numbers bargaining problem）"也引致融资交易成本增加。

第二节 基于金融生态的西部金融中心环境优化与制度创新逻辑

《成渝共建西部金融中心规划》有关金融生态及营商环境优化的战略目标包含——西部金融中心金融生态环境明显优化，建设透明高效的金融生态体系，持续优化金融营商环境。本书认为，金融生态营商环境优化的重点是金融生态信用环境和法治环境的优化。经济地理学、组织行为理论和交易成本理论认为，金融生态及营商环境的优化有助于金融资源集聚，形成区域性增长极（growth pole）；经济地理学的"增长极"理论认为，区域性增长极事实上具备了区域性金融中心功能。设立金融中心可以降低制度性交易成本、提高市场交易效率、实现外部经济规模效应。可见，金融生态及营商环境优化既是成渝共建西部金融中心的重要任务，也是西部金融中心成渝共建的重要路径。

需进一步明确的是，西部金融中心金融生态环境建设的重点何在？基于交易成本理论，金融生态环境优化与成渝共建西部金融中心内在的交易成本逻辑前已述及。接下来需要探讨的是，何为有效提升政府—市场的资源配置效率、优化金融生态及营商环境的关键抓手。《成渝共建西部金融中心规划》明确信用环境和法治环境是金融生态环境的重点。交易成本理论认为，信用环境是非正式制度的核心，有助于金融市场主体（也包含金融生态主体）维系关系合约；法治环境是正式制度的核心，有助于市场主体的三方治理。金融生态及营商环境优化的方向是节约交易成本，即金融制度变迁的方向（卢现祥、朱巧玲，2021）。

金融生态的信用环境、法治环境包括金融资源市场化配置、政府对市场主体的干预、中介组织发育程度（周小川，2005）等制度因素，中国社会科学院的李杨（2005）及合作者选用了金融生态信用环境、金融生态法治环境、政府对市场主体的干预、中介组织发育等9类指标测度城市金融生态环境[1]。前述研究主要从静态视角分析金融生态环境，金融生态环境是

---

[1] 资料来源于《中国城市金融生态环境评价（2005）》课题成果总报告，课题主持人为李杨、王国刚、刘熠辉。

金融主体为了生存和发展，与其生存环境间及内部金融主体间长期动态的平衡系统。本书认为，金融组织间互动的本质是金融资源交易，因此可以重点关注政府—市场行为、信用环境、法治环境等金融生态环境因素如何作用于经济组织间的金融交易，以及这些金融生态环境因素如何作用于金融交易成本；沿此思路，就可以通过交易成本节约来探寻优化金融生态及营商环境的路径。

信用环境、法治环境是金融生态及营商环境优化的重点，是成渝共建西部金融中心金融营商环境的抓手和路径。党的二十大报告对营商环境建设的表述主要集中在两个方面。一是明确要基于完善社会信用、产权保护等市场经济基础制度，优化营商环境；二是要围绕打造市场化、法治化、国际化的营商环境，持续推进以改善政府公共服务为重点的"放管服"改革。再次凸显信用环境和法律环境在金融中心的金融生态及营商环境建设中的重要性。

尽管面对经济下行压力增大、外围地缘政治局势不稳定等不利因素，我国金融生态及营商环境工作仍取得了进步。中国国际贸易促进会的调查发现，2018年以来我国金融生态的信用环境、法治环境有较大改善，但是金融生态的信贷融资环境指标排名列后，信贷融资可得性、覆盖面及交易成本问题备受关注。金融生态的融资营商环境又细分为融资便利性、融资渠道多元化两个二级指标。但是，近年受访市场主体对金融环境总体评价较低，在12个一级指标中长期排在后3位。从二级指标看，2022年与2021年相比，融资便利性和渠道多元化两指标评价均负增长。市场主体反映生产经营过程中，融资交易成本提高和市场竞争激烈这两类问题最为突出，分别占80.7%和66.3%。

为什么在营商环境总体向好，金融生态的信用环境、法治环境进步显著的情况下，金融生态的信贷融资环境发展却相对滞后？如何通过揭示金融生态营商环境与融资交易成本关系助力金融生态体制机制优化，是需要重点分析的内容。

一、成渝金融生态信用环境建设的制度供给及问题分析

我国社会信用体系建设的制度供给为成渝共建西部金融中心的信用

环境提供了政策指引。因为我国在 2018 年开始由国家发展和改革委员会牵头正式接轨世界银行营商环境评价体系，在该年出台的政策制度相对较为密集。

例如，国家发展和改革委员会在 2018 年 3 月发布通知，要求发挥信用服务机构的作用推进社会信用体系建设。国家发展和改革委员会在次月，就"对失信被执行人实施限制不动产交易惩戒"发布通知。在 2018 年 9 月，国家发展和改革委员会联合人民银行、卫健委等 28 个部门，就医疗领域的失信对责任人实施联合惩戒达成合作。国务院在 10 月颁发文件在全国开展"证照分离"改革，要求加快建立以信用监管为核心的新型监管制度。

在社会信用法律法规体系指引下，地方社会信用体系基础设施建设持续推进。其主要包括：统一社会信用代码全覆盖；全国信用信息共享平台已联通 40 余个政府部门、所有省市区；相关政府部门定期向平台推送失信人黑名单，有关情况每月通过"信用中国"网站向社会公示。国家发展和改革委员会下属部门主管的"信用中国"网站成为信用信息公开的总平台。截至 2019 年上半年，我国已建立了全球规模最大的征信系统。

以信用为核心的新型监管机制不断优化。国家发展和改革委员会推进建立事前—事中—事后全流程信用监管机制，基本实现"信用管终身"。国家发展和改革委员会会同相关部门已签署近 40 个联合惩戒备忘录，持续健全信用监管的"红黑名单"制度。2018 年 9 月，国家发展和改革委员会会同人民银行印发通知，明确对失信主体采取整改、约谈等监管制度加强信用监管。我国社会信用体系建设综合运用"法治+德治""科技+行政"手段持续创新，通过完善失信被执行人信用监督和信用惩戒机制化解执行难问题。

诚信激励和约束机制建立及相关宣传全面启动。一是在诚信激励方面，"信易+"守信激励项目加快落地。国家发展和改革委员会基于"中国信用"，推进"信易贷"等守信激励项目，拓展信用应用场景，让信用良好主体在金融信贷、融资租赁等领域获得便利和优惠，从而促进社会公众主动守信、规避失信。引入信用中介组织参与信用监管，促进信用中介市场发育。二是中央文明委制定了提升全社会诚信水平的方案，在19个领域集中开展诚信缺失专项治理；同时，中宣部组织新媒体开展"诚信建设"宣传活动，积极营造社会信用体系全民共建共享的舆论宣传环境，使诚信建设你我有责深入人心。

通过以上举措，近年来我国社会信用环境整体明显向好。中国国际贸易促进会2018年至2022年的调查数据表明，2018年至2022年五年间，除2020年以外我国的社会信用环境评价处于营商环境均值以上（见图5.6）。

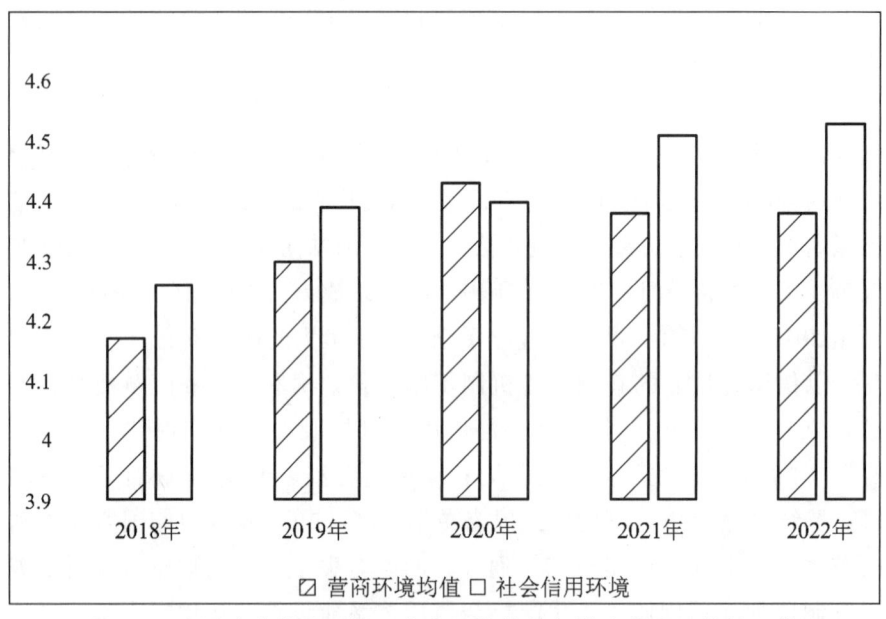

图 5.6　金融生态信用环境：营商环境均值与社会信用环境的比较

一级指标方面，中国国际贸易促进会的调查结果还表明，信用生态环境总体评价较高，西部地区提升幅度较大。社会信用环境细分为社会信用度、征信体系建设及失信惩戒、守信奖励机制3个二级指标。市场主体对2018年度社会信用环境评价达4.26分，其中中部企业和高科技企业的评分分别为4.37分和4.31分。89.2%的企业对社会信用度的评价为满意及以上。相比于2016年，我国社会信用环境建设成效显著，企业市场主体的评价提高了 7.3%。自 2018 年以来，我国社会信用总体评分呈逐年提升的趋势。2022 年受访企业对社会信用环境评价 4.53 分，总体较好，在 12 个一级指标中排名第 1。分地区看，中部地区对社会信用环境评价最高；西部地区较上年提高最多，提高了 0.20 分。

但是如图 5.7 所示，从社会信用环境的分地区指数来看，西部地区除在 2020 年与全国基本持平之外，其余 4 个年份均低于全国平均水平。这说明，西部地区社会信用环境建设与全国平均水平还存在差距，成渝作为牵引西部高质量发展的重要增长极和动力源，成渝地区在促进西部地区金融生态及营商环境建设方面也应发挥示范带头作用。

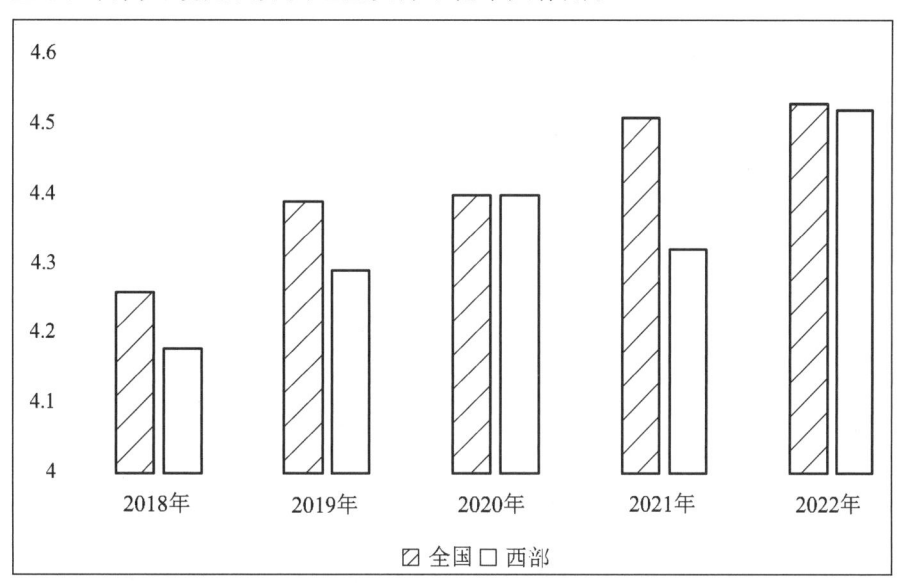

图 5.7 金融生态信用环境：全国均值与西部的比较

综上所述，立足成渝共建西部金融中心的现实情境，本部分将做实证分析的第一个重点就是，探讨金融生态的微观和宏观信用环境因素对融资交易成本有何影响？对这一问题的探讨可以为优化金融生态的信用环境建设路径提供经验证据[1]。

---

[1] 本部分将做实证分析的第二个重点是探讨金融生态的微观和宏观法治环境因素对融资交易成本有何影响。

二、成渝金融生态法治环境建设的制度供给及问题分析

交易成本理论认为，信用环境和法治环境可以为地区金融发展提供重要的非正式制度保障和正式制度基础设施。我国的金融法治制度供给属于"自上而下"型，因此我国金融生态的法治环境建设也属于政府主导型制度变迁。长期以来，我国政府的金融法治制度供给，具有显著的国家战略引导属性，金融改革的核心任务是服务实体经济发展，科技创新是实体经济高质量发展的第一动力。因此，在这一时期我国金融法治体系中，尤为重视保护科技创新相关的知识产权法治建设[1]。自2018年以来（如图5.8所示），我国金融生态的法治环境建设取得了丰硕的成果。在这一时期，我国法治建设的主要特点如下。

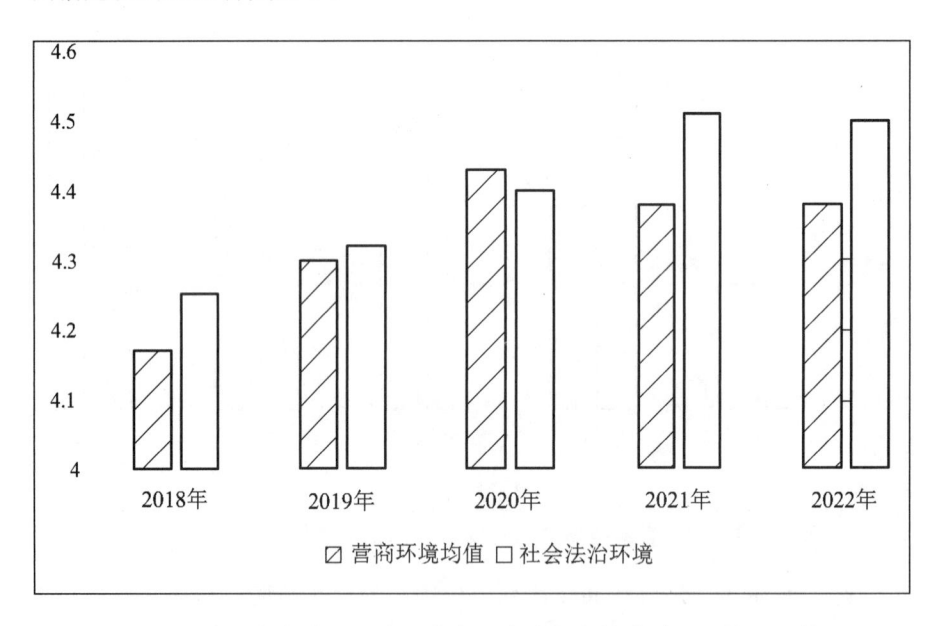

图5.8 金融生态法治环境：营商环境均值与社会法治环境的比较

---

[1] 中国国际贸易促进会在2019年以前，主要以知识产权保护替代社会法治环境调查。在2020年以后，专门新设置了社会法治环境一级指标，并将知识产权保护列入"社会法治环境"的二级指标。所以本部分2018年和2019年的法治环境数据以对应年度知识产权保护数据代替。

第五章　成渝共建西部金融中心的金融生态环境建设路径研究

知识产权保护法规不断完善。在体制机制上，国务院牵头设立知识产权战略实施联席会议，形成了全国统一领导、部门协作配合、地方联合行动、多方共同参与的工作格局。2018年初，中央办公厅和国务院就知识产权审判领域的改革创新给出指导意见，这是我国新时代首个专门针对知识产权审判的纲领性政策文件。此后，国务院就知识产权对外转让专门印发工作规定，明确知识产权对外转让行为若涉及国家安全要进行审查。此后两年，最高人民法院在全国各地中级人民法院内部设立了多个跨地域专门管辖知识产权纠纷的专门法庭，首批12个法院中包括成都市中级人民法院[1]。

综合执法力度不断增强。我国知识产权保护虽然起步较晚，党的十九大以后，我国坚定不移实行严格的知识产权保护，立法、执法、司法层面不断得到强化巩固，在社会各界共同努力下，取得了显著成效，中国欧盟商会和罗兰贝格联合发布的《商业信心调查》表明，我国商业环境持续进步，现在更加重视知识产权保护，取得了积极进展。

通过以上举措，我国金融生态的法治环境整体向好，2018年至2022年，除2020年外社会法治环境评价处于营商环境均值以上。

中国国际贸易促进会2018年至2022年的调查表明，金融生态的法治环境总体评价较高，其中西部地区评价提升幅度较大。法治环境细分为法律监督、政府依法行政、法院与仲裁按期审结案件、法院判决与仲裁裁决执行和知识产权保护5个二级指标。2018年以来，金融生态的法治环境呈逐年改善趋势，2018年法治环境评价4.25分；2022年社会法治环境整体评价较好，总得分为4.50分，在12个一级指标中排名第3位。分地区看，中部地区对社会法治环境评价最高，为4.54分；西部地区评价居中，为4.49分。与2021年相比，西部地区评价提高0.16分，提升幅度最大。

---

[1] 西部地区还包含西安市中级人民法院。

结合图 5.9 值得重点关注的是，2018 年以来西部地区的法治环境虽然进步较快，但是长期低于全国平均水平。这一现象在其他地区并不多见。立足成渝共建西部金融中心的现实，实证分析的第二个重点就是，金融生态的微观和宏观法治环境因素对融资交易成本有何影响？对这一问题的探讨可以为优化金融生态的法治环境建设路径提供经验证据。

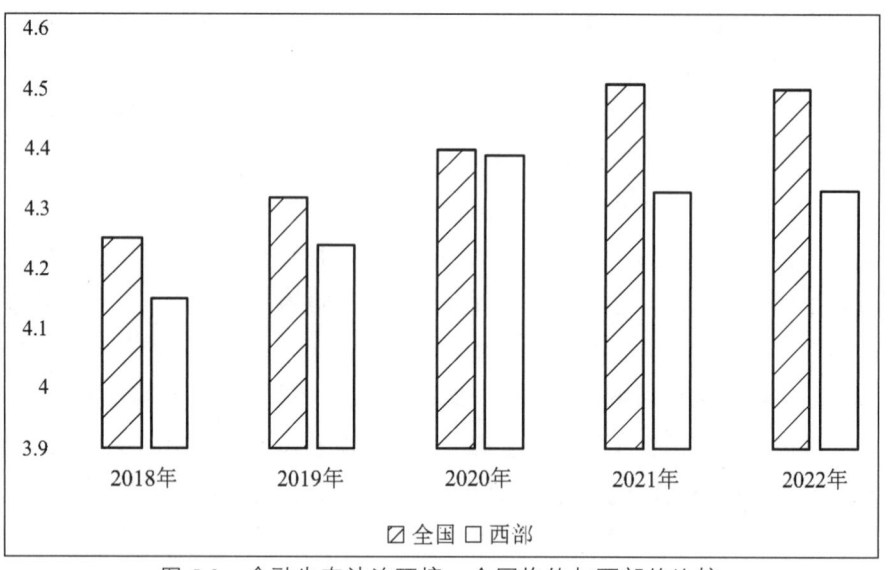

图 5.9　金融生态法治环境：全国均值与西部的比较

第三节　基于金融生态的西部金融中心环境建设重点与任务

金融生态理论具有鲜明的本土特色，对西部金融中心建设路径具有重要的理论指引意义。21 世纪初期，我国加入世界贸易组织后，大量国际金融组织机构布局中国市场，对中国金融生态及营商环境提出了更高的要求，引起国内理论界和政策界的广泛关注。周小川在《完善法律制度，改进金融生态》一文中首次引入生态学范式探讨金融问题，他认为金融生态范畴主要包含法治环境和社会信用，此外还包含诸如资信评估、会计审计服务、

第五章　成渝共建西部金融中心的金融生态环境建设路径研究

法律中介服务等因素。他认为，我国金融生态建设有四个方面值得重点关注：金融机构组织自身改革、金融生态环境优化、金融监管质量、宏观金融政策有效供给。他重点指出完善金融法治环境是最核心的议题，在我国现实金融制度环境中，金融法治环境的优劣常常取决于政府公共服务的质量。

同样基于生态学理论，金融生态环境和自然生态系统是可以类比的，自然生态系统由生物有机体及其外部环境构成，多样性生物间通过食物链等相互影响，并与其外部环境形成正负反馈效应保持动态均衡。同理，金融生态系统也是由银行、证券、保险等为主体的金融生态主体组成，各金融组织通过资源要素配置发生直接或间接的关系，各金融生态主体的行为还会对金融外部环境产生影响，资源依赖理论（resource dependence theory）对此进行了深入探讨[1]。长期以来，我国金融外部环境对金融生态可持续性所发挥的支撑效力较为有限，亟待优化社会信用环境、法治环境法律及政府相关的公共服务。

因为金融生态理论是具有典型中国特色的术语，相关研究的视角、对象、方法论和政策制度供给等领域的成果较为充分地凸显了中国特色。中国社科院李扬等（2005）学者在《中国城市金融生态环境评价》中对金融生态做出较明确的定义，他们认为金融生态是由金融主体及其所生存的金融环境组成，两者共同构成了一个动态平衡的系统。他们认为金融生态可能是影响我国金融服务质量最重要的因素，并创建了我国城市金融生态数据库，发现法律制度环境是影响金融生态的核心因素；此外，还包含社会信用、地方经济发展水平、地方金融发展水平、金融部门的独立性、地方政府公共服务等其他8个方面的因素。李扬等（2005）学者强调，应从改

---

[1] 资源依赖理论侧重于金融生态主体与生态环境之间的互动，资源基础理论（resource based theory）侧重于金融生态主体之间的互动。金融生态主体的资源专用性具体表现为资产专用性，交易成本理论认为，资产专用性是影响金融生态主体之间互动的首要因素。本研究重点关注资产专用性 As_Ratio 变量与融资交易成本 Cost 变量间的关系。因此，本研究实证模型核心变量的选取和模型设计增强了金融生态及营商环境的宏微观分析的系统性。

善地方政府公共服务职能入手，重点以优化地方金融法治环境和社会信用环境为主要抓手，持续改善金融生态及营商环境。

金融生态及营商环境优化其本质是属于政府金融公共服务范畴，在金融生态视角下明晰西部金融中心环境建设路径，可以理解为政府主导型金融中心建设模式下，如何探寻一条有利于节约交易成本的制度路径，交易成本最小化是制度变迁理论的核心观点。

一、金融交易成本重点影响因素的实证研究设计

基于前述探讨，我们认为营造适宜金融中心生存和发展的金融生态环境是金融中心建设的重点，是成渝成功建设西部金融中心的必要条件。相应的判断标准是，金融生态及营商环境优化是否有助于节约金融交易成本。借鉴已有研究成果和世界银行集团 B-READY、中国国际贸易促进会、川渝地区营商环境评价指标体系，我们就有关成渝共建西部金融中心金融生态环境建设重点与任务的分析，首先结合交易成本理论探讨金融交易成本的重点影响因素[模型（5-1）][1]，并将金融交易成本作为被解释变量。进一步，分别引入金融生态的社会信用环境[模型（5-2）]和法治环境[模型（5-2）]作为核心解释变量，通过观测社会信用环境因素及法治环境因素影响金融交易成本，探寻金融生态及营商环境建设的重点及路径。

实证分析所使用数据主要源于成渝地区双城经济圈核心区金融信贷市场的一手调查数据。样本金融组织机构系国资控股，长期服务成渝地区实体经济企业发展，在支持实体经济企业创新发展、绿色发展专用性投资和金融产品开发等方面处于行业领先。所选用样本合约缔结时间跨度为2016年至2019年。将2016年选为研究起点的原因主要是基于数据匹配考量，因为中国国际贸易促进会在2016年启动营商环境评估；将2019年选为截止年份的主要原因是规避新冠肺炎疫情暴发对各地营商环境产生的较大负

---

[1] 交易成本理论认为，资产专用性（As_ratio）、不确定性（Uncertain）和交易频率（本研究以银企关系强度Relation表示）是影响金融交易成本的3个核心维度。其中，资产专用性所发挥的作用更大。进一步的解释参见后文的变量解释。

面影响。中小企业的合约样本占比为 75.59%，样本金融组织机构和样本企业具有很好的代表性。样本金融信贷合约的主要类别是长期金融信贷合约、短期金融信贷合约。长期贷款以基建项目贷款、房地产贷款、银行联合贷款为主；短期信贷以流动资金贷款为主。选用下列标准对样本作出筛选和进一步处理：一是剔除信贷合约会计信息异常的观测值；二是剔除相关交易记录信息缺失的样本；三是为降低极端值对估计结果的影响，本研究对所涉及的所有连续变量进行 1% 和 99% 水平的 Winsorize 缩尾。最终有效信贷合约记录 3 433 条。样本银行数据来源于 BvD-Bankscope 数据库。

在交易成本理论下，为验证金融交易成本的重点影响因素与融资交易成本间的关系，构造模型（5-1）。

$$\begin{aligned}Cost=&\beta_0+\beta_1 As\_ratio+\beta_2 Uncertain+\beta_3 Relation+\beta_4 Ln\_asset+\beta_5 D\_ownship+\\&\beta_6 D\_norm+\beta_7 D\_gov\_plat+\beta_8 D\_group+\beta_9 D\_nonlocal+\beta_{10} Growth+\\&\beta_{11} Sdprof+\beta_{12} A\_sen+\beta_{13} Duration+\beta_{14} Lev\_ratio+\beta_{15} LPR+\\&\Sigma Bank+\Sigma Risk\_class+\Sigma Con\_type+\Sigma Year+\Sigma Industry+\varepsilon\end{aligned}$$

（5-1）

模型 5-1 的被解释变量、解释变量和控制变量。

1. 被解释变量

《中国人民银行贷款通则》及其现行银行制度规定，贷款期限（Duration）、融资交易成本（Cost，贷款利率）、贷款规模（Quota）是金融信贷合约条款的核心定量要素。结合我国信贷制度和前人研究（张敦力、李四海，2012；肖作平、张樱，2014），本书选用贷款利率代理被解释变量——融资交易成本。

Cost（融资交易成本）是模型（5-1）的被解释变量，连续变量。使用金融信贷合约约定的利率衡量融资交易成本。在我国现实信贷制度下，贷款利率是信贷融资交易成本的核心构成。金融监管部门于 2013 年在进一步做好小微企业金融服务工作的指导意见中明确，银行需落实贷款定价等"六项机制"，将降低小企业、民营企业贷款成本列入考核指标，禁止向企业收取额外费用。2014 年发布的《关于大力推进体制机制创新扎实做好科技金融服务的意见》，要求银行积极支持企业创新，严格控制贷款成本。此后发布的政策文件，多将降低信贷融资交易成本列为工作重点。综上所论，本书选用贷款利率作为信贷融资交易成本的代理指标有合理性。

2. 解释变量

As_ratio（资产专用性），连续变量，D_As_ratio 为资产专用性的虚拟变量。（1）在交易成本理论的破产清算假说条件下，资产专用性越高，说明这些专用性资产的清算价值越低，可能会给债权人带来"敲竹杠"风险。这意味着，如果企业资产专用性投资越高，银行可能会通过提高贷款定价、缩短贷款期限或减小风险敞口降低借贷交易的不确定性。（2）在组织资源理论下，企业专用性资产越多，说明借款人可能有更多能力向债权人提供物权担保，提升债权的安全边际。银行因此可以向企业提供期限更长的授信。（3）在关系合约理论的持续经营假说条件下，企业创新需要大量高资产专用性投资以创造"准租金"，这一定程度上意味资产经营周期长，企业需要匹配期限更长的金融资源。从银行债权投资视角分析，高专用性投资意味着未来可共享的"准租金"越多，如果银企双方基于自我履约的关系合约治理能够顺利实现，则银行可能会偏好向企业提供长期债权融资支持（吴佳其，2021）。

Uncertain（不确定性），连续变量。以经营效率变量（经营效率以销售收入除以总资产测度）的最大值与经营效率之差作为代理不确定性的正项指标。研究发现，销售收入是损益表和财务报表附注中最受银行关注的会计信息。代理成本理论认为，经营效率传递了企业的内部治理质量，可以通过代理成本机制影响企业的外源融资选择（殷孟波等，2021）。因为经营效率越高，企业获利能力越高，自我履约越有保障，信贷违约的不确定性越低。

Relation（银企关系强度），银企关系型社会资本，为连续变量。银企关系网络是企业社会资本的重要构成（胡志浩等，2019）。参照何韧等（2012）、尹志超等（2015）对银企关系的研究，本书以银企合作次数和银企合作时间的比值代理银企关系强度。银企关系强度越高表明银企关系越密切，有助于降低信息不对称性的影响，也更能发挥关系合约的"治理效应"。通常情况下，银企关系强度越高，债权融资的信贷成本可以分散到更多次的交易。因此，预期交易频率与融资交易成本负相关。

3. 控制变量

参考前人文献，结合《中华人民共和国民法典》《中国人民银行贷款通则》对银行信贷合约条款的具体规范，考虑到样本信贷合约的信息可得性，本书在分析中主要引入以下控制变量来控制企业特征和合约治理等因素对融资交易成本的影响。

4. 企业特征变量

企业组织规模变量，共有两个。

（1）Ln_asset（企业组织规模），连续变量，企业总资产取自然对数。因为企业创新的融资约束在小企业中更为明显，因此小企业是规模变量的考察重点（吴佳其，2021）。

（2）Scale（规模等级变量），依据工信部联企业〔2011〕300号标准，按照企业雇员数量、总资产规模、销售收入划分样本企业规模（大型=4、中型=3、小型=2、微型=1）。在传统融资理论下，规模对企业选用债权融资的影响具有双重性，而且还会影响信贷合约期限。①在组织资源理论下，企业组织规模越大，专用性投资能力越高，市场竞争力越强，企业专用性投资的"准租金"效应可以创造更多留存收益，加之内源性融资交易成本低，因此，企业组织规模与选择债权融资负相关。②在组织的交易范式下，相比小企业，大企业与银行合作的谈判力更强，且大企业的机会主义较低，故信贷可得性更高，企业组织规模应与债权融资正相关。③在组织的生产范式下，大企业更偏好也更有条件选用多角化和纵向一体化，多角化经营可分散代理成本，平滑不同时期的利润水平，从而增进企业盈利稳定性（殷孟波等，2020）。纵向一体化和长期合约是治理专用性投资"敲竹杠"风险的机制安排，一体化可以实现外部性的内部转移，通过抑制机会主义，从而节约交易成本。此外，大企业还有内部资本市场，可以增进资金配置的适应性效率。因此大企业比小企业更稳健，破产的概率更小，大企业信贷可得性更高。④小企业因破产风险大，获得长期负债的难度更高，所以更偏好短期负债（Titman 和 Wessels，1988）。综上，企业规模对企业融资偏好的影响需要具体问题具体分析。

D_group（是否为集团组织），虚拟变量。是集团组织的=1，否则=0。

企业产权属性由以下两个虚拟变量表示。（1）D_ownship（是否为公有制企业组织），属于产权虚拟变量。若为国有控股企业和集体控股企业=1，否则=0。成渝地区有大量的高科技国有企业分布于非竞争产业，譬如国防工业，这些企业的产业链较长，专用性投资密集，社会绩效较高，但是财务绩效较低，是我国全面创新改革试验区科技金融军民融合的重点课题。新中国成立以来，在科技金融渐进性制度变迁中，国有企业是科技创新核心次级行动方，因此，国有企业创新的"政策性负担"常常会诱致较大的融资约束（林毅夫，2019）。（2）D_gov_plat（是否为政府平台组织），属于产权虚拟变量，进一步描述企业产权属性。政府平台组织是新型国有经济组织，是连接政府和市场的重要中介组织。是政府平台组织的=1，否则=0。

Growth（企业组织成长），连续变量，定义为企业总资产增长率。传统融资理论认为，企业组织成长性对企业信贷融资交易成本的影响是不确定的。（1）在优序融资理论下，高成长性科技企业常常更容易面临融资约束，而内源性留存收益相对有限，不得不选用发行债权合约融资，因此企业组织成长性与债权融资正相关。（2）在权衡融资理论下，高增长会加大破产清算风险，因此，成长性与债权融资负相关。高成长性科技企业拥有的投资机会可能更多，为了避免创新准租金从股东转移给债权人，具有高成长性的科技企业常常会减少选用债权融资。

Lev_ratio（债务资本比率），连续变量，选用企业总负债与总资本之比计算。在信贷市场的融资交易中，债务资本比率也是影响企业信贷可得性的关键会计信息，在贷款合约治理中债务资本比率可以用来测度债务人履约能力的不确定性，债务资本比率是银行安排贷款合约治理机制的决策依据，债务资本比率低的企业更容易与银行实现关系缔约。饶艳超和胡奕明（2005）对银行贷款部门的 206 份问卷调查发现，在影响银行贷款决策的 10 个会计指标中，债务资本比率受到的关注度最高。

Risk_class（风险类型），类别变量。分为低风险、一般风险、高风险、中期流动资金贷款及一般固定资产贷款。以低风险为参照，生成虚拟变量。

D_norm（银企关系质量），虚拟变量。债权 5 级分类正常=1，否则=0。

D_nonlocal（是否异地企业），虚拟变量，衡量银企关系的地理相关性。省内异地或省外异地企业借款人=1，否则=0。

Mortgage（担保贷款），虚拟变量。抵押或质押=1，否则=0。担保可以代理三方合约治理。

LPR（基础利率），虚拟变量。

Year（年度特征），虚拟变量。以控制时间趋势对融资成本的影响。

不同行业的经营环境、行业生命周期、自身经营特征存在异质性，本书将行业因素纳入分析。Sdprof 为行业收益波动率，取每个行业内企业的总资产收益率的标准差。A_sen 为行业物质专用性敏感度，参照 Akey 和 Lewellen（2016）的方法，在每个行业层面，将物质专用性投资与总资产收益率进行回归，P 值小于 0.01 的行业提取为物质专用性敏感行业，变量=1，否则=0。

Con_type（合约发生类型），类别变量。分为新发生、主动展期、主动重组、被动重组，以新发生为参照，生成虚拟变量。

Duration（贷款期限），连续变量，使用以月为单位的贷款合约期限衡量贷款期限。在关系合约理论下，大量文献认为，长期合约可以用来代理关系合约（Smythe，2004），虽然合约期限并不能完全概括关系合约的内涵，但是长期性仍然是关系合约的主要特性。关系合约是以长期合约为基本特性，当事人为增进信任需要付出长期的合约关注。结合合约与交易的内在联系，日本学者内田贵（2004）提出长期合约是关系性合约的典型。他认为可能的原因是，"长期性"是增进合约弹性的保障，只有长期交易才能创造更多准租金。在组织的交易范式下，合约期限越长，表明借贷交易的不确定性越高。相反，期限越短则合约风险会减小（尹志超和甘犁，2011），因此贷款合约期限是银企双边合约治理的重点。

Bank（银行流动性变量），为综合性银行监管指标，为连续变量。包括：Bank_CRAR 为资本充足率；Bank_Asset_qua 为不良贷款比率；Bank_As_ratio 为银行资产专用性（其分子项分别是固定资产 As_ratio1、无形资产 As_ratio2、商誉 As_ratio3）；Bank_EFF 为银行经营效率，以利息收入与银行总资产之比计量；Bank_Liq 为流动性比例，以银行经营净现金流量与利息支出之比计量。

表 5.1 为变量定义列表。

表 5.1　模型 5-1 变量定义

变量类型	变量名称	变量符号	变量描述
因变量	融资交易成本	Cost	信贷合约载明的利率（单位：%）。代理贷款交易成本
解释变量	资产专用性	As_ratio	固定资产/企业总资产。代理企业资产专用性投资
	不确定性	Uncertain	经营效率变量的最大值与企业经营效率之差作为衡量不确定性的正向指标
	银企关系强度（交易频率）	Relation	企业在样本银行的单位合作时间内获得授信的次数（单位：次/年）。代理银企关系强度
企业特征变量		Ln_asset	企业资产总额取自然对数
	企业组织规模	Scale	企业组织规模等级变量，依据工信部联企业〔2011〕300 号标准划分企业规模。规模大型=4、中型=3、小型=2、微型=1。依据企业规模大小生成变量 D_scale。大中型企业=1；小微企业=0
	是否集团组织	D_group	虚拟变量。若为集团组织=1，否则=0
	是否公有制企业组织	D_ownship	虚拟变量。若为国有或集体控股企业则=1，否则=0
	是否政府平台组织	D_gov_plat	虚拟变量。若为政府平台组织企业=1，否则=0
	企业组织成长性	Growth	企业总资产增长率
	债务资本比率	Lev_ratio	企业负债/企业总资本

续表

变量类型	变量名称	变量符号	变量描述
企业特征变量	金融风险类型	Risk_class	低风险=1，一般风险=2，高风险=3，中期流贷（3年以内含3年，仅AAA-BBB客户）=4，中期流贷（1-3年）、一般固定资产贷款（5年以内）=5
		Risk_class1	虚拟变量。低风险=1，否则=0
		Risk_class2	虚拟变量。一般风险=1，否则=0
		Risk_class3	虚拟变量。高风险=1，否则=0
		Risk_class4	虚拟变量。中期流贷（1-3年）、一般固定资产贷款（5年以内）=1，否则=0
合约治理变量	银企关系质量	D_norm	虚拟变量。债项五级分类为正常类=1，否则=0
	是否异地企业组织	D_nonlocal	虚拟变量。若授信企业为省内异地或省外异地则=1，否则=0
	贷款期限	Duration	信贷合约载明的期限（单位：月）
	合约发生类型	Con_type	新发生=1，主动展期=2，主动重组=3，被动展期=4，被动重组=5
		Con_type1	虚拟变量。新发生=1，否则=0
		Con_type2	虚拟变量。主动展期=1，否则=0
		Con_type3	虚拟变量。主动重组=1，否则=0
		Con_type4	虚拟变量。被动重组=1，否则=0

续表

变量类型	变量名称	变量符号	变量描述
合约治理变量	基础利率	LPR	基准利率或贷款市场报价利率
	样本银行监管指标	Bank	涵盖资本充足率、不良贷款率、资产专用性、经营效率、流动性比率。均为连续变量
	物质专用性敏感度	A_sen	虚拟变量。行业物质专用性敏感度。参照 Akey and Lewellen（2016）的方法，在每个行业层面，将物质专用性与总资产收益率进行回归，P 值小于 0.01 的行业提取为物质专用性敏感行业，变量=1，否则=0
	年度	Year	年度虚拟变量
	行业	Industry	所属行业门类虚拟变量
	行业收益波动率	Sdprof	所在行业内企业总资产收益率的标准差

二、金融交易成本影响重点因素的实证检验结果

主要变量的描述性统计结果，见表5.2。核心解释变量资产专用性投资（As_ratio）的均值为0.1，说明样本企业专用性投入适度。Relation 均值为2.56，标准差为 1.49，表明样本企业与样本银行存在合作基础，但该合作关系在企业间存在差异。

企业特征变量。有33%的样本来自公有制企业组织（D_ownship），67%的样本企业为大中型企业（D_scale），集团组织（D_group）占比为32%。企业组织成长性（Growth）均值为0.15，意味着样本企业的成长能力普遍较好。

合约治理变量。D_norm 均值为 0.99，表明样本企业贷款债项评级总体正常，银企关系合约治理的基础较好。Risk_class2 均值为0.88，说明88%的贷款交易被样本银行认定为一般风险形态。

表 5.2 基准模型变量描述性统计

变量	最大值	最小值	均值	中位数	标准差	观测值
Cost	7.87	0.05	5.78	6.72	2.38	3 433
As_ratio	0.44	0	0.1	0.07	0.09	3 433
Uncertain	4.23	0	3.51	3.7	0.69	3 433
Relation	6.24	0.83	2.56	2.14	1.49	3 433
企业特征变量						
Ln_asset	24.77	17.32	20.14	19.93	1.55	3 433
D_scale	1	0	0.67	1	0.47	3 433
D_group	1	0	0.32	0	0.47	3 433
D_ownship	1	0	0.33	0	0.47	3 433
D_gov_plat	1	0	0.01	0	0.08	3 433
Growth	1.55	−0.47	0.15	0.11	0.28	3 433
Lev_ratio	1	0.1	0.54	0.56	0.18	3 433
合约治理变量						
D_norm	1	0	0.99	1	0.19	3 433
D_nonlocal	1	0	0.17	0	0.37	3 433
Risk_class	5	1	1.92	2	0.38	3 433
Risk_class2	1	0	0.88	1	0.33	3 433
Risk_class3	1	0	0.01	0	0.11	3 433
Risk_class4	1	0	0	0	0.06	3 433
Con_type	5	1	1.07	1	0.42	3 433
Con_type2	1	0	0.01	0	0.09	3 433
Con_type3	1	0	0.01	0	0.12	3 433
Con_type4	1	0	0.01	0	0.09	3 433
Duration	51.1	2	12	11.8	6.09	3 433
Sdprof	2.01	0	0.53	0.54	0.29	3 432
A_sen	1	0	0.93	1	0.25	3 433

选用模型（5-1）对金融交易成本因素与融资交易成本间关系的基准回归结果，见表5.3。

表5.3　资产专用性与融资交易成本

变量	（1）	（2）	（3）
As_ratio	0.453	1.104***	0.526**
	（1.20）	（4.93）	（2.29）
Uncertain			0.094***
			（2.91）
Relation			-0.231***
			（-11.92）
Ln_asset			-0.087***
			（-6.39）
D_ownship			0.001
			（0.02）
D_norm			-0.124
			（-0.89）
D_nonlocal			0.122***
			（2.71）
D_group			-0.179***
			（-4.55）
Growth			0.066
			（1.06）
Sdprof			0.096
			（1.52）
D_gov_plat			-0.574**
			（-2.48）
Duration			-0.007*
			（-1.85）

第五章 成渝共建西部金融中心的金融生态环境建设路径研究

续表

变量	（1）	（2）	（3）
A_sen			0.491***
			（7.52）
Risk_class2			−0.089
			（−0.90）
Risk_class3			0.368**
			（2.07）
Risk_class4			0.719*
			（1.92）
Con_type2			0.620*
			（1.83）
Con_type3			−0.252
			（−1.01）
Con_type4			1.263***
			（5.90）
Bank_Liq			0.017
			（0.97）
Lev_ratio			−0.051
			（−0.50）
LPR		0.956***	0.869***
		（67.86）	（47.81）
_cons	5.817***	1.627***	4.127***
	（94.04）	（17.61）	（13.69）
Year	Yes	Yes	Yes
N	3 433	3 433	3 432
R-squared	0.008	0.807	0.840

注：（1）*、**、***分别表示参数的估计值在10%、5%和1%的统计水平上显著（双尾检验）；
（2）括号内为 t 值，标准误经过了 firm cluster 调整。

首先分别考察资产专用性投资对融资交易成本的影响，并引入可能影响融资交易成本的变量，包括企业特征、合约治理因素等变量，以降低因遗漏变量可能对估计系数产生的偏误。表 5.3 的结果显示，主要变量回归系数显著。具体见第（3）列，资产专用性投资的系数为 0.526，在 5%水平上显著。这表明，企业资产专用性变量对信贷融资交易成本有正向影响，即高资产专用性投资会增加企业信贷融资交易成本。易言之，与低资产专用性的企业相比，高资产专用性的企业获得银行贷款需要支付的利率可能更高。

资产专用性投资与融资交易成本正相关符合交易成本理论的基本假设。可能的原因是，企业的资产专用性越高，越有可能向金融机构传递不确定性信号。因为资产专用性高也意味着企业更有可能遭受商业交易伙伴的敲竹杠风险，专用性资产本身所具有的破产清算价值也更低。

银企关系强度的系数为-0.231，在 1%水平上显著。这表明，银企关系变量对贷款成本有负向影响，即高银企关系强度对降低信贷成本有积极作用。这意味着，银企关系强度与借贷交易成本之间的关系传递了关系合约治理信号。相关的制度背景是，我国金融监管部门在 2013 年要求银行严格落实"六项机制"降低企业融资成本，严禁银行向债务人收取额外的费用。据此可以判断，贷款利率是我国正规信贷市场融资交易成本的核心构成，选用银行贷款利率代理融资交易成本具有一定合理性。

银企关系强度与贷款交易成本负相关，可能的原因如下。第一，在关系合约理论下，银企关系投资有利于创造社会资本的关系"准租金"效应。信誉机制是双边关系合约治理机制的核心，即便合约不完全，关系合约仍然可以得到有效履约。贷款合约是典型的信任密集型合约（肖作平和张樱，2014），信任是交易当事人对彼此将会进行特定行动的主观概率判断，是当事人对交易的一致性认知，银企借贷交易中的信誉认证，也是债权人对债务人信任度的认证，是债权人对债务人社会资本、自我履约能力等一系列有关信誉机制的预判。文献认为，信任源自社会资本，是一种社会关系嵌入（Orlowski and Wicker，2015）。银企关系型社会资本可以增进银企组织间信任，紧密互动的社会关系网络能够增进合作规范形成，集聚更多关系租金。关系合约理论认为，银企关系是一种社会资本，可以增强借贷当事人合作意愿。这些社会关系可以影响金融交易行为的诚信，实现租金创造，促进借贷活动当事人自我履约，关系性社会规范会影响金融市场主体间的信任水平，并传递租金创造和分享的信号。第二，良好的银企关系可以减小银企信息不对称性，进而实现贷款违约的机会成本的增加。债务人是信守合约还是采用机会主义行为会受到群体意识影响。在国际主流的银行 6C 信誉认证中，企业或企业家道德品质是核心构成。企业或企业家品质越好，说明金融交易越有保障，银企关系也更具有可持续性（continuity）。因此良好的银企关系有助于借款人增强履约责任，降低贷款交易成本。

控制变量方面，表 5.3 第（3）列中，规模变量 Ln_asset 的系数估计值在 1%水平上显著为负。这说明，随着企业规模的变大，总体上更容易取得利率更低的信贷支持。可能的原因是：第一，在关系合约理论下，大企业更倾向于且有条件采取多角化经营或纵向一体化。多角化经营可以分散经营风险，平滑不同时期的利润水平，使企业的现金流量更稳定。纵向一体化则可以通过关系合约治理结构减少交易成本，从而有助于企业治理水平提高。第二，在交易成本理论条件下，大企业抵御不确定性的能力比小企业高，大企业经营更稳健，具有更低的破产清算预期，所以银行更偏好向大企业提供利率更低的贷款（吴佳其，2021）。

鉴于可能存在某些不可预测的遗漏变量既影响企业资产专用性，也影响融资交易成本，导致资产专用性变量可能是内生的。因此，选用工具变量二阶段最小二乘法（2SLS）回归检验基准模型的内生性偏误。

参照于文超（2019）等学者的方法引入行业平均资产专用性作为资产专用性的工具变量。从行业发展的生命周期视角分析，行业发展程度不同，平均资产专用性投资程度也不同，企业的资产专用性投资可能受同一行业的其他企业资产专用性投资的影响。但在理论上，其他企业的资产专用性投资不会对银企之间的关系合约条款产生直接影响。经过检验，工具变量有效。引入工具变量展开 2SLS 回归，结果如表 5.4 所示，资产专用性与信贷融资交易成本正相关。结论与前文一致。

表 5.4 工具变量回归结果

变量	2SLS_IV
As_ratio	0.440*
	(1.92)
Uncertain	0.049*
	(1.77)
Relation	−0.161***
	(−9.64)
	2SLS_IV
Ln_asset	−0.068***
	(−4.74)
D_ownship	−0.070*
	(−1.89)
D_norm	0.177
	(1.26)
D_nonlocal	0.161***
	(3.61)
D_group	−0.118***
	(−3.31)
Growth	0.225***
	(4.04)
Sdprof	0.141**
	(2.54)

续表

变量	2SLS_IV
D_gov_plat	−0.331*
	(−1.67)
Duration	0.002
	(0.48)
A_sen	0.364***
	(5.71)
Risk_class2	0.325***
	(3.78)
Risk_class3	0.562***
	(3.46)
Risk_class4	0.985***
	(2.69)
Con_type2	0.500
	(1.44)
Con_type3	−0.296
	(−1.19)
Con_type4	0.869***
	(3.81)
Bank_Liq	−0.137***
	(−4.89)
Lev_ratio	−0.283***
	(−2.89)
LPR	0.891***
	(47.34)
_cons	2.367***
	(6.98)

续表

变量	2SLS_IV
Year	Yes
N	3 395
R-squared	0.876

注：（1）*、**、***分别表示参数的估计值在10%、5%和1%的统计水平上显著（双尾检验）；

（2）括号内为 z 值，标准误经过了 firm cluster 调整；

（3）Bank_Liq 为银行经营现金流与利息支出之比。

三、金融生态信用环境因素与融资交易成本

$$\begin{aligned}Cost=&\beta_0+\beta_1As\_ratio+\beta_2Uncertain+\beta_3Relation+\alpha_1Mic\_ga1+\alpha_2Mic\_credit+\\&\gamma_1Mac\_market4a2+\gamma_2Mac\_market5a+\beta_4Ln\_asset+\beta_5D\_ownship+\\&\beta_6D\_norm+\beta_7D\_gov\_plat+\beta_8D\_group+\beta_9D\_nonlocal+\beta_{10}Growth+\\&\beta_{11}Sdprof+\beta_{12}A\_sen+\beta_{13}Duration+\beta_{14}Lev\_ratio+\beta_{15}LPR+\\&\Sigma Bank+\Sigma Risk\_class+\Sigma Con\_type+\Sigma Year+\Sigma Industry+\varepsilon\end{aligned} \quad (5-2)$$

模型（5-2）用以检验金融生态微观和宏观信用环境因素对融资交易成本的影响，该模型新增变量定义，见表5.5。

表 5.5　模型（5-2）新增变量定义

变量类型	变量名称	变量符号	变量描述
新增自变量1	信用贷款	Mic_ga1	如果是信用贷款=1，否则=0，代理金融生态信用微观环境
新增自变量2	信用评级	Mic_credit	按照信用评级由高到低分为AAA+，AAA，AA+，AA 等15个级别，将观察值最少的低等级与邻近等级合并，由低到高赋值1~14 的自然数。代理金融生态信用微观环境
新增自变量3	信贷配置市场化	Mac_market4a2	代理信贷资源市场化配置程度，数据来源于《中国分省份市场化指数报告》

第五章 成渝共建西部金融中心的金融生态环境建设路径研究

续表

变量类型	变量名称	变量符号	变量描述
新增自变量4	市场中介组织发育	Mac_market5a	代理金融市场中介组织发育程度，数据来源同上

使用模型（5-2）对金融生态的信用环境因素与融资交易成本关系的检验结果，见表5.6。在基础模型中引入可能影响融资交易成本的微观和宏观信用环境变量。其中，微观信用环境变量包括信用评级 Mic_credit、信用贷款 Mic_ga1；宏观信用环境变量包括市场化 Mac_market4a2、Mac_market5a。表5.6结果显示，主要变量回归系数显著，具体见第（3）列。这表明，企业资产专用性变量对融资交易成本有正向影响，即在控制其他因素不变的情况下，高资产专用性的企业获得银行授信所需要支付的信贷融资成本可能更高，与前文结论一致。

表5.6 金融生态信用环境与融资交易成本

变量	（1）	（2）	（3）	（4）
Mic_ga1		0.731***	0.729***	0.308***
		（7.82）	（7.80）	（3.48）
Mic_credit		-0.344***	-0.344***	-0.083***
		（-21.45）	（-21.43）	（-7.49）
Mac_market4a2			-0.224***	-0.051***
			（-93.37）	（-6.53）
Mac_market5a			0.063	0.265***
			（1.57）	（8.76）
As_ratio	0.112			0.432*
	（0.31）			（1.93）
Uncertain	0.268***			0.049*
	（5.98）			（1.76）

续表

变量	（1）	（2）	（3）	（4）
Relation	−0.855***			−0.161***
	（−30.82）			（−9.60）
Ln_asset				−0.068***
				（−4.75）
D_ownship				−0.070*
				（−1.88）
D_norm				0.178
				（1.26）
D_nonlocal				0.161***
				（3.59）
D_group				−0.118***
				（−3.30）
Growth				0.225***
				（4.01）
Sdprof				0.141**
				（2.53）
D_gov_plat				−0.331*
				（−1.66）
Duration				0.002
				（0.48）
A_sen				0.364***
				（5.68）
Risk_class2				0.325***
				（3.76）

第五章 成渝共建西部金融中心的金融生态环境建设路径研究

续表

变量	（1）	（2）	（3）	（4）
Risk_class3				0.562***
				（3.44）
Risk_class4				0.985***
				（2.68）
Con_type2				0.500
				（1.44）
Con_type3				−0.297
				（−1.18）
Con_type4				0.869***
				（3.79）
Bank_Liq				−0.148***
				（−4.86）
Lev_ratio				−0.284***
				（−2.88）
LPR				0.891***
				（47.12）
_cons	8.688***	8.598***	10.155***	1.975***
	（48.83）	（62.41）	（36.01）	（5.31）
Year	Yes	Yes	Yes	Yes
N	3 433	3 396	3 396	3 395
R-squared	0.299	0.111	0.111	0.876

注：（1）*、**、***分别表示参数的估计值在10%、5%和1%的统计水平上显著（双尾检验）；
（2）括号内为 t 值，标准误经过了 firm cluster 调整。

Mic_ga1 系数显著为正，这意味着，与非信用贷款相比，信用贷款的利率成本更高。主要的原因是，市场主体无须为信用贷款提供任何担保，在贷后的合约治理方面面临的不确定性更大，因此融资方需要向金融机构提供风险溢价。Mic_credit 系数显著为负，说明信用评级与融资交易成本负相关，评级越高，银行贷款的利率可能越低。可能的原因是，信用评级是金融机构作出投资决策的重要依据，信用评级等级代表了信贷违约的概率，信用评级越高意味着信贷投资面临的不确定性越低，借款主体品质较高，对于优质的借款人，金融机构会收取较低的融资交易成本。

金融业市场化指数变量 Mac_market4a2 系数为负，市场中介组织发育指数 Mac_market5a 变量系数为正。这表明金融业市场化程度与企业银行融资交易成本负相关，市场中介组织发育程度与企业银行融资交易成本正相关；换言之，金融业市场化程度越高，企业融资交易成本越低。可能的原因是，在市场竞争激烈的金融环境中，金融机构难以获得垄断利差，信贷资源供给更充分，企业的信贷可得性更高，议价能力越强，最后表现为融资成本降低。市场中介组织发育会增加融资交易成本。可能的原因是，在单笔融资交易中所参与的中介组织数量越多。这一方面意味着企业需要支付更多的中介费用；另一方面也意味着融资合约复杂程度上升，这会为事后合约履行产生不确定性。事实上，愿意支付大额中介费用的市场主体综合质量较低。

实证结果发现，融资交易成本与信用环境显著相关。为了考察信用环境对企业融资交易成本的影响是否存在异质性，结合《成渝共建西部金融中心规划》关注的重点，本书从企业组织规模、产权性质、工业属性、科技属性 4 个维度出发，对上述实证结果分情景讨论，结果如表 5.7 所示。除个别不显著的变量外，Mic_ga1 和 Mac_market5a 与企业融资交易成本正相关，Mic_credit、Mac_market4a2 与企业融资交易成本负相关，即信用贷款和中介组织的发育会提高企业的融资交易成本，但信用评级和 Mac_market4a2 水平的提高，会降低企业的融资交易成本，与前文结论基本一致。

第五章　成渝共建西部金融中心的金融生态环境建设路径研究

表 5.7　金融生态信用环境与融资交易成本：分样本异质性检验

变量	(1) 大中型 企业	(2) 小微型 企业	(3) 国有 企业	(4) 民营 企业	(5) 工业 企业	(6) 非工业 企业	(7) 科技 企业	(8) 非科技 企业
Mic_ga1	0.224** (2.17)	1.062*** (3.83)	-0.100 (-1.23)	0.939*** (3.99)	0.222* (1.93)	0.412*** (2.71)	0.127 (0.48)	0.314*** (3.23)
Mic_credit	-0.071*** (-5.85)	-0.103*** (-4.72)	-0.086*** (-5.01)	-0.070*** (-5.35)	-0.101*** (-7.13)	-0.066*** (-3.63)	-0.060 (-1.30)	-0.081*** (-7.09)
Mac_market4a2	-0.038*** (-5.11)	0.046 (0.55)	0.077 (1.08)	-0.017** (-2.03)	-0.049*** (-4.48)	-0.058 (-0.89)	0.113 (0.63)	-0.049*** (-6.07)
Mac_market5a	0.167*** (4.21)	0.303*** (4.85)	0.259*** (6.18)	0.271*** (8.25)	0.289*** (6.89)	0.167*** (3.80)	0.395*** (3.68)	0.256*** (8.38)
As_ratio	0.400* (1.88)	0.589 (1.52)	1.335*** (3.10)	0.207 (0.80)	1.054*** (3.08)	-0.357 (-1.29)	2.429* (1.78)	0.226 (0.99)
Uncertain	-0.011 (-0.42)	-0.058 (-1.21)	-0.111** (-2.25)	-0.034 (-1.04)	-0.142*** (-2.68)	0.016 (0.50)	-0.952** (-2.58)	-0.037 (-1.33)
Relation	-0.158*** (-8.45)	-0.171*** (-5.14)	-0.138*** (-5.75)	-0.169*** (-7.88)	-0.175*** (-8.57)	-0.138*** (-4.81)	-0.193*** (-2.72)	-0.160*** (-9.25)
Controls	Yes	Yes	Yes	Yes	Yes	Yes	Yes	Yes
N	2 275	1 120	1 116	2 279	2 122	1 273	248	3 147
R-squared	0.913	0.813	0.899	0.873	0.889	0.845	0.923	0.872

注：（1）*、**、***分别表示参数的估计值在 10%、5% 和 1% 的统计水平上显著（双尾检验）；
（2）括号内为 t 值，标准误经过了 firm cluster 调整。

金融生态信用环境与融资交易成本间关系的分样本异质性检验结果：（1）规模异质企业。经组间系数差异检验，Mic_ga1 和 Mac_market5a 的系数在规模异质企业之间存在显著差异，具体而言，与大中型企业相比，信用贷款和中介组织的发育对小微型企业融资交易成本的边际效应更强。（2）产权异质企业。经组间系数差异检验，Mic_ga1 的系数在产权异质企业之间差异显著，对于国有企业而言，Mic_ga1 对融资交易成本的影响不显著，民营企业 Mic_ga1 与融资交易成本显著正相关。（3）工业属性异质企业。经组间系数差异检验，Mac_market5a 的系数在工业属性异质企业之间差异显著；与非工业企业相比，中介组织的发育对工业企业融资交易成本的边际影响更大。（4）科技属性异质企业。经组间系数差异检验，信用环境变量在科技与非科技企业组之间无显著差异；换言之，信用环境变量对科技企业和非科技企业融资交易成本的作用在统计上无显著差异。

四、金融生态法治环境因素与融资交易成本

$$\begin{aligned}Cost=&\beta_0+\beta_1 As\_ratio+\beta_2 Uncertain+\beta_3 Relation+\alpha_1 Mic\_ga2+\alpha_2 Mic\_ga3+\\&\gamma_1 Mac\_market5+\beta_4 Ln\_asset+\beta_5 D\_ownship+\beta_6 D\_norm+\\&\beta_7 D\_gov\_plat+\beta_8 D\_group+\beta_9 D\_nonlocal+\beta_{10} Growth+\\&\beta_{11} Sdprof+\beta_{12} A\_sen+\beta_{13} Duration+\beta_{14} Lev\_ratio+\beta_{15} LPR+\\&\Sigma Bank+\Sigma Risk\_class+\Sigma Con\_type+\Sigma Year+\Sigma Industry+\varepsilon\end{aligned}\quad(5\text{-}3)$$

模型（5-3）用以检验金融生态微观和宏观法治环境因素对融资交易成本的影响，该模型新增变量定义见表 5.8。

表 5.8 模型（5-3）新增变量定义

变量类型	变量名称	变量符号	变量描述
新增自变量 1	保证贷款	Mic_ga2	如果是保证贷款=1，否则=0，代理金融生态法治微观环境
新增自变量 2	抵质押贷款	Mic_ga3	如果是抵押质押贷款=1，否则=0，代理金融生态法治微观环境
新增自变量 3	金融市场法律保护	Mac_market5b	代理金融市场化进程中金融生态的法治环境，数据来源于《中国分省份市场化指数报告》

第五章 成渝共建西部金融中心的金融生态环境建设路径研究

金融生态的法治环境因素与融资交易成本关系的检验结果，见表5.9。在上述基础模型中引入可能影响融资交易成本的微观和宏观法治环境变量。微观法治环境变量包括保证贷款 Mic_ga2、抵质押贷款 Mic_ga3；宏观法治环境变量为 Mac_market5b，考察法治环境对融资交易成本的可能影响。表5.9报告了主要变量回归系数显著，具体见第（3）列。其中的保证贷款变量和抵质押贷款变量的系数均为负，且在1%水平上显著，表明保证和抵质押担保方式与融资交易成本负相关。这说明，与信用贷款相比，保证和抵质押贷款的利率更低。可能的原因是，第三方担保和抵质押担保会减小信贷融资交易事后的不确定性，即便发生信贷违约，债权人也可以向法庭申请司法救济，选用处置担保品抑制债务人的违约机会主义，通过第二还款来源保障债权安全性。

表5.9 金融生态法治环境与融资交易成本

变量	（1）	（2）	（3）
Mic_ga2	−0.221***		−0.221***
	（−2.61）		（−2.61）
Mic_ga3	−0.387***		−0.387***
	（−4.13）		（−4.12）
Mac_market5b		−1.915***	−0.793***
		（−6.35）	（−2.94）
Mic_credit	−0.082***	−0.101***	−0.082***
	（−7.40）	（−8.90）	（−7.40）
As_ratio	0.408*	0.313	0.407*
	（1.85）	（1.37）	（1.85）
Uncertain	0.045	0.146***	0.044
	（1.63）	（4.32）	（1.62）
Relation	−0.152***	−0.220***	−0.152***
	（−9.30）	（−11.81）	（−9.29）
Ln_asset	−0.072***	−0.023	−0.072***
	（−5.06）	（−1.50）	（−5.05）

续表

变量	（1）	（2）	（3）
D_ownship	−0.089**	0.008	−0.089**
	（−2.33）	（0.21）	（−2.34）
D_norm	0.152	0.193	0.153
	（1.07）	（1.35）	（1.07）
D_nonlocal	0.162***	0.110**	0.163***
	（3.63）	（2.49）	（3.64）
D_group	−0.128***	−0.155***	−0.128***
	（−3.51）	（−3.98）	（−3.51）
Growth	0.214***	0.106*	0.214***
	（3.83）	（1.72）	（3.82）
Sdprof	0.154***	0.079	0.155***
	（2.78）	（1.27）	（2.78）
D_gov_plat	−0.274	−0.708***	−0.275
	（−1.36）	（−2.97）	（−1.37）
Duration	0.002	−0.005	0.002
	（0.57）	（−1.32）	（0.58）
A_sen	0.354***	0.379***	0.354***
	（5.59）	（5.91）	（5.59）
Risk_class2	0.300***	−0.048	0.299***
	（3.52）	（−0.49）	（3.50）
Risk_class3	0.562***	0.491***	0.559***
	（3.45）	（2.77）	（3.43）
Risk_class4	1.004***	0.816**	1.002***
	（2.74）	（2.27）	（2.73）
Con_type2	0.491	0.532	0.490
	（1.40）	（1.57）	（1.40）
Con_type3	−0.354	−0.400	−0.354
	（−1.39）	（−1.63）	（−1.39）
Con_type4	0.825***	0.989***	0.826***
	（3.57）	（4.55）	（3.57）
Bank_Liq	0.056***	0.171***	0.117***

续表

变量	（1）	（2）	（3）
	（3.68）	（6.14）	（4.46）
Lev_ratio	-0.309***	-0.202*	-0.309***
	（-3.14）	（-1.94）	（-3.13）
LPR	0.884***	0.850***	0.884***
	（45.91）	（46.38）	（45.84）
_cons	3.776***	15.007***	8.489***
	（11.66）	（8.08）	（5.09）
Year	Yes	Yes	Yes
N	3 395	3 432	3 395
R-squared	0.876	0.845	0.876

注：（1）*、**、***分别表示参数的估计值在10%、5%和1%的统计水平上显著（双尾检验）；

（2）括号内为z值，标准误经过了firm cluster调整。

Mac_market5b的系数在1%水平上显著为负，说明融资交易成本与法治环境负相关，这意味着融资交易成本随着法治环境的改善而下降。一个地方的法治环境质量直接影响金融市场机制效力的发挥，法律制度是产品市场和要素市场得以正常运行的关键性正式制度，这也是制度学派交易成本经济学的理论内核之一。从融资合约的事后治理角度分析，信贷投融资构成了债权债务合约关系，适合的合约治理机制是市场治理，而市场治理最基本的制度保障就是法治环境。因此，一个地方的金融生态法治环境越好，越有助于促进金融市场机制发挥，实现融资交易成本节约。

实证结果发现，融资交易成本与地方法治环境显著相关。为了考察法治环境对企业融资交易成本的影响是否存在异质性，结合《成渝共建西部金融中心规划》优化金融生态及营商环境所关注的重点，从企业组织规模、产权性质、工业属性、科技属性4个维度出发，对上述实证结果分情景讨论，结果见表5.10。除国有企业外，Mic_ga2和Mic_ga3与企业融资交易成本负相关，这表明，与信用贷款相比，保证和抵质押担保方式有利于降低企业融资交易成本，结论与前文基本一致。

表 5.10 金融生态法治环境与融资交易成本：分样本异质性检验

变量	(1) 大中型 企业	(2) 小微型 企业	(3) 国有 企业	(4) 民营 企业	(5) 工业 企业	(6) 非工业 企业	(7) 科技 企业	(8) 非科技 企业
Mic_ga2	−0.096	−0.901***	0.140*	−0.832***	−0.107	−0.355**	0.162	−0.240***
	(−1.04)	(−3.28)	(1.77)	(−3.59)	(−0.98)	(−2.39)	(0.62)	(−2.58)
Mic_ga3	−0.184*	−1.124***	0.050	−0.993***	−0.339***	−0.452***	−0.470	−0.382***
	(−1.72)	(−3.94)	(0.51)	(−4.23)	(−2.77)	(−2.88)	(−1.48)	(−3.76)
Mac_market5b	−0.763***	0.000	0.000	0.452	−0.647*	0.000	0.000	−0.767***
	(−2.94)	(.)	(.)	(1.57)	(−1.67)	(.)	(.)	(−2.72)
As_ratio	0.567***	0.658*	1.290***	0.199	0.975***	−0.352	2.513*	0.201
	(2.61)	(1.75)	(3.00)	(0.78)	(2.90)	(−1.28)	(1.76)	(0.90)
Uncertain	−0.069***	−0.058	−0.106**	−0.033	−0.128**	0.019	−0.907***	−0.033
	(−2.61)	(−1.28)	(−2.15)	(−1.03)	(−2.49)	(0.57)	(−2.69)	(−1.20)
Relation	−0.154***	−0.167***	−0.134***	−0.163***	−0.163***	−0.136***	−0.144**	−0.153***
	(−8.43)	(−5.12)	(−5.55)	(−7.73)	(−8.21)	(−4.78)	(−2.11)	(−9.01)
Controls	Yes	Yes	Yes	Yes	Yes	Yes	Yes	Yes
N	2 275	1 120	1 116	2 279	2 122	1 273	248	3 147
R-squared	0.912	0.815	0.899	0.874	0.890	0.845	0.927	0.873

注：(1) *、**、***分别表示参数的估计值在10%、5%和1%的统计水平上显著（双尾检验）；
(2) 括号内为 z 值，标准误经过了 firm cluster 调整。

第五章 成渝共建西部金融中心的金融生态环境建设路径研究

金融生态法治环境与融资交易成本间关系的分样本异质性检验结果：（1）规模异质企业。经组间系数差异检验，Mic_ga2 和 Mic_ga3 的系数在规模异质企业之间存在显著差异。具体而言，与大中型企业相比，保证和抵质押贷款对降低小微型企业融资交易成本的作用更显著。（2）产权异质企业。经组间系数差异检验，Mic_ga2 和 Mic_ga3 的系数在产权异质企业之间差异显著，与国有企业相比，保证和抵质押贷款对民营企业降低融资交易成本的效应更强（抵质押对国有企业融资交易成本的影响不显著，保证对国有企业的融资交易成本甚至有助推作用）。（3）工业属性、科技属性异质企业。经组间系数差异检验，法治环境变量 Mic_ga2 和 Mic_ga3 的系数在工业与非工业企业之间、科技与非科技企业组之间无显著差异；换言之，Mic_ga2 和 Mic_ga3 法治环境变量对工业企业和非工业企业融资交易成本的作用在统计上无显著差异，对科技企业与非科技企业融资交易成本的影响也无显著差异。

第四节 基于金融生态的西部金融中心环境建设的主要路径

基于我国金融生态及营商环境政策和交易成本理论，选用中国国际贸易促进委员会的营商环境评估数据、成渝地区双城经济圈核心区的一手实地调查数据，实证分析金融生态信用环境和法治环境因素对金融交易成本的影响，为优化成渝地区金融生态及营商环境，助力政府提升公共金融服务质效，进一步为节约制度性金融交易成本和市场主体融资成本提供证据支持。基于对前文研究结论的提炼，专门就成渝共建西部金融中心的金融生态环境建设路径给出方向性探索和政策建议。

具体而言，首先是结合已有的金融生态及营商环境政策制度以节约制度性交易成本和金融市场交易成本为导向，有针对性地从社会信用和法治环境两个主要方面入手作出细分，为成渝共建西部金融中心的金融生态环境建设做方向性探索。更进一步地，紧扣党的二十大精神[1]、2023年10月中央金融工作会议精神、2024年1月省部级主要领导干部推动金融高质量发展专题研讨班精神[2]，重点对照《成渝共建西部金融中心规划》《成渝地区双城经济圈优化营商环境方案》《川渝协同推进成渝地区双城经济圈"放管服"改革》等文件，参考近年GFCI指标体系的统计数据和国内外金融中心建设的动态经验[3]，聚焦成渝共建西部金融中心的金融生态及营商环境有待提升的重点，明确接下来"放管服"系列工作的重心并提出有针对性、可行性的政策建议。

一、金融生态及营商环境建设路径需以节约交易成本为导向

成渝金融生态环境建设路径需以交易成本节约为导向，该结论主要依据前文"成渝地区金融生态环境现状"及"成渝金融生态环境建设重点的制度及理论分析"。在交易成本理论下的实证分析结果表明，成渝地区金融市场调查样本总体上符合交易成本理论预期。实证模型重点引入了资产专用性、不确定性和交易频率3个变量，这3个变量是影响金融交易成本的关键，其中，资产专用性变量的重要性最高。鉴于此，结合资产专用性考察成渝地区金融交易成本的影响因素，基准回归结果发现，资产专用性和金融交易成本正相关，不确定性和金融交易成本也呈现正相关关系，而较高的金融交易频率有助于降低金融交易成本。因此，基准回归结果总体上支持交易成本理论的预期，即在信贷市场的金融交易中融资方的专用性投

---

[1] 党的二十大报告明确要深化"放管服"改革，从产权保护、社会信用体系等方面优化营商环境。

[2] 中央金融工作会议首次提出金融强国建设目标，后续的省部级主要领导干部推动金融高质量发展专题研讨班上明确了金融强国建设需要具有强大的国际金融中心、金融机构、金融人才等6大要素；同时要求加快建设中国特色现代金融体系，包含自主可控安全高效的金融基础设施体系、分工协作的金融机构体系、结构合理的金融市场体系、多样化专业性的金融产品和服务体系等6个方面。

[3] 正如本报告第3部分所述，在GFCI指标体系中营商环境是评价金融中心的5个一级指标之一，在该营商环境一级指标下，分别考察了法治环境、金融监管环境、经济环境和成本竞争力等方面的内容。在本书的交易成本制度分析理论脉络下，这些二级指标均可以直接影响制度性交易成本。这也说明，本部分以节约交易成本作为选择成渝金融生态环境建设路径的判断标准具有合理性。

第五章　成渝共建西部金融中心的金融生态环境建设路径研究

资对投资方可能传递了"敲竹杠"信号，理性的投资方为了规避被"敲竹杠"的风险会提高收益率，这一结果在不确定性变量中得到进一步的验证，交易频率高可以缓释金融交易的信息不对称性，有助于增进金融交易商务伙伴间的信任，实现关系合约治理，因此交易频率提高有助于节约交易成本。基于调查样本数据，本部分的实证分析发现，样本区域金融市场的交易行为总体上符合交易成本理论预期[1]。

成渝金融生态及营商环境优化需以节约宏微观交易成本为导向。因为交易成本理论的制度变迁理论认为，金融生态环境优化的方向就是金融交易成本节约的方向，所以成渝地区金融生态环境建设可以把节约制度性交易成本和融资成本作为出发点和落脚点。制度性金融交易成本的节约最终要有助于市场主体节约融资成本。中国国际贸易促进会2018年至2022年的营商环境调查表明，我国总体营商环境改善明显，但是金融生态及营商环境在12个一级指标中排名较靠后，进一步分地区看，西部地区的一级指标排名均落后于全国平均水平。因此，优化金融生态和营商环境以节约制度性金融交易成本，助力市场主体节约融资成本，是成渝共建西部金融中心的责任担保。

二、优化金融生态法治环境是节约交易成本的可行路径

成渝金融生态环境建设需在以节约交易成本为导向的基础上，金融生态环境建设的重点是信用环境和法治环境。实证模型（5-2）检验了金融生态信用环境与融资交易成本间的关系；同时，也检验了金融生态法治环境与融资交易成本间的关系，并将法治环境细分为内部法治环境（在模型中引入保证贷款、抵质押物权担保变量）和外部法治环境（在模型中引入金融市场法治环境变量）。金融生态法治环境与融资交易成本关系的实证结果表明，保证贷款、抵质押物权担保贷款、金融市场法治环境变量与融资交易成本显著相关。基于模型（5-2）的实证结果可以认为，成渝共建西部

---

[1] 这为进一步分别探讨金融生态的社会信用环境和法治环境因素对金融交易成本的影响提供了参照。

金融中心进程中，优化金融生态法治环境是节约交易成本的可行路径。换言之，金融法治环境可以通过交易成本机制影响成渝金融生态环境建设，这为探寻成渝金融生态环境建设路径提供了更进一步的经验证据。

（1）金融生态的微观法治环境建设方面，需理性看待第三方保证担保和抵质押物权担保对节约交易成本的影响。实证结果表明，第三方保证贷款融资和抵质押物权担保贷款变量的系数均为负，且在1%水平上显著，表明企业向金融机构提供了第三方保证或抵质押担保有助于获得低利率贷款支持（融资交易成本节约的一种表现）。本书认为可能的原因是，第三方担保和抵质押担保会减小信贷融资交易事后的不确定性，即便发生信贷违约，债权人也可以向法庭申请司法救济。相比于信用贷款，有担保的贷款意味着金融机构的债权安全性更高，对于此类贷款，金融机构愿意收取较低的资金成本。

值得关注的是，金融机构常常会出于降低事后不确定性，要求企业出具物权担保。主流的担保方式为有形资产抵质押，无形资产公允价值难以客观计量，得到投资人的认可度一直较低。当前并未形成一个权威的无形资产评估体系，知识产权金融受制于价值评估和价值流转，成功率一直较低。应收账款质押亦面临相似的问题。对于小规模企业而言，可用于担保的资产主要是专用性机器设备、应收账款以及知识产权，这就造成了企业在申请债权融资时陷入无法提供有效担保的困境。在市场主体面临融资刚性约束，而自身物权担保选择受限的情境下，就有必要寻求第三方的信用增进，因此发展政府性融资担保体系在降低融资成本方面显得尤为重要。

（2）金融生态的宏观法治环境建设方面，持续改善成渝地区的金融法治环境，提升西部金融中心的声誉。实证结果表明，金融市场法治环境与融资交易成本负相关，这意味着，金融市场的法治化程度越高，越有助于降低融资交易成本。无论是英美法系还是大陆法系，均认为法律环境是影响金融发展的重要因素。一个地方的法律制度环境制约了金融资源市场配置机制的效力，这是制度学派交易成本经济学的理论内核。从金融合约的治理角度分析，信贷融资属于债权债务关系，适合的合约治理机制是市场治理，而市场治理的基本保障就是法律制度环境。事实上，对国内外金融

第五章　成渝共建西部金融中心的金融生态环境建设路径研究

中心建设模式的探讨发现，全球影响力越大的国际金融中心越重视法律环境，GFCI 国际金融中心评价指数、世界银行集团 B-READY 和中国国际贸易促进会的营商环境评价指标体系，均将法律环境列为一级指标。金融生态法治环境改善，一方面可以降低成渝地区的制度性金融交易成本；另一方面还可以提升西部金融中心的国际声誉，实现金融组织机构、金融专业人才及其他金融资源要素的高效集聚。

调查发现，成渝地区金融生态的法治环境与国内外金融中心相比的确值得改进。事实层面的证据是，2020 年 12 月成都市营商环境评估得分比 2019 年下降 5.4 分，其中的"获得信贷"指标得分一般。一方面从 2021 年天府金融指数来看，成渝地区的金融市场发展、金融从业环境、金融科技、绿色金融指标的排名并不靠前，与粤港澳大湾区在立、审、执、破一体化和推动三地破产制度相互借鉴等方面相比较，成渝地区金融生态法治环境相关的制度供给还有待改善。另一方面，就成渝地区的金融法治顶层制度执行看，成渝地区虽然设立了全国第 3 家专门的金融法院，但与北京金融法院和上海金融法院相比，成渝金融法院目前所提供的案例成果明显偏少，跨区域审判机制、联合执法机制仍在持续探索之中，因此成渝地区金融生态法治环境相关的制度执行力度也有待加强。本书认为，以成渝金融法院作为地区金融生态法治环境建设的载体可以深入探索。

（3）金融生态法治环境建设，可以选用成渝金融监管当局主导路径，整合地方金融组织资源节约交易成本。在金融风险可控的前提下，成渝地区可以整合"长江·绿融通""科创贷""园保贷""知来贷"等平台资源与国家发展和改革委员会的"信易贷"金融中介平台组织对接，以规避成渝地区潜在的非法集资风险对金融生态及营商环境的负面影响；可以在成渝地区核心城市试点应收账款保理、知识产权质押等金融业务，提升物权担保灵活性和实体经济融资可得性，实现融资交易成本节约。政府可以持续提升金融规制质效，降低企业融资中间环节的交易成本。以信贷资源支持实体经济为导向，成渝地区政府金融监管部门可以出台政策禁止"以贷转存"和"存贷挂钩"等变相提高融资交易成本的行为。规范法律、会计、审计、评估登记等中介收费。健全融资担保体系，加快构建以政府性再担保为龙头，商业性融资担保机构为主体，银行业金融机构为依托，中小企业为主要服务对象的担保体系。成渝地区金融法治环境建设可以聚焦于金融规制的重点领域提升有效性。例如，不良贷款是地方信用违约、担保违约、债务违约，诱致金融风险的主要源头，不良贷款对地方金融生态及营商环境的破坏极大，可以将其列入金融法治的重点领域，相关政策建议后文做详细阐释。

三、优化社会信用体系环境是节约交易成本的可行路径

在明确成渝金融生态环境建设路径需要以节约交易成本为导向的基础之上，为深入探寻金融生态环境建设与金融交易成本节约之间内在逻辑，专门设计实证模型分别检验金融生态的信用环境和法治环境对金融交易成本的影响。其中，实证模型（5-2）用于检验金融生态信用环境与融资交易成本间的关系，进一步将金融生态信用环境细分为内部信用环境（在模型中引入信用贷款、银企组织间信任变量）和外部信用环境（在模型中引入信贷资源市场化配置变量）。金融生态信用环境与融资交易成本关系的实证结果表明，银企间信用贷款、银企组织间信任、信贷资源市场化配置、金融中介组织变量与融资交易成本显著相关。基于模型（5-2）的实证结果可以认为，成渝共建西部金融中心进程中，优化生态信用环境是节约交易成本的可行路径。换言之，金融信用环境可以通过交易成本机制影响成渝金融生态环境建设，这为探寻成渝金融生态环境建设路径提供了经验证据。

（1）金融生态的微观信用环境建设方面，需理性看待实体经济企业信用贷款可得性对节约交易成本的影响。金融市场的企业主体能获得信用贷款，这意味着银企组织间微观信用环境良好；但是信用贷款变量的系数显著为正，这意味着，与非信用贷款相比，信用贷款的利率成本更高。主要原因是，企业获得信用贷款意味着无须提供任何担保，贷后合约治理可能面临更高的不确定性。因此理性的金融机构会向融资方收取更高的风险溢价，这会引致金融交易成本上升。成渝共建西部金融中心，在提升实体经

第五章 成渝共建西部金融中心的金融生态环境建设路径研究

济企业信用贷款可得性的时候，有必要允许信贷资源市场化配置的市场定价，避免政府片面追求化解企业"融资贵"而干预贷款定价。另外，银企组织间信任变量的回归系数显著为负，说明信用评级与融资交易成本负相关，评级越高，银行贷款的利率可能越低。因为企业的信用等级是金融机构作出投资决策的重要依据，信用评级等级代表了信贷违约的概率，信用评级越高意味着信贷投资面临的不确定性越低。因此在成渝共建西部金融中心过程中，可以引导市场主体树立良好的社会信用意识，企业信用品质高，有助于获得金融机构较低廉的资金，这才是金融微观信用环境建设的可行路径。

（2）金融生态的宏观信用环境建设方面，需坚持金融资源市场化配置的导向，规范金融中介组织有序发展。实证结果表明，信贷资源市场化配置与融资交易成本负相关，这意味着，信贷资源市场化程度越高，一方面表明金融资源供给侧可能面临更大的市场竞争，融资方有多种选择，更容易争取低廉的资金支持；另一方面，市场机制运行更良好，信息不对称、机会主义行为等"市场失灵"的问题更容易应对。但是，研究发现，金融市场中介组织发育与融资交易成本间的系数为正，说明金融市场中介组织发育程度与融资交易成本正相关。可能的原因是，在单笔金融交易中所参与的金融中介组织数量越多，意味着企业需要支付更多的中介费用，也意味着融合合约设计复杂性上升，融合合约越复杂，事后合约治理的难度越高。这对成渝西部金融中心建设的重要启示是，金融中介组织是金融生态的重要有机体，高质量的中介组织有助于节约交易成本，而劣质的中介组织却不利于节约交易成本，因此规范发展中介组织对维护金融生态环境就意义重大了。

（3）成渝地区金融生态信用环境建设初期，可以坚持政府主导下的社会信用体系建设路径，以降低制度性金融交易成本。成渝地区有必要建立统一的社会信用信息平台，加大社会信用体系基础设施建设，推进政务诚信、商务诚信、社会诚信和司法公信建设，利用"信易贷"及地方金融平台对守信企业予以激励。可以将注册登记、行政审批、行政处罚等信息通过数字化手段推送至社会信用信息平台，依法合规地向社会公示。保护知识产权就是保护创新、保护新质生产力发展，有必要加大对知识产权侵权假冒行为的打击力度，降低金融生态主体的维权成本。川渝两省市的优化营商环境条例均重视社会信用体系建设，将政务诚信、商务诚信、社会诚信、司法公信纳入了提高全社会诚信意识和信用水平范畴。我们认为，政务诚信对商务诚信及社会诚信具有示范效应，成渝地区政府部门有必要借鉴英国伦敦金融城政府管理当局、上海和深圳市政府在金融中心建设和维护中展现的政务诚信精神，强化政府的公共金融服务意识，以政务诚信驱动社会信用体系建设，在西部金融中心信用环境的建设进程中，积极打造成渝地区一流"诚信政务"营商环境的金字招牌。

第六章

成渝共建西部金融中心的金融生态主体建设路径研究

第一节 成渝两地金融生态主体发展现状

一、成渝地区金融机构不断发展壮大

截至2023年4月底，成渝地区各类金融机构各项贷款余额达14.3万亿元，其中小微企业贷款、制造业贷款、涉农贷款余额等指标较2022年都有较大增长，成渝地区双城经济圈建设进入全面提速期。

为支持成渝地区双城经济圈建设，成渝地区七家金融机构总部出台专项意见或服务方案，为形成战略合力，八家川渝法人金融机构形成合作联盟。成渝联合制定《成渝共建西部金融中心暨金融服务成渝地区双城经济圈高质量发展2023年联合工作要点》，该工作要点文件从四个方面提出2023年两地人民银行抓落实的20项工作，包括重点领域创新、提升协同服务水平、加速一体化发展、联合向上争取政策等重点攻关事项，为协同推进西部金融中心建设提供加速引擎。

二、成渝地区政府合作机制不断创新

成渝两地共同打造川渝金融信用信息综合服务专区，旨在为成渝地区中小微企业深入协作提供共同服务平台，这个服务专区建立在四川省级征信平台"天府信用通"之上，初步实现两地企业信用信息异地共享，建立

了"信用+信贷+政策"的全流程金融服务生态。

成渝两地共同一体化同城服务方式，涵盖支付、结算、国库等领域。成渝两地除了在交通互通方面有了较大进展，还在逐步推进公积金互认、医保异地结算、国债跨省兑付等工作。在外债方面，成渝正联合建设全国首个跨地区开展外债便利化试点，以实现跨区域办理外债登记、外债提款和还本付息备案、一次性外债登记管理等便利化。在消费者权益保护方面，成渝两地成立成渝银行业保险业消费者权益保护中心，该中心落户重庆，促进成渝地区金融监管与金融审判一体协同，各地的消费者权益保护案件和跨区域的金融纠纷案件都可由该中心对接。

三、成渝两地金融机构合作机制不断创新

重庆农商行联合四川省农信社推出"川渝无界卡"，配置消费返利、高铁购票折扣等专属权益，促进川渝经济往来、优化出行体验。为推进不良资产跨区域联合处置，成渝两地资产管理公司启动特殊资产市场协作办理办法。金融服务方面，成渝已经实现异地取转款手续费减免、融资抵押品异地互认、车险理赔一体化，并且成渝正在携手创建新市民金融服务一体化"示范区"。

第二节 金融生态环境影响金融主体发展的内在机制和理论分析

一、法治与信用对金融主体发展的影响

当前，金融作为现代经济的核心，制度安排一方面作为经济的手段影响经济效率，另一方面对金融效率提高也有积极促进作用。依据制度经济学理论，法律制度和社会信用都属于制度范畴，只是前者是一种正式制度，后者是一种非正式制度，两者共同构成一种制度环境。从制度经济学来看，制度与效率的关系放在金融体系中就是制度环境与金融效率的关系。所

第六章　成渝共建西部金融中心的金融生态主体建设路径研究

以,在金融生态中谈法律制度、社会信用对金融主体的影响,其本质就是研究如何通过不断地规范和优化法律制度、社会信用,使得产权更加明晰,进而简化交易费用,提高金融主体经营活动效率,这里金融主体包括资金供给方——金融机构、资金需求方——企业(下同),上述观点与新制度经济学的交易费用、产权和制度变迁等理论是一致的。在此基础上,法律制度、社会信用是如何影响金融主体发展的,其内在机理就是我们下一步需要研究的内容。

金融市场中金融活动的一个重要特点就是交易费用的产生,这是由于金融主体各方信息不对称导致的。优化金融生态环境影响金融主体,进而影响金融资源配置的重要手段之一就是对交易费用进行调节。要降低额外的交易费用就需要解决信息不对称问题,而良好的法律制度和信用体系就能很好地优化信息不对称,大大减少金融主体的机会主义行为,通过激励和约束金融主体,进而优化资源配置。如果金融生态不能得到较好的优化发展,金融主体的行为不能被法律制度和社会信用体系约束的话,交易费用、资源配置效率必然会降低。

众多法律制度中,产权制度是一项基础性制度。产权制度的差异性会影响交易费用,进而影响金融资源配置效率。一个完善的产权关系,可以定义为关系明晰化、形式可分割、主体多元化、交易市场化。这样完善的产权关系是经过法律界定的、社会信用体系保障的,因此在此框架下金融主体会主动约束自己的行为,交易费用相应地降低,资源配置效率相应地会提高。如果是在一个不完善、不健全的产权关系下,私人产权得不到有效保障,法律制度和社会信用效力降低,交易费用将会大幅提高,从而使得资源配置效率降低。

根据制度经济学,金融生态环境及金融主体都会受制度变迁影响,越是完善的法律制度和社会信用体系,越是能够促进金融活动的发展变化。如果现有法律制度与社会信用体系不完善,就会导致制度变迁,使得法律制度体系和社会信用体系更完备,进而优化金融主体活动,带来金融规模的扩大、金融工具的创新以及整体金融效率的提升,所以,制度变迁对于金融发展是正向的促进关系。我国一直采取强制性金融制度变迁,在一定程度上促进了金融生态发展,但政府对金融机构及金融市场实施严格管制,导致我国金融法治与信用体系建设尚显迟缓,金融主体自主经营能力欠缺,金融主体竞争力缺乏,金融资源配置效率仍然长期低下。

(一)法律制度影响金融主体发展的作用机理

在上述研究中,我们已经明确法律制度和社会信用体系会引起制度变迁,进而优化金融生态环境,使得交易费用降低,金融主体活力和金融资源配置效率都得到优化。在法治与信用对金融主体发展的作用机理明确的情况下,我们将分别对法律制度和社会信息是如何影响金融主体发展的内在机理进行深入研究。

完善的法律制度能够影响产权,引起制度变迁,进而影响金融效率。以资本市场为例,完善的法律制度会通过合理的途径保护投资者的合法权益,进而促进资本市场发展,也就会促进资本市场运行效率提升。因为完善的法律制度给资本市场带来透明度和公平性,所以在此前提下,投资者会有更高的投资意愿。

LLSV(1997)指出,一个国家的证券市场和首发额与这个国家的股东法律保护高度相关[1],在英美法系国家中,因为对投资者保护较强,所以资本市场相对发达;而大陆法系国家资本市场没那么发达,重要原因就是对投资者保护较弱。专家还认为,如果人们认为法律制度能够保护私人产权、保障投资者合法权益,那他们愿意把储蓄拿出来直接投向企业,这样就会提高市场交易活跃程度。而企业也会愿意发行更多的股票和债券进行外部融资。Wurgler(2000)的研究发现这个规律,好的投资者保护会促进资本市场发展,差的投资者保护会削弱资本的配置效率。由此,法律制度对资本市场的发展有很大影响[2]。在我国,资本市场尚不健全,保障投资者权益的法律制度还不完善,企业不易获得外来融资。Levine(1997)考察了法

---

[1] LA PORTA R, LOPEZ-DE-SILANES F, SHLEIFER A. et al. Legal determinants of external finance[J]. Journal of finance, 1997(52): 1131-1150.

[2] WURGLER J. Financial markets and allocation of capital[J]. Journal of financial economics, 2000(58): 187-214.

律环境对银行业发展的影响,他发现法律体系与债权人权利、执法能力、银行发展之间的规律,只有发达的法律体系才能促进银行业的良性发展[1]。

一国法律制度的完善程度与金融和经济的发展高度相关,如果法律制度不完善,则对经济发展和金融发展不利。周小川(2004)也指出,法治环境影响整体金融和经济发展,主要是通过改变经济主体的预期,法治环境差的时候就会存在不当得利者损害他人合法权益,投资环境被破坏[2]。只有法治环境得到改善了,金融主体才会有更高的活动积极性,金融主体经营活动的效率才会随之提高。此外,国家的宏观调控政策也必须落实到法律层面,才能得到更好的执行。总之,一个国家金融主体正常运行、金融市场资本市场正常发展,都离不开完善的法律制度及其合理运用。

(二)社会信用影响金融主体发展的作用机理

与法律制度不同,社会信用只是一种非正式制度,只能通过约束金融主体,达到维持金融活动的效果。如果一个社会缺乏完善的信用体系,信息不对称现象就会更严重,导致交易费用增加,金融主体预期扭曲,进而导致金融资源配置效率降低。因此,社会信用是如何影响金融主体发展的内在机理是我们必须要弄清的关键问题。但社会信用内涵太丰富,本书仅选取企业信用与银行信用进行阐述。

(1)企业信用。企业作为市场活动的主体,优良的企业信用对于市场经济活动有极大的促进作用,企业在交易过程中的交易成本和费用大大降低,资本自由流动,资源配置自行趋于合理,市场经营活动效率显著提高。企业信用提高金融主体经营效率的路径主要有两条:一是通过降低交易风险和不确定性,充分调动金融资源循环流动,避免资源闲置;二是通过将金融资源从低效产业向高效产业流动,进而提高经营效率。相反,如果企业信用缺失将破坏市场秩序,导致交易活动无法正常进行,金融健康发展难以为继。加里·贝克尔(Gary Becker)提出直接成本增加、机会成本错失、出发成本增加是违背社会信用的三个代价。我国商务部的数据也证明

---

1 LEVINE R. Financial development and economic growth: views and agenda[J]. Journal of economic literature, 1997(35): 688-726.
2 周小川. 完善社会主义金融体制[J]. 中国金融, 2004(1): 3-4.

了这一结论，每年中国企业都有因商业欺诈、制假售假、偷逃骗税等信用缺失行为导致的大量损失，直接导致银行在企业贷款审核上更加谨慎，企业融资难度上升，对企业发展和经济发展十分不利。

此外，企业信用也可以看成是一种社会资本，良好的信用资本能够提升企业的相互信任程度，从而帮助企业形成良好的关系网络。不少社会学家对社会资本在经济发展中的作用高度评价，认为社会资本投入量多少决定了经济和金融发展水平的高低。所以从金融主体与企业关系来说，企业信用这种社会资本能够帮助企业从金融机构更容易地得到金融支持；而企业得到更多的金融支持后大概率会得到更好的发展，反过来又会对金融主体的发展起到巨大的推动作用。

（2）银行信用。银行信用主要是银行诚信行为或失信行为带来的外部影响，这种影响有正向和负向两种。

从正向影响来看，银行的诚信行为会最终给自己的经营发展带来极大的正向影响。一方面从社会层面看，银行的诚信行为会给社会的信用环境带来正向影响，进而提高整个社会的信用水平，由此金融和经济得到良好的运行发展。另一方面从经济层面看，银行能够凭借良好的信用广泛吸纳储蓄存款进行资金的投放，促进金融资本的合理流动，进而促进经济发展。

从负向影响来看，银行失信行为会对自身发展，甚至金融活动乃至经济发展产生不利影响。如果银行在竞争中只考虑自身利益，选择不遵守基本约定，社会信用体系就会受到严重破坏，金融活动中的交易费用将会增加，这就会造成社会资源的浪费，银行贷款不良率上升，最终影响银行自身发展，进一步来说金融市场和整个经济发展都将受到影响。

二、经济基础对金融主体发展的影响

经济基础作为金融生态系统赖以生存和发展的基石，为金融主体提供了持续发展的稳定环境。经济基础的强弱，直接决定了金融主体是繁荣还是萧条。进一步来说，经济基础既可以通过影响经济规模进而影响金融主体,也可以通过影响经济运行质量进而影响金融主体。因此,优化经济基础,对于促进金融主体的发展具有至关重要的作用。由此,下文将从经济基础与金融主体发展的一般关系,以及经济基础影响金融主体的两条路径来进行详细论述。

(一)经济基础与金融主体发展的一般关系

金融作为经济社会不断进步和演变的产物,在商品经济发展的历程中扮演着关键角色。当实体经济部门的资本不能支持其进行扩大再生产时,就需要金融机构为其提供信贷资金支持,这一过程催生了金融机构和金融市场。如今,金融与经济发展已经紧密相连、互为支撑。经济基础对金融主体发展的影响主要体现在以下三个方面。

(1)经济基础是金融主体发展的根本驱动力。金融主体的主要业务或功能是吸纳居民储蓄,然后将这些储蓄转化为对企业的投资,帮助企业扩大再生产或进行相应的转型升级,使实体经济得以发展。换言之,金融主体的出现正是为了满足实体经济不断增长的需求,并在支持这一过程中不断完善自我、提升效率。因此,实体经济的实际需求不仅是金融主体发展的根本动力,也为其指明了发展方向。为了有效回应实体经济的需要,金融主体必须不断提升内部运营效率、优化服务质量,以更好地支持实体经济的发展,提升全社会经济效率。反过来,经济效率的提升又会进一步刺激金融主体的发展,形成良性循环。然而,如果经济陷入低迷,实体经济对金融的需求减少,金融主体的资金流动受阻,引发呆账、坏账,这无疑会对金融主体的稳健发展构成威胁。

(2)经济基础为金融主体的发展注入源源不断的活力。经济的规模、结构以及效率,对金融机构的供给起决定性作用,金融机构要根据经济发展状况决定其提供的服务类型,金融市场的活跃程度也受金融机构的供给情况影响。举例来说,随着产业结构的不断调整,银行也会相应地调整其授信政策,更倾向于将信贷资源投向那些经济效率更高的行业或企业,从而提升信贷资金的使用效率。从地域角度来说,当一个地区或城市经济发展势头强劲,那银行、证券、保险等金融机构更倾向于向这个地区或城市集聚，这种集聚效应不仅促进了金融产品和服务的创新，还极大地提升了金融主体发展的整体活力。一般而言，当一个地区的行业或企业具备较强的生产能力，运营状况良好，失业率保持在较低水平时，其偿债履约能力和抗风险能力也会相应增强。这不仅意味着这些地区对资本的需求量大，而且它们对金融工具的支付能力也更为强劲，从而使得金融主体通常保持良好的运营状态。

（3）经济基础是推动金融服务主体制度不断优化的关键力量。实体经济对金融服务的需求，是推动金融制度安排创新发展的重要驱动力。一个蓬勃发展的实体经济，需要金融部门在资金与制度上的配套发展来保驾护航。金融部门必须要有完善的风险管控体系或健全的政策保证，否则金融机构的信用风险就会增大，还可能出现资金与权责的纷争、金融机构之间的无序竞争，进而引发市场失灵等问题。如果金融部门在信贷扩张过程中缺乏完善的风险管控体系，就会加大信用风险的发生概率；如果在证券投融资过程中没有健全的政策保障，就可能导致资金与权责的纷争、金融机构间的无序竞争，进而引发市场失灵等问题。这些问题的存在，正是新金融制度得以确立以及旧金融制度得以改善与优化的重要诱因。因此，经济发展在现实中面临种种挑战与机遇，这些刺激要求政府必须建立完善的金融制度为经济发展做好保障，而金融制度的完善则是一个持续演进、不断优化的过程，需要在不断变化的形势条件下持续探索。

系统总结各国经济发展与金融发展历程发现，实体经济部门与金融部门都是相互依存、相互推进的关系。一般来看，实体经济发达的国家或地区，金融主体发展也较先进，这一点完全不受金融市场是谁主导的影响。反过来看，金融主体发展水平也需要相应的实体经济来匹配，当实体经济发展较快而金融市场发展较慢时，金融市场将会制约实体经济发展；金融主体发展快而实体经济发展跟不上时，金融市场和金融主体的发展就会失去原动力。只有两者匹配时，金融市场对经济发展的促进作用才能最大化发挥出来。

因此，从上述经济基础与金融生态主体的相互关系来看，分析经济基础如何影响金融主体发展的内在机理，需要从经济规模和经济运行质量两方面来展开研究。

(二)经济规模影响金融主体发展的作用机理

经济规模主要体现在经济总量的增长上面,经济增长必然增加对资金的需求,金融主体的活跃度随之提升,又再促进经济规模扩张,如此循环往复,使经济与金融形成良性互动。

关于经济规模如何影响金融主体发展的研究,Greenwood 和 Jovanovic (1990)[1]均引入了固定交易费用,金融市场活跃度越高,投资者参与金融活动越频繁,固定交易费用就越多。居民收入与财富直接影响他们参与金融活动的频率,因此随着经济总量增加,居民收入不断增加,居民使用金融主体服务的意愿才会越强,由此可以看出经济规模通过影响交易费用带动金融主体发展。当经济总量达到最大时,所有人的富裕程度均达到某个临界值,所有人获得金融服务的需求最为强烈,此时,金融主体的增长达到顶点。Levine(1991)则在上述研究的基础上提出固定交易费用会随金融主体复杂化而增加,而金融主体复杂化是人均收入提高的直接结果[2]。只有当人们收入增长较高时,才会有对复杂金融服务的消费需求。换句话说,人均收入、经济规模与金融主体发展完全正相关。

(三)经济运行质量影响金融主体发展的作用机理

经济运行质量的好坏,可以从产业结构、经济活跃度和经济开放度这三个维度来观察。这三个方面不仅是经济运行质量的体现,同时也深刻影响着金融主体的发展。因此,经济运行质量对金融主体发展的影响,正是通过这三个方面得以实现的。

1. 产业结构的"资源配置效率"影响金融主体发展

产业结构理论最早由克拉克于1940年提出,阐述了三次产业分类法,配第—克拉克定理则阐述了任何一个经济体的产业结构中第二、第三产业

---

[1] GREENWOOD J, JOVANOVIC B. Financial development and economic development[J]. Economic development and cultural change, 1990(15): 257-268.

[2] LEVINE R. Stock markets, growth, and tax policy[J]. Journal of finance, 1991(46): 1445-1465.

比重都会逐渐增加。一国经济要加快发展，必须要将生产资源在各产业进行合理配置，才能获得高产出率。罗斯托（1962）[1]也认为经济发展更主要的要靠产业结构的优化，而非仅专注于规模总量的提升。产业结构的不断优化，必然带来经济效率的持续提高，这些对金融部门在资金方面提出更高的要求，这就使资金投放质量得到提升，自然地，金融运行效率得以提高，金融主体运行稳健性得到环境的保障。

我国的产业结构变动也完全证明了资源配置效率对金融主体发展的影响机制。陈宏伟等（2010）[2]、张辉（2014）[3]对我国三次产业的全要素生产率进行测算发现，第一产业较低，第三产业目前已经超过第二产业。我国产业结构持续优化，第三产业转型升级进一步大幅提高社会生产效率。伴随着经济的发展，各产业对金融的需求也持续增长，金融市场发展空间充分。此外，我国在产业结构转型升级的同时，对某些高投入低产出、高消耗低质量、高污染低效率产业也进行升级改造，改变粗放型发展模式，提高金融资产投放质量，也进一步带动金融业结构优化升级。

2. 经济活跃度决定金融主体效率

经济活动的活跃性是地区经济自我发展的催化剂，它能够显著增强金融主体的内在活力。尤其是商贸与投资活动的频繁程度，以及民营经济的蓬勃发展，对一国或地区的经济发展起着至关重要的推动作用。这些经济活动不仅为经济增长提供了强大动力，还促进了金融自身竞争力的提升，为金融业的持续发展注入了新的活力。

一方面，经济活跃度即景气度，一般表现为经济体的商贸和投资行为的活跃程度，这个活跃程度越高，经济对金融需求就越多样化，金融市场的重要性越能够被体现出来。在市场经济运行规律下，资金总是自发地从收益低的区域流向收益高的区域，这是由资金的逐利本性决定的，金融资源配置效率得以提升，金融主体发展速度也会提高。我国的经济景气度越

---

[1] 罗斯托. 经济增长的阶段[M]. 北京：中国社会科学出版社，2010.
[2] 陈宏伟，李桂芹，陈红. 中国三次产业全要素生产率测算及比较分析[J]. 财经问题研究，2010(2): 28-31.
[3] 张辉. 中国产业结构与经济增长研究：1990—2012[J]. 华东经济管理，2014, 28 (12): 1-6.

高，市场经营活动越是频繁，这必然加大金融支持经济力度，这就要求金融机构投放到经济市场的资金数额增加，金融主体运行效率随之加快。由此可以看出，经济活跃度与金融主体运行效率之间是相互关联、相互影响的关系，其中一方的壮大必然对另一方的发展产生促进作用，反之亦然。

另一方面，由于民营企业是我国数量最多的市场主体，民营经济是GDP（国内生产总值）的重要组成部分，所以经济活跃度一定程度上要看民营经济的发展活力。王劲松（2005）认为中国民营经济是中国创造经济增长奇迹的主要动力，也是中国没有出现经济严重衰退现象的重要原因之一[1]。由于民营经济在国民经济占比不断提高，民营经济主体也呈现出多样性，金融服务群体趋于多元化，鉴于金融资源的逐利性，金融资金会流向运营效率更高的民营企业，随之而来的是金融资产质量的提高，金融主体的运行效率也得以提升。为了竞争优质的企业客户，各金融主体也必须要更新理念、开拓业务、创新产品，这些都会为金融主体发展注入新生动力。

3. 经济开放度通过"对外贸易"推动金融主体发展

学者们对于经济开放与金融发展的关系已经达成共识，两者呈现正相关关系，也就是经济越开放，对外贸易越多，资金运用效率越高，对金融需求越强。根据新古典增长理论，对外开放能够促进资源在重点产业上的合理配置，进而提高经济运行效率。Lucas（1988）通过内生增长模型刻画了对外开放对技术进步和要素生产率的影响关系[2]。Grossman 和 Helpman（1991）进一步阐述了对外开放会促进资源在国民经济各部门间的合理流动配置，进而提高金融资金使用效率，推进金融行业快速发展[3]。我国学者樊明太（2000）[4]、包群、许和连和赖明勇（2003）[5]等也证明了经济开放、

---

1 王劲松, 史晋川, 李应春. 中国民营经济的产业结构演进——兼论民营经济与国有经济、外资经济的竞争关系[J]. 管理世界, 2005(10): 82-93.
2 LUCAS R E JR. On the mechanics of economic development[J]. Journal of monetary economies, 1988, 22: 3-42.
3 GROSSMAN G, HELPMAN E. Innovation and growth in the world economy[M]. Cambridge: MIT Press, 1991.
4 樊明太. 对外贸易对中国经济发展的影响及意义[J]. 财贸经济, 2000(8): 60-63.
5 包群,许和连,赖明勇. 出口贸易如何促进经济增长?——基于全要素生产率的实证研究[J]. 上海经济研究, 2003(3): 3-10.

对外贸易对金融运行效率有促进作用。

随着对外开放程度的不断加深和贸易出口结构的持续优化，汇兑、信用证等国际银行业务得到了显著推动，同时全球融资等证券市场也取得了长足发展。这为金融主体提供了更为广阔的业务范围和发展空间，但同时也对其经营管理能力提出了更高要求。为了更好地适应对外贸易的快速发展，金融主体势必要提升管理理念和技术手段，以更高的效率与质量应对激烈的全球竞争，从而谋求生存并不断发展壮大。在此背景下，我国多家银行成功上市，并在多个国家设立了分支机构，这些举措都为推动我国金融主体的发展作出了积极贡献。

第三节　西部金融中心金融主体成熟度测度

一、测量金融主体成熟度的思路设计

金融主体如何进行范围明确，以及金融主体的成熟度如何进行衡量，还没有比较成熟的研究成果能够进行借鉴参考，所以这是本部分内容首先要处理的重要课题，尤其是金融主体成熟度测度的指标体系如何构建。借鉴已有相关评价指标构建的研究可知，建立评价指标体系、选择合适样本范围以及进行客观准确计算是构建指标体系的三个重要考量。所以，在本部分对金融主体进行成熟度测度研究，首先要明确成熟度的概念和内涵，进一步才能确定评价指标体系。在设计金融主体成熟度测度指标时的具体思路如下。

首先，要明确金融主体包括哪些类型，投资者、金融机构和政府是常见的金融主体，而这三种金融主体的成熟度对应的含义也有一定差别。投资者一般是个体，个体的投资理性就是其作为金融主体的成熟度。金融机构作为机构，它的成熟度是一种演化的过程，主要可以从认识度、可获取度、深度与效率几个方面进行分析。政府金融监管的成熟度不是一成不变的，政府监管部门对于消费者的保护措施会动态调整，主要是依据宏微观

金融稳定性，进而整个金融活动运行的效率也会随之变化，这些都是其成熟度的具体体现。所以，鉴于金融主体成熟度的演化性，构建成熟度评价指标体系时应优先选择相对成熟的指标，比如IPO（首次公开募股）、存贷款、金融行业赫芬达指数等已经被广大研究者所接受并广泛使用。

其次，当指标体系构建完成后，对于指标的取值问题，应该取所有变量的自然对数，而非直接使用变量取值。这是考虑到两个方面：一方面是自然对数是柯布-道格拉斯生产函数的扩展，符合经济增长理论要求的形式；另一方面由于不同地方数据统计方法或单位有差异，所以原始数据对最终分析结果会有一定的影响，而利用对数就能够一定程度上减小这种影响。尽管大多数实证研究中，指标变量值选取的比值或绝对值，但本研究考虑到自然对数的优点，决定对变量取对数进行计算分析。

再次，由于评价指标数量较多、相关数据量较大，本研究在进行分析时利用主成分分析法提取关键要素。常规的处理多元相关指标方法有主成分分析法和因子分析法，考虑到本研究中金融主体的成熟度指数是对多个财务指标的综合，如利用主成分分析进行降维处理，就可以达到指标简化的效果，所以本研究选择使用主成分分析法。

最后，在数据获取方面，可以考虑采用多种方法，一方面是进行数据收集，例如从统计年鉴、区域金融运行报告等公开信息获取数据；另一方面，针对比较难获取的数据，可与相关金融机构、政府监管部门取得联系，进而获取证监会、人行等单位的内部统计报告和研究数据。

二、金融主体成熟度指标体系构建思考

如前文所述，金融主体包括投资者、金融机构、监管机构，它们各自在金融活动中扮演角色不同，发挥的功效不同，既有供给方，又有需求方，还有监管方，所以基于三类金融主体的不同特性，它们的金融成熟度评价指标应该采取不同的方法，相应的指标体系构建也要体现差异化。

（一）投资者成熟度指标

按照行为金融学中相关表述，投资者的投资信念以及投资偏好方面的

差异性，大多是由非理性的心理因素导致的，这些因素在分析投资者的投资决策，以及对投资市场进行解读中扮演了关键角色。甚至情绪的波动也会引发投资者认知和情感的偏见，这些偏见进一步导致市场出现错误定价的现象。因此，在考查投资者成熟度时要考虑投资者的心理、情绪等因素。

通过梳理以往的文献可以发现，情绪作为一个研究变量时往往采用多个代理变量进行描述，为了实现指标的精简，不少学者都是采用主成分分析法进行处理。Baker，Wurgler（2006）在其研究中构建了投资者情绪指数，它就是用主成分分析法对涉及汇率、封闭式基金折价率、IPO数量等的多个指标的权重进行处理的[1]。国内黄德隆构建投资者情绪指数时利用新浪指数作为基础，综合考虑相关问题之间的变量。马晓奎构建投资者情绪指数时则增加了市场成交量等变量以反映消费者投资信心和宏观经济态势。

本研究综合考虑封闭式基金折价率、投资者信心指数、换手率、新增开户数以及IPO数量与IPO首日收益率等指标来构建投资者成熟度评价指标体系，其中，易志高和茅宁（2009）[2]的中国股市投资者情绪测量研究为本研究提供了重要参考，相关指标如表6.1所示。

表6.1 投资者成熟度指标体系

投资者成熟度指数	机构投资者	封闭式基金折价率
	个人投资者	投资者信心指数
		换手率
		新增开户数
	企业投资者	IPO数量
		IPO首日收益率

（1）封闭式基金折价率。有效市场理论认为，资产的基本价值决定资产价格。因此，封闭式基金的价格应该由投资者对该资产的投资组合决定。

---

1 BAKER M, WURGLER J. Investor sentiment and the cross-section of stock returns[J]. Journal of finance, 2006(61): 1645-1680.
2 易志高，茅宁. 中国股市投资者情绪测量研究：CICSI的构建[J]. 金融研究，2009(11): 174-184.

虽然部分学者不认同将封闭式基金折价率作为情绪代理，但从多数文献来看股票投资组合可以很好地反映投资者对当前市场的预期，其变化自然就能体现投资者情绪的变化，进一步分析可以看出折价率指标与投资者情绪呈负相关关系。

（2）投资者信心指数。直接测量投资者信心指数不是一件容易的事情，但不少学者发现消费者信心与投资者信心有很大的相关性和相似度，所以可以将消费者信心指数（CCI）作为投资者信心指数的代理变量。

（3）换手率。换手率反映股票交易市场的活跃程度。换手率高，说明投资者情绪相对活跃，可能是投资者对市场表现反应较乐观，因此投资信心增强，但也有可能会因为市场表现不如意，投资者情绪波动大。不论何种情形，换手率都能较好地反映投资者的情绪波动。

（4）新增开户数。投资者对股票市场的预期越高、热情越高，新增开户数就会越多，所以新增开户数是一个比较能够直接反映投资者情绪的指标。对于证券市场而言，直接参与人数的急剧上升对证券市场的快速发展有较大的促进作用。

（5）IPO 数量和 IPO 首日收益率。IPO 第一天的数量具有很大的不确定性，大卖和遇冷的情形都可能会出现，这是受投资者预期影响的。投资者对 IPO 预期越高，其首日收益率就会越高，IPO 收益率偏低一定程度上反映 IPO 时机不对。因此，IPO 数量和 IPO 首日收益率越高，就说明投资者预期越高，投资者投资积极性越高，所以这两个指标可以作为情绪的反映指标。

（二）金融机构成熟度指标

借鉴全国金融中心指数，以及广东金融成熟度综合指数（任兆璋、刘云生，2010）[1]，本研究在构建金融机构成熟度评价指标体系时，选用了金融机构认知度、金融机构深度、金融机构可获取度、金融机构效率四个方面的 20 个指标，如表 6.2 所示。

---

[1] 任兆璋，刘云生. 广东金融成熟度综合指数研究[J]. 金融研究，2010(3): 183-193.

表 6.2 金融机构成熟度指标体系

金融机构认知度		金融机构可获取度	
指标名称	单位	指标名称	单位
每十万人金融从业人数	人/十万人	每万平方千米的商业银行分支机构数	个/万平方千米
人均存款余额	万元/人	每万平方千米的金融从业人员数	人/万平方千米
人均贷款余额	万元/人	每万平方千米的 ATM 机数	个/万平方千米
人均保费余额	万元/人	每万平方千米的省级分公司以上保险公司数	个/万平方千米
金融机构深度		金融机构效率	
指标名称	单位	指标名称	单位
本外币存款占 GDP 比重	%	存贷比	%
本外币贷款占 GDP 比重	%	金融相关比率	%
银行机构总资产占 GDP 比重	%	农村金融机构资产总额占金融机构总资产比率	%
国内股票筹资额占 GDP 比重	%	直接融资与间接融资比率	%
国内债券筹资额占 GDP 比重	%	保险业资产利润率	%
保收费收入总额占 GDP 比重	%	不良贷款率	%

第一方面是金融机构认知度，它是人们关于金融认知程度的刻画指标。有学者认为一个地区的金融机构主体数量、投资者数量能够较好地反映出该地区金融发展水平。因为金融市场参与者数量越多，说明参与者对金融的了解程度越高、对金融变化的新认知越全面。随着金融的发展，人们对金融机构的了解程度也逐渐加深。由此，本研究中对金融机构的认知

度选择了每十万人金融从业人数、人均存款余额、人均贷款余额、人均保费等变量来定义。

第二方面是金融机构深度,这是一个地区经济金融化程度的反映指标,体现了地区金融资产的相对规模,一般通过计算金融资产与 GDP 的比值来进行评价。从大量相关研究来看,有学者将私营部门对 GDP 的信用理解为金融机构深度,也有学者将金融对经济长期增长和扶贫的支持理解为金融机构深度。由此,综合考虑银行业、保险业、证券业等金融机构,本研究中选择本外币存款占 GDP 比重、本外币贷款占 GDP 比重、银行机构总资产占 GDP 比重、国内股票筹资额占 GDP 比重、国内债券筹资额占 GDP 比重和保收费收入总额占 GDP 比重等指标反映经济证券化程度。

第三方面是金融机构可获取度,这反映的是银行、保险、证券等金融机构的覆盖程度,覆盖程度越高,大家获取金融服务的可得度和方便度就越高。同时金融机构可获取度不仅包含对大公司和富人群体的服务,更包含向更广泛的公司和家庭提供服务程度。金融从业的覆盖度可以用每万平方千米的商业银行分支机构数、ATM 机数、金融从业人员数、省级分公司以上保险公司数等指标。

第四方面是金融机构效率,这是对金融机构经营投入与经营收益的对比结果。其中银行和证券市场主体的效率评价指标又有不同,对于银行机构而言,信用中介成本是其重要的效率评价指标;而证券市场更关注交易本身,所以不太注重交易成本。金融机构效率又可以细分为宏观金融机构效率、微观金融机构效率、金融市场效率以及金融机构政策风险四个指标,进一步地,提取出存贷比、金融相关比率等六个变量来描述金融机构效率。

(三)监管机构成熟度指标

关于监管机构的成熟度评价,综合目前的研究可以发现,金融监管一般均围绕维护金融安全和稳定、维护公共利益、维护经营秩序和公平竞争三个目标,更进一步可以细化为宏观金融稳定、微观金融稳定、消费者保护和监管效率等目标（叶永刚和张培，2009）[1]。其中，第一个目标宏观金融稳定是指金融体系有较小的结构性风险；第二个目标微观金融稳定是指金融监管对金融机构影响较小，运行稳定；第三个目标消费者权益保护是指政府、企业、居民等金融消费者的投资收益保护情况；第四个目标监管效率是指监管投入与产出的比较（见表 6.3）。

表 6.3 政府金融监管成熟度指标体系

政府金融监管指数	宏观金融稳定指数	GDP 增长率
		CPI 增长率
		基准利率调整次数
		汇率变动幅度
		金融部门资产负债率
	微观金融稳定指数	商业银行资本充足率
		商业银行账面资产负债率
		国有商业银行资产负债率
	消费者保护指数	存款利率与社会资本收益率之差
		贷款利率与社会资本收益率之差
		投资者收益率与社会资本收益率之差
	监管效率指数	金融部门净资产收益率
		金融业赫芬达指数
		金融部门投资储蓄转化率

金融监管指标体系包含三个层次，最上层指标直接反映金融监管效果，主要是一般的金融监管指标；中间层体现上述金融监管目标的达成情况，包括金融监管的各种影响因素；最下层是各类影响因素的分项指标，是中间层指标的细分指标。由于指标涉及各个方面，无法进行直接对比，所以需要首先对这些指标进行标准化处理，然后使用主成分分析法对指标体系进行精简，进而确定各指标的权重。

---

1 叶永刚，张培. 中国金融监管指标体系构建研究[J]. 金融研究，2009(4): 159-171.

第六章 成渝共建西部金融中心的金融生态主体建设路径研究

第四节 基于金融生态的西部金融中心主体建设重点与任务

现阶段，西部金融中心金融生态主体建设持续推进，其中金融主体布局优化、金融主体协同机制构建、金融主体协同发展模式探索应该是建设的重点。此外，服务于金融主体发展的基础设施建设也是金融生态建设的重点内容。

金融主体主要包括金融资源供给方（金融机构）、金融资源需求方（企业），因两者行为目标函数差异、信息不对称等因素干扰，金融供给与需求常常失衡。因此，西部金融中心建设的重要内容之一就是加快金融主体建设。

根据《天府金融发展指数报告》（TFFI，2022），成都金融机构指数为41.78，其中银行60.88、券商38.79、保险51.78、资产管理15.79、其他金融中介41.67；重庆金融机构指数为34.49，其中银行54.37、券商24.08、保险48.76、资管13.21、其他金融中介32.05；两者分别处于全国35个中心城市的第6位、第13位。与综合指数排名前3位的北京（80.92）、上海（72.56）、深圳（68.99）差距较大。与子指数银行排位第一的北京（81.04）、券商排位第一的深圳（85.14）、保险排位第一的北京（96.23）、资产管理排位第一的上海（100）、其他金融中介排位第一的北京（100）比较，成都市、重庆市的差距较大，见表6.4、表6.5。西部地区其他城市金融机构综合指数及子指数排名更加靠后。因此，加快西部地区金融机构建设，特别是成渝地区金融机构培育和发展，成为重中之重。一是加快本地法人金融机构建设，包括本地法人银行、本地法人券商、本地法人保险机构、本地法人公募基金、本地法人阳光私募基金以及本地其他金融中介机构培育和发展。二是注重境内外金融机构的引进，包括总部在北京、上海、深圳等地的金融机构在成都、重庆设立子公司、分公司及其他分支机构，也包括总部在国外的外资金融机构在成渝地区设立子公司、分公司及其他分支机构。同时，大力探索成渝地区本地金融机构与国内外金融机构合资成立服务"一带一路"的各类金融服务机构。三是加快现代企业培育。截至2022年，全国境内外上市公司数量前10名的城市分别是：香港1 368家、北京749家、上海678家、广州281家、深圳259家、杭州214家、南京204家、成都195家、武汉143家、苏州135家，重庆境内外上市公司数量仅有71家，位居第18；从上市公司数量及融资规模上看，成渝地区核心城市处于全国中下游水平。截至2023年7月，工业和信息化部培育了五批共计12 668家专精特新"小巨人"企业（第1批155家、第2批1 584家、第3批2 930家、第4批4 328家、第5批3 671家），专精特新中小企业超9.8万家，创新型中小企业达21.5万家；四川省国家级专精特新"小巨人"企业520家（其中成都市202家），省级专精特新企业共3 178家；重庆市国家级专精特新"小巨人"企业255家，市级以上专精特新企业3 850家；四川、重庆国家级专精特新"小巨人"数量分别占全国总量的4.1%、2.0%，占比较低。专精特新企业梯度培育发展已成为我国企业高质量发展的国家战略，成渝地区建设西部金融中心应当加快现代企业培育，以现代企业梯度培育为抓手，以专精特新企业培育为重点，提升企业经营和融资能力，促进金融市场的重要主体——企业的健康发展。

表6.4　全国35个中心城市TFFI总指数得分和排名

排名	城市	总指数得分	总指数得分排名
1	北京	78.40	1（－）
2	上海	62.63	2（－）
3	深圳	56.84	3（－）
4	杭州	49.01	4（－）
5	成都	46.69	5（＋1）
6	广州	46.67	6（－1）
7	南京	41.56	7（－）
8	天津	38.97	8（－）
9	重庆	36.95	9（－）
10	武汉	36.16	10（－）

第六章　成渝共建西部金融中心的金融生态主体建设路径研究

续表

排名	城市	总指数得分	总指数得分排名
11	长沙	35.75	11（－）
12	合肥	35.46	12（－）
13	郑州	35.39	13（＋）
14	济南	34.22	14（＋）
15	西安	34.16	15（－2）
16	青岛	32.75	16（－）
17	宁波	31.71	17（－）
18	福州	30.13	18（－）
19	厦门	29.22	19（－）
20	沈阳	26.84	20（＋1）
21	昆明	26.47	21（－1）
22	大连	26.30	22（－）
23	南宁	25.97	23（＋1）
24	贵阳	25.64	24（＋2）
25	南昌	25.22	25（－2）
26	长春	25.11	26（－1）
27	太原	24.33	27（＋1）
28	哈尔滨	23.94	28（－1）
29	石家庄	23.32	29（－）
30	海口	22.55	30（－）
31	兰州	22.20	31（－）
32	呼和浩特	19.99	32（＋1）
33	乌鲁木齐	19.68	33（－1）
34	银川	13.72	34（－）
35	西宁	11.67	35（－）

表 6.5 东部、中部、西部地区城市 TFFI 总指数与子指数

城市	总指数	金融市场	金融机构	从业环境	人力资源	科技金融	绿色金融	文化金融	农村金融
东部地区								
北京	1	1	1	2	1	1	1	1	25
上海	2	2	2	1	2	2	4	2	32
深圳	3	3	3	3	5	3	2	5	21
杭州	4	4	5	4	10	4	6	3	9
广州	6	6	4	5	8	5	5	4	11
南京	7	5	7	6	9	6	15	9	16
天津	8	11	8	10	6	10	9	14	31
济南	14	10	16	14	12	14	13	15	12
青岛	16	20	20	8	14	15	21	12	8
宁波	17	14	17	9	19	12	20	18	23
福州	18	15	9	25	25	17	11	21	28
厦门	19	22	18	11	29	16	19	29	34
沈阳	20	32	30	17	23	21	30	23	24
大连	22	27	26	18	20	20	28	25	18
石家庄	29	21	23	32	24	23	25	24	14
海口	30	33	33	20	33	30	29	17	30
中部地区								
武汉	10	8	15	12	11	8	8	10	13
长沙	11	16	10	19	13	13	23	7	2
合肥	12	18	11	23	18	9	10	19	4
郑州	13	9	14	16	15	19	7	13	3
南宁	23	24	27	21	26	29	17	27	10
南昌	25	30	24	26	27	22	22	32	22

续表

城市	总指数	金融市场	金融机构	从业环境	人力资源	科技金融	绿色金融	文化金融	农村金融
中部地区										
长春	26	29	25	28	16	27	26	28	15
太原	27	19	21	27	22	24	24	30	26
哈尔滨	28	23	29	33	17	26	33	31	5
呼和浩特	32	31	32	22	32	33	31	26	29
西部地区										
成都	5	7	6	7	3	7	3	6	1
重庆	9	12	13	13	7	18	14	8	7
西安	15	13	12	29	4	11	16	11	17
昆明	21	26	19	15	21	28	12	16	6
贵阳	24	28	20	31	30	25	18	22	19
兰州	31	25	31	30	28	31	27	20	27
乌鲁木齐	33	17	22	24	31	32	32	33	20
银川	34	34	35	35	34	34	34	35	33
西宁	35	35	34	34	35	35	35	34	35

一、优化成渝地区金融主体布局

系统总结我国区域经济发展的历史经验可以看出，一个区域内全国性股份制银行对区域经济的发展起着非常重要的支持作用，比如我国的深圳特区和上海浦东新区，它们的发展都离不开辖区内的股份制银行的支持，包括招商银行、平安银行、浦发银行等。同样地，成渝地区双城经济圈区域金融的系统发展，也离不开各类金融主体的支持。成渝地区的金融机构也有一定数量，包括成都银行、重庆银行、四川天府银行等股份制银行，但由于这些银行主要是区域性银行，规模有限，所以要有力地支持成渝地区经济发展，必须要整合一定范围内的金融资源。整合区域金融资源的方式有：一是在现有金融机构的基础上探索兼并重组，建设全国性的股份制银行；二是设立新的全国性金融机构，这就需要成渝地区各城市一起发力。全国性的股份制银行能够打破区域局限，超出目前区域性股份制银行的业务范围，在更大的范围甚至全国范围吸纳存款，这样也突破了区域性股份制银行信贷额度有限的局限，为成渝地区发展提供相对充足的资金支持。毕竟成渝地区双城经济圈发展越快，就越需要更大的资金支持，建设这么一家全国性股份制银行，对资本充足率的提高、金融风险的降低有着明显的重要意义。

除了探索通过兼并重组或新建全国性股份制银行的方法外，还可以进行全国性金融机构的培育，将这些金融机构布局在经济圈内各个城市，包括证券、保险、信托、基金等类型。此外，还可以通过提供一定的优惠政策吸引大型金融机构在成渝地区设立区域性总部，这样就与西部地区现有的金融机构一起形成金融总部集群，为构建西部金融中心创立平台和载体。为进一步完善西部金融体系建设，可以进一步构建区域性资产、权益、商品等要素交易市场，由此可以增强成渝地区双城经济圈内金融交易职能，降低交易壁垒。同时，可以一定程度放宽金融业准入条件，引入民营资本参与为金融业增添活力，这样更能够针对优质企业进行服务，培育支持优质企业做大做强、上市融资。上市公司是区域经济发展的重要引擎和风向标，对于汇聚区域金融资源有着重要作用。截至2022年12月，成渝地区上市公司仅有239家，数量总体偏少，经济证券化总体水平偏低，而且上市公司主要集中在化工、公用事业和机械设备行业，行业带动性不足。所以成渝地区要集中优势金融资源，向优势企业倾斜，培育更多上市企业，做强后备上市企业库，对西部经济持续、稳定、高质量发展具有相当重要的意义。

二、构建成渝地区金融主体协同发展机制

成渝地区双城经济圈涉及跨省市协作，必然存在发展上的一定利益冲突，因此为了平衡多方利益、开展高效协作，势必要构建科学合理的金融

协同机制。进一步地，还需构建可操作性强的金融主体协同机制，以解决目前成渝地区各级政府协调能力有限、金融业协同发展程度较低的问题。

第一，构建金融主体协同发展动力机制。区域协同发展对区域经济发展有巨大的推进作用，为研究区域经济发展提供了崭新的视角与强大的动力，而在其中，金融协同起到了举足轻重的作用，成为推动区域协同发展的主要引擎。金融主体要实现协同发展，其核心在于不同发展阶段的金融主体之间，一是在功能上实现互补与拓展，二是在资源上促进有效流动，三是在信息上实现互通有无。通过这样的协同发展，可以显著提升金融资源的配置效率，使参与各方在合作中都能最大化各自的效益，进而推动整个区域经济的持续健康发展。成渝地区各地在金融发展方面呈现出显著的差异，各地金融总量与效率大多处在不同的层次，有明显的差距。为弥补这一差距，推进金融主体间的协同发展至关重要。通过协同，我们可以更好地整合和配置资源，特别是促进成渝地区双城经济圈各地之间信贷资金的自由流动，这将极大地拓宽金融业务的服务范围，如此就有更坚实的金融资本来支持区域的产业发展和经济腾飞。这样的协同发展不仅能够实现金融主体间的互利共赢，更能推动整个区域金融的协同发展，为成渝地区双城经济圈的繁荣稳定注入新的活力。

第二，构建金融主体协同发展协调机制。为了达成金融主体协同发展的目标，亟须构建一个跨区域的协调机构，这个机构要具备统一调度能力，还要制定跨区域的多方协商机制，进而推进区域一体化发展。在此过程中，设立统一且高效的政府协调机构显得尤为重要。这一跨区域协调机构将承担起统筹协调各方资源、制定实施相关政策的重要职责，确保金融协同工作顺利进行，为区域经济的蓬勃发展提供有力支撑。为了推动成渝地区双城经济圈金融主体的协同发展，各地方政府需共同构建一个超越行政界限的联合机构。这个机构无论是落地在成都还是落地在重庆，它都应被授予适当的决策权和否决权，以便更有效地对跨区域的金融协同项目进行管理。

另一个尤为重要的是多维协商机制，以确保金融协同发展的顺利进行。这一机制包含纵向与横向两个层面。前者涉及从地方到中央的逐级上报过程，有助于不断完善综合决策，明确各方参与主体的责任分工，并凸显各地在协同发展中的比较优势。而后者则侧重于同级地方政府间的相互磋商。这些地方政府地理位置邻近，而且很重要的一个共性是资源禀赋接近。通过合理协商，可以充分发挥这些地方的资源优势，进而实现金融集群效应，共同推动成渝地区双城经济圈的金融协同发展。

第三，构建金融主体协同发展监督机制。为确保金融主体协同发展的顺利推进，应设立专门的监管机构，全面监控协同发展的整个过程。这一监管工作应由政府、企业和社会三方共同参与，共同构建一个有效的监督平台，确保监督工作的切实落地。在监管过程中，重点加大对金融业协作度、金融业发展质量以及金融主体布局等指标的监管力度，以帮助监督机构全面掌握金融协同情况。监督机构可以下设不同的监督小组，监督小组根据任务分工，定期将监督报告上报政府相关部门，为政策制定和调整提供科学依据。此外，为强化地方政府对金融协同发展的重视程度，还应将金融主体协同发展目标纳入地方政府官员的年度考核体系，以激励其积极履行职责，推动金融协同发展的深入实施。

第四，构建金融主体协同发展整合机制。这里的整合是指要素的整合，建立要素整合机制是希望借助金融的力量，实现人才、资金、信息等关键要素在不同区域间的自由流动，以达到要素跨区域的优化配置，从而激发经济发展的新动能。成渝地区共建西部金融中心，一方面会增强西部地区对全球资本的吸引力；另一方面会使生产要素在整个大区域内合理配置，推进成渝地区发展新格局的形成。这一共建过程打破了成渝过去各自为政的局面，一方面充分发挥两地各自的发展基础和资源优势，另一方面同时保留了各自的特色并发挥了各自的比较优势。

例如，成都的农村金融经过多年发展已经积累了丰富的经验，因此可以沿着这一方向继续深入，在农业农村金融服务上继续深耕，并将相关业务经验向重庆市场复制；而重庆则在新金融和消费金融方面优势更加明显，其经验也可向成都地区扩展。通过加快两地金融协作进程，可以进一步提高成渝地区双城经济圈现代金融体系的发展水平，也可以进一步扩大西部金融中心的金融辐射范围和影响力，进而构建国际金融中心，在更大范围内集聚金融要素，为西部地区的经济发展注入新的活力。

第五，构建金融主体协同发展激励机制。由于不同区域不同金融主体间存在利益冲突，要实现金融主体的协同发展，必须要建立相应的利益分配机制，也就是激励机制。激励机制在推动金融主体协同发展中起到了至关重要的作用，参与协同的各金融主体在进行利益分配时往往就是依据这个激励机制。当区域金融协同发展到一定阶段，金融资源的规模效应将推动整个区域的一体化进程。在这一过程中，产业分工协同是关键所在，它确保了各产业在区域发展中的协同性和高效性。成渝地区各城市在区域产业链中都能找到适合自身实际情况的发展定位，产业链的城际分工进一步得到优化，从而形成互补优势。通过激励金融主体协同发展，能进一步改善金融资源的布局，金融资源按照市场需求进行自主配置，形成错位发展，使得大中小城市发挥各自的优势，形成融通发展效应。同时，这也引导金融资源在部分重要领域实现更加优化的配置，例如在研发设计、科研成果转化、产业发展等产业发展的重要环节，为区域经济的持续健康发展提供有力支撑。

第六，构建金融主体协同发展保障机制。为确保金融主体协同发展，必须构建一套保障机制。首先，政策保障是保障机制中不可或缺的一环。作为成渝地区双城经济圈建设这一国家战略的关键部分，西部金融中心的建设对于促进区域协调发展具有重大意义，因此，国家将提供相关政策来支持这一战略目标的实现。这些政策将为金融主体提供明确的指导，确保其协同发展有章可循、有法可依。其次，组织保障同样重要。为了推动金融主体之间的协同发展，需要构建一个有效的沟通协调机制。这包括完善各地信息传递和决策沟通的组织架构，确保各级组织之间的沟通畅通无阻，提升沟通效率。通过这样的组织保障，金融主体能够更好地协同工作，共同推动区域金融的发展。

三、积极探索金融主体协同发展模式

要实现金融主体的协同发展，主要路径中包含了三种可供选择的模式。这些模式为金融主体提供了不同的合作与发展框架，有助于推动它们

之间的紧密合作与高效协同。通过灵活运用这些模式，金融主体能够更好地整合资源、优化布局，实现共同发展和共赢局面。

第一种实现金融主体协同发展的模式是政府主导型模式。受各地金融发展差距限制，金融资源基本都是从发达区域流向欠发达地区，也就是金融合作的单向性。然而，金融发展是一个复杂且长期的过程，涉及多个方面的均衡与变化。所以金融合作需要政府干预协调，引导金融资源合理流动，这是金融机构无法做到的。此外，金融合作一旦跨区域，那就会涉及多个地方政府，这些地方政府金融发展可能存在很大的水平差异，这种差异也会阻碍金融资源在各地区间的自由流动。因此，为了实现金融资源的优化配置和高效利用，各地政府需要加强协同配合，共同推动金融主体的协同发展。综上所述，政府主导型模式在推动金融主体协同发展中具有关键作用。通过政府的引导和协调，可以克服金融机构间的合作障碍，促进金融资源的均衡分布和高效利用，从而推动整个金融体系的健康发展。

第二种实现金融主体协同发展的模式是市场主导型模式。这种模式强调由金融市场主导金融资源的合理配置，政府则扮演辅助角色。通过政府和金融市场的共同作用，实现构建有序、科学和多元化的金融市场体系的目标，当然这对政府和金融主体都提出了更高的要求。首先，金融市场必须是全面而完备的市场体系，在此市场体系中本币市场、外汇市场、证券市场都具备，为投资者提供多样化的交易工具，这样就能调动更多投资者的积极性，进一步地才能激活金融主体经营热情。其次，积极培育金融市场主体至关重要。不管是金融机构，还是投资者个体，这些主体同时扮演资金供应者和需求者的角色，没有金融主体的参与就没有金融市场的运行。因此，我们需要采取各种措施充分调动金融主体积极性，这才是金融市场资源配置和调控功能得以实现的有效手段。通过这种模式，我们可以更好地利用金融市场的力量，推动金融资源的优化配置和高效利用，为金融主体的协同发展提供有力支持。

第三种实现金融主体协同发展的模式是"政府+市场"联动模式。在金融主体协同发展程度不高的初期，金融主体的协同发展主要靠政府的公信力进行推动，在各方政府的统筹下，推动发展各地具有比较优势的金融产业，各地政府对各类项目从政策和资金上提供支持；随着协同发展程度的不断提高，政府的角色逐渐从主导者变为保障者，更加关注金融生态环境的培育。在金融主体协同发展的高级阶段，金融市场的力量逐渐凸显，成为推动金融主体协同发展的主要动力。金融市场通过其聚敛、配置、调节和反映功能，不断延伸金融市场的深度，为金融主体协同发展提供更加广阔的空间。目前，成渝地区发展正起步，距离金融市场完善尚有较长的路要走，金融资源流动性还有待提高。因此，在这一阶段，仍然需要政府的引领和主导。各地政府统筹各地资源，合力建设一个独立的金融联合机构，各地政府共同制订一个合作方案，并对这个联合机构赋予适度的决策权力。如此，这个独立的机构就能集中处理跨区域协同中的各种问题，突破行政区局限，推动金融主体协同发展迈向新的高度。

四、加快金融基础设施建设

金融基础设施是金融运行的基石，堪称金融体系的核心，必须采取双管齐下的策略，加快金融基础设施的建设步伐，进而加速推进西部金融中心金融主体协同发展。

（1）加强金融监管。成渝金融法院作为全国首个跨省域管辖的法院，应当充分利用其权威性和专业性，通过优化金融环境、强化金融监测，更有效地维护每一个金融参与者的合法权益。同时，人民银行各地分行应树立全局观念，确保各部门分工明确、深度联动。在落实监管职责的过程中，必须严格防范系统性金融风险的发生。

此外，成渝地区各地的金融监管部门也需加强协调，确保金融监管政策的一致性。各地监管局可以建立协同监管机制，统一金融监管、处罚标准的有效衔接，由此可以共同筑起跨区域的金融防火墙，保障更大范围的金融市场的稳健运行。为了进一步提升金融风险防控能力，还应设立专门的金融风险监管机构，其职责是处理风险预防与监测工作。这些机构应有完善的风险预案体系和管理制度体系，以便在风险发生时够迅速响应，有效缩小金融风险的影响范围。

（2）促进金融管理体系一体化建设。为了推动金融管理体系的一体化进程，应加快构建联合征信系统，充分整合政府各部门的信息资源，进一步拓宽征信信息的采集和使用范围。在此基础上，要完善信用评价体系，对于守信行为给予激励，对于失信行为实施严厉惩处，以此塑造良好的社会信用氛围，为经济发展和金融活动提供有序的环境。同时，还需强化成渝地区支付、清算等基础设施的整体建设，奠定成渝地区金融一体化发展根基。还要大力发展金融科技，以科技创新为金融发展提供强大动力，尤其是借助计算机网络、云计算、区块链等新技术，推进成渝地区双城经济圈科技和金融的深度融合与发展。

第五节　基于金融生态的西部金融中心主体建设的主要路径

一、强化法治与信用，保障金融主体与金融环境协调发展

新制度经济学普遍认同的观点是，法律制度作为国家或地区的正式规则，与社会信用这一非正式规则，共同构成了金融发展的稳固基石和关键推动力。它们不仅是金融生态环境及其各要素得以有效运作的基础，更是推动金融主体与金融生态环境和谐共进的重要条件。因此，为了促进两者的协调发展，应着力开展以下几项工作。

（一）完善法律体系

首先，完善法律制度体系。具体而言，应当对涉及金融生态环境和金融主体发展的相关法律条文进行系统性梳理和规范，确保法律条文的时效性和适用性。对于已经过时或不再适用的制度、规定，应当及时进行调整或废除。同时，针对新出现的情况和问题，应当迅速制定相应的法律法规，提供法律保障。

地方政府应在执法过程中强化司法公正，积极维护公民在社会经济活

第六章 成渝共建西部金融中心的金融生态主体建设路径研究

动中的合法权益。为此,应进一步加强对执法人员执法过程的动态监控,促进执法人员在业务能力和案件处理效率方面进一步提升。此外,还应借助多渠道发现并纠正行政执法过程中存在的问题,进一步规范执法主体行为模式,为金融主体与金融生态环境的协调发展提供坚实的法律保障。

其次,加快金融立法。为了加速金融立法进程,需要对现有金融法律制度进行持续优化,在此基础上,建立破产管理人制度、财产清算制度以及一系列与金融紧密相关的制度,旨在弥补金融市场法律法规的短板,确保金融主体在市场化运作过程中有法可循。同时,应制定并出台一系列与金融业密切相关的法律制度文件,涉及银行间债券市场、同业拆借、上市公司监管、证券公司风险管理以及存款保险等领域。这些文件的出台将有效加强信息披露,降低金融风险。此外,还应完善金融法律法规的实施条例,确保各项规定全面、完善且统一,为金融市场的健康有序发展提供坚实的法律保障。

最后,提高金融执法效率,完善执法环节。针对银行维护金融债权的案件,应按照在哪里发生就在哪里受理的原则进行处理,以突破传统的属地原则限制。此举对于提升立案效率、减少办案成本、加快结案速度有重要促进作用。同时,还需积极协助银行迅速清理欠款,以保障其权益,确保银行各项业务持续稳定运行,进而增强银行对信贷投放的信心,由此营造一个具有法律支撑的高效融资环境。此外,针对金融业内部的犯罪,我们还需加强处罚、加大力度,对于犯罪主体,也需要增大执法范围和强化执法措施。对于拒不执行法律判决的责任人,应予以严厉惩处。进一步明确金融犯罪的刑事责任,提高各类法律条款对金融犯罪者的威慑力,这样才能使社会秩序和金融秩序稳定,使金融生态环境得以净化,使金融主体与法治协调健康发展。

(二)改善信用环境

首先,构建诚信政府,倡导信用文明理念。诚信政府的建设应置于信用体系建设的核心位置,使政府成为信用的模范和引领者,真正赢得民众的信任。政府应通过自身的诚信行为,为全社会树立诚信的典范,进而推动整个社会信用体系的建设。同时，还需加强全社会诚实守信意识的培育。通过广泛宣传社会信用观念，让信用观念深入人心，成为每个公民的思想共识。要将"讲信用"作为社会道德的基本准则，让每个人都自觉践行诚信行为，共同构建一个诚信社会。此外，还需着力营造"诚实守信"的价值观念体系。通过教育引导、制度保障和文化熏陶等多种方式，让诚信成为社会的核心价值，为金融主体与金融生态环境的协调发展提供坚实的道德支撑。

其次，强化社会舆论对企业和金融机构的信用监督。具体来说，通过实施企业信用评级制度，对长期保持良好信用的企业给予银行信贷优惠和直接融资便利等奖励和优惠政策。同时，对失信企业采取严厉的打击措施，由市场监管、税务、公安、法院等相关部门成立行动组，构建有效的惩戒机制，使失信者受到应有的制裁。对于不守信的个人和企业，还应建立"黑名单"制度，对于被列入"黑名单"的个人或企业，金融机构将不再提供信贷或直接融资支持。此外，对于金融机构而言，要通过公开披露信息，规范财务制度，确保市场监管、银行、企业内部财务报告的一致性。对于个人而言，及时披露个人信贷和经济状况等信息，为金融机构提供准确可靠的数据支持。通过这些措施，可以全面营造社会诚实守信的良好氛围，推动金融与经济的相互促进，推动经济建设与信用建设的协同共进，进一步促进金融生态的有序发展。

最后，建立完善的征信系统。随着互联网技术的不断发展，覆盖全国范围的信息数据库的构建难度在降低，应加速构建这种包含企业与个人信用信息的基础数据库，确保信用信息的透明度和可追溯性。在此过程中，应充分发挥人民银行的征信管理职能，持续优化企业和个人信用登记系统。还应将企业与个人信用系统全国联网，以便实时查询，这对于提升信用数据的开放度和透明度有重要作用。此外，应积极借助相关中介渠道，如律师事务所、会计师事务所等机构，广泛收集企业和个人的信用信息，从而不断丰富征信系统内容。这将为企业和公民提供更全面、更准确的信用参考，促进金融市场的健康发展。

二、规范政府行为，尊重金融发展规律

金融的发展虽然是市场行为，但是金融生态环境建设需要政府的组织，所以金融生态环境的优化和金融主体的协同有赖于政府行为的干预。因此，为了促进金融主体与金融生态环境的协调适应，政府需要在多个方面发挥积极作用。

首先，要规范政府行为。各级政府应明确职责边界，与司法、金融监管机构之间协同工作，同时注意明确分工。通过金融制度、体制机制方面的创新，积极建设与优化金融生态环境，并对此进行考核。如果某个政府部门或个人在优化金融生态建设方面成绩显著，可以给予一定的奖励，并在干部选拔、财政资金分配及建设项目安排等方面给予优先支持，以此强化正向激励作用。同时，对于某些政府部门或个人在金融生态建设中干预过度的，必须予以严厉惩处，一方面要追究责任，另一方面要增强相关部门和人员的责任约束意识，提高政府或个人对金融业支柱作用的重视程度，鼓励金融政策创新，积极主动地改善金融生态，促进环境和主体的和谐共生。

其次，政府要做法治环境建设的引领者。作为法律制度的制定者和执行者，政府需致力于构建一个法治社会，在这个法治社会中有法可依、有法必依、执法必严、违法必究。在这个过程中，政府的诚信建设应置于社会诚信体系的首位，通过发挥模范带头作用，获得民众的信任。为实现这一目标，政府需要改善社会诚信环境，提高政务公开透明度。通过这些举措，我们将共同推动社会诚信体系的完善，为金融生态环境的优化和金融主体的发展奠定坚实基础。

最后，充分发挥地方政府在金融生态主体发展的引导作用。成渝地区双城经济圈地处西部，相较于发达地区，成渝地区的市场机制尚处于成长阶段，市场尚需进一步发育完善，金融生态主体的培育机制也有待健全。因此，有必要成立专门的"金融生态主体建设"领导小组，这个小组要吸纳政府相关部门、人行、金融监督管理局等的人员。其首要任务是深入剖析金融生态主体发展所面临的问题，清除制约金融主体发展的不合理规章制度，制定符合本地区现状的、切实可行的战略规划。各相关部门需加强

协作，共同推动金融生态主体培育与金融生态环境建设的协调并进，为成渝地区的金融发展注入新活力。

三、优化产业结构，促进金融主体与实体经济协同发展

产业是地区经济发展的核心支柱，产业结构优化和升级是成渝地区经济高质量发展的重要路径，这一理念应当贯穿于成渝地区发展的始终。因此，成渝地区金融生态主体的培育发展，必须紧密围绕实体经济的产业结构优化升级，二者应当协同推进，共同促进成渝地区经济的持续健康发展。

第一，成渝地区金融主体要与产业承接转移协同发展。成渝地区资源丰饶，产业基础坚实，具备承接东部产业转移的优越条件，通过承接东部产业、优化地区产业结构，可以有效将本地资源优势转化为产业优势和经济优势。在这一过程中，金融主体应发挥关键作用，为产业结构转型升级提供资本支持，与地区经济共同发展、壮大。在培育地区特色产业如旅游业时，金融主体应积极参与，通过吸引和培养金融人才、构建特色金融服务体系、开发成渝特色产品与服务，以推动金融与特色产业的深度融合。同时，各地政府需妥善处理本地产业与金融的协调发展关系，以金融主体的发展壮大为切入点，通过东部地区产业转移实现经济效益、社会效益和生态效益三丰收。这不仅能够推进经济可持续发展，还能促进经济与金融的良性互动，为成渝地区的繁荣稳定提供有力支撑。

第二，成渝地区金融主体要与对外开放协同发展。成渝地区打造"两高地两中心"的重要任务包括构建现代化产业体系、加快科技创新中心建设、打造内陆开放高地等，"走出去"即是重要任务之一。为此，我们需要积极培育和发展成渝地区的金融主体，为提升西部地区经济活跃度和对外贸易能力提供坚实的金融支撑。同时，这些金融主体也应对中小企业和特色产业的持续发展给予金融支持，推动它们不断壮大。这样做的目的是支持成渝地区形成新发展格局。随着成渝地区向西向南不断拓展，西部陆海新通道加速推进，西部金融中心逐步完善，金融生态主体的发展壮大显得尤为迫切，需要我们在提质和增速上下更大的功夫。

第七章

成渝共建西部金融中心的金融生态调节机制建设路径研究

党中央、国务院作出了西部金融中心建设的战略决策，中国人民银行、中央各部委，以及四川省、重庆市各级党委和政府是西部金融中心建设的领导力量和引导力量。西部金融中心建设是庞大的系统工程，需要动员国内外资源和力量参与其中。西部金融中心建设成功后，要做到政府有所为有所不为，遵循政府有为、市场有效的原则。政府作为金融市场公益性基础设施建设者和市场有效运行的制度供给者和监管者，承担着西部金融中心金融生态调节、维护、修复的重要职责。

西部金融中心金融生态调节机制建设主要任务有八个方面：一是构建适应成渝地区的金融监管协调机制，加强中央金融管理部门驻成渝机构与地方金融监管部门在信息共享、风险处置和消费者权益保护等领域的协调配合；二是加强跨区域、跨行业、跨市场的金融监管合作；三是完善成渝地区金融风险监测体系，建立金融稳定信息共享合作机制，搭建金融风险信息共享平台，强化金融风险联防联控；四是加强对重点金融风险摸底排查，防范局部金融风险跨区域、跨行业、跨市场蔓延；五是完善金融风险突发事件应急管理处置机制和协同处置机制，确保地方政府风险可控、不变相新设地方融资平台公司、不新增地方政府隐性债务，坚决守住风险底线；六是建立成渝地区反洗钱监管信息交流机制和风险评估机制；七是探索建立川渝自贸试验区本外币一体化跨境资金流动预警监测和协调联系机制；八是积极创建防范非法集资示范区。

良好的金融生态系统是一个金融与环境相互作用，协调、平衡的系统。金融生态系统的协调稳定运行，不仅需要高效的内部调节机制，还必须具有灵活有效的外部调节机制。成渝共建西部金融中心，需要构建助力金融生态系统协调、平衡的调节机制。

第一节 成渝两地金融生态调节机制建设现状

成都和重庆作为中国西部的重要城市，近年通过完善金融监管体制、加强逆周期调控、强化预期管理等内外部金融生态调节机制建设，促进了成渝地区金融生态系统健康发展，为实体经济服务的金融市场建设初见成效。

一、成渝地区金融生态内部调节机制建设现状

成渝地区主要通过价格机制、竞争机制和清廉金融文化建设等内部调节机制促进金融生态系统良性发展，推动金融系统高效运行，有效调节区域金融生态。

（一）价格机制

价格机制是促进成渝地区金融市场健康发展的重要机制，通过金融产品（服务）价格变化调节社会金融资源供求变化，引导金融资源配置向符合社会需要的方向变化，金融产品（服务）合理的价格对金融生态系统良性发展有重要作用。为充分发挥价格机制调节作用，成渝两地重点在金融市场建设、金融信息披露、金融消费者权益保护等方面做了有益的探索。

1. 金融市场建设

金融最核心的功能就是资源配置。有效配置金融资源可以提高整个社会经济的运行效率，优化经济结构，促进经济的高质量发展[1]。2021年10月，《成渝地区双城经济圈建设规划纲要》提出，聚焦要素市场化配置等关键领

---

[1] 王婉秋. 金融业发展对经济高质量发展的影响研究——基于省际面板数据的空间计量分析[J]. 北方经贸, 2021(5): 42-45.

第七章　成渝共建西部金融中心的金融生态调节机制建设路径研究

域，深化综合配套改革试验，全面提升市场活力，在西部高质量发展中发挥示范带动作用[1]；2023年2月，《推动成渝地区双城经济圈市场一体化建设行动方案》指出，成渝地区要素市场化改革的内容和方向是协同探索土地制度改革、健全人才共育共享机制、联合推进区域金融改革、共建共享科技创新资源、互联互通数据要素市场、协同培育区域生态环境市场。以要素市场建设为重点，把金融市场建设作为西部金融中心建设最为紧迫的任务，是价格机制发挥调节作用的重要基础。

2. 金融信息披露

2019年，重庆市地方金融监督管理局印发了《重庆市小额贷款公司服务信息对外披露指引》（以下简称《指引》），根据《指引》，小额贷款公司应向公众披露包括贷款对象、贷款用途、最高年化贷款利率、加罚息率、违约金标准、最高年化综合实际利率、还款付息方式和是否录入征信等业务信息。这些信息披露有助于维护借款人和其他客户的合法权益，促使小额贷款公司业务开展更透明化，从源头加强小额贷款公司的市场约束，推动小额贷款公司更好地支持中小微企业的发展，为解决融资难题创造了有利条件。同时，成渝两地基于四川省省级征信平台"天府信用通"共同打造了"川渝金融信用信息综合服务专区"，构建"信用+信贷+政策"的全流程金融服务生态圈[2]，实现成渝地区小微企业信用信息异地共享。金融信息的充分披露，有助于降低金融市场主体投融资决策成本，提升金融资源配置效率和效能，是降低金融生态系统熵值的重要途径，也是价格机制发挥调节作用的重要条件。

3. 金融消费者权益保护

2019年12月，四川证监局等四部门共同签署《四川省金融消费权益保护监管合作备忘录》，对协调机制、金融知识宣传教育、投诉处理、监督检查、金融广告治理和信息共享等金融消费权益保护做了具体安排。2023年

---

[1] 中共中央、国务院印发《成渝地区双城经济圈建设规划纲要》[J]. 产城，2021(10)：12.
[2] 严宝玉. 高质量推动成渝共建西部金融中心[J]. 中国金融，2022(8)：13-15.

7月,重庆市地方金融监督管理局发布《重庆市小额贷款公司消费者权益保护工作指引(征求意见稿)》,为保护小额贷款公司消费者合法权益、规范小额贷款公司行为出台文件,重庆是首个专门为小贷机构制定金融消费权益保护的辖区。2023年7月,成渝银行业保险业消费者权益保护中心(重庆)与中国光大银行重庆分行正式签署《关于全面合作建立小额纠纷快速调解机制的备忘录》,携手共建重庆市"银行+消保中心"快速多元解纷机制。通过小额贷款纠纷快速调解机制,消保中心在机构授权范围内,可以根据消费者的实际情况,直接与消费者协商并签订调解协议,机构接受该调解结果并执行调解协议。金融消费者权益保护机制构建是成渝两地金融生态系统建设的有益探索,是价格机制发挥作用的有益补充。

(二)竞争机制

竞争机制是成渝地区金融生态系统可持续发展的内部调节机制构建的重要内容。通过市场竞争,最大限度地刺激金融市场各利益主体的能动性,推动金融机构产品创新、组织创新、技术创新,促使金融机构提升自身竞争力,促进地区金融水平的发展。主要通过引进和培育竞争对手、创新激励引导措施等方式,使竞争机制发挥调节金融生态的作用。

1. 引进和培育竞争对手

2022年3月,重庆市财政局和重庆市地方金融监督管理局就金融机构落户的奖励资金进行意见征求,提出"金融机构总部落户重庆,最高可获得1亿元的一次性奖励"。同年12月,重庆市人民政府办公厅、四川省人民政府办公厅印发的《成渝共建西部金融中心规划联合实施细则》(以下简称《细则》)提出,要推动重庆、成都打造西部金融中心核心承载区,完善金融机构落户激励政策,加快引进境内外金融机构;加快培育法人金融机构,比如支持符合条件的金融主体在成渝地区依法依规发起设立证券公司、理财公司等法人金融机构[1]。激励金融生态系统市场主体本土化和国际化竞

---

1 支持开展私募基金管理模式创新新试点,成渝共建西部金融中心规划联合实施细则亮相[EB/OL].(2022-12-22). https://www.sohu.com/a/620085530_421107.

第七章　成渝共建西部金融中心的金融生态调节机制建设路径研究

争，通过竞争机制调节金融要素流动，促进成渝两地的金融机构提升业务水平，从内部对金融生态进行调节。

2. 创新激励引导措施

近五年，成都在金融科技、金融人才等方面出台了《关于推广交子金融"5+2"平台构建中小微企业全生命周期投融资服务体系的实施意见》《关于支持金融科技产业创新发展的若干政策措施》《成都市引进培育交子金融人才实施办法》等配套政策[1]；重庆则针对绿色金融方面出台了《重庆市建设绿色金融改革创新试验区实施细则》。这些政策促使金融机构针对政策目标展开竞争，从而通过竞争机制有效激励引导金融要素的流动，达到合理配置金融要素以调节金融生态失衡问题。

（三）清廉文化建设

将金融文化建设作为金融生态系统发展的调节机制，是成渝地区建设西部金融中心的重要创举。清廉金融文化建设有助于维护金融市场的稳定和健康发展，有利于提升金融机构的声誉和竞争力[2]。《细则》指出，加强金融监管部门、金融机构、社团组织和科研院校四方联动，依托成渝地区高等院校建立清廉金融文化研究平台，建设全国清廉金融文化教育和实践基地，试点开展清廉金融文化进基层、进校园活动。督促金融机构、相关社团组织开展清廉金融文化建设。成都银行将清廉金融文化建设工作纳入《成都银行 2022 年纪检监察工作要点》和《成都银行 2022 年度落实党风廉政建设责任制考核办法》，明确基层单位工作职责、提高清廉金融文化建设工作的考核占比，扎实推进清廉金融文化建设向基层延伸。重庆银监局实施金融党风廉政建设和清廉金融文化建设专项行动，持续深化清廉金融文化建设，做优"廉金渝"品牌，建好"重庆清廉金融文化教育培训基地"，厚植清廉金融文化基础,用清廉金融文化助守金融政治生态的"绿水青山"。清廉金融文化对金融生态系统中金融机构、从业人员的思想意识和从业行

---

[1] 李东旭. 区块链技术对区域金融安全的影响——以成都为例[D]. 成都：电子科技大学，2021.
[2] 申爱华. 深化清廉金融文化的内涵与外延[J]. 中国农村金融，2021(9)：65-67.

为形成调节机制[1]，对金融生态系统的最基本单元（个人）的思想和行为进行调节，是金融生态系统调节机制形成的重要保障。

二、成渝地区金融生态外部调节机制建设现状

当金融生态系统内部调节功能失效、金融市场机制失灵时，需要借助政府等外部调节力量来维护金融生态系统的稳定运行。通常，外部调节机制促进金融生态系统平稳运行的工具主要有货币政策、财政政策、金融监管政策等。其中，货币政策和财政政策是为了激发金融系统活力，金融监管政策是为了规范金融生态系统运行，以此促进金融流动性需求与流动性供给匹配，促进金融助力经济发展。

（一）货币政策

货币政策通过金融工具调节货币供应量，通过市场利率引导资本投资，影响总需求，达到调节金融生态系统的目的。成渝地区通过货币政策对金融生态进行调节的主要方式有利率政策、再贷款与再贴现政策等，主要着力点是解决企业融资难、融资贵问题。

（1）利率政策。人民银行成都分行紧紧围绕金融支持实体经济发展，施行稳健的货币政策，发挥好货币政策工具总量和结构双重功能，加强逆周期和跨周期调节[2]，为四川经济高质量发展营造适宜的货币金融环境，落实好总行深化推进利率市场化改革的各项要求，发挥四川市场利率定价自律机制作用，推进贷款市场报价利率（LPR）定价机制改革，持续完善市场化利率传导机制，加强存款利率监管，充分发挥 LPR 改革效能，引导金融机构完善内部定价机制，促进市场利率调节功能向贷款市场传导，有效降低企业融资成本[3]。2022 年，四川企业贷款加权平均利率 4.48%，同比下降 49 个 bp，处于历史低位。重庆在 2022 年发挥货币政策工具总量和

---

1 梁力军，陈晓华. 金融文化、金融发展和金融生态治理之魂[J]. 财经界，2019(10)：52-54.
2 人行成都分行多举措稳住经济大盘[EB/OL]. （2022-12-27）. https://new.qq.com/rain/a/20221227A05MGC00.
3 孙秋枫，吴梅. 贷款市场报价利率改革对利率市场化的作用及建议[J]. 经济纵横，2021(1)：122-128.

第七章 成渝共建西部金融中心的金融生态调节机制建设路径研究

结构双重功能，落实二次降准政策，释放长期资金 92 亿元；持续推广"再贷款+"专属信贷产品和"扫码申贷"接口，加大再贷款向受困市场主体、信贷增长缓慢地区和乡村振兴重点帮扶县倾斜；同时，人民银行重庆营业管理部加强对金融机构督促指导，进一步疏通利率传导渠道，推动 LPR 下降红利持续释放。2022 年，重庆市新发企业贷款加权平均利率 4.22%，同比下降 0.36 个百分点。

（2）再贷款、再贴现政策。2022 年，成都市联合 21 家银行，通过科技创新再贷款向高新技术企业、专精特新中小企业、国家技术创新示范企业、制造业单项冠军企业等科技企业发放优惠利率贷款。2023 年，中国人民银行成都分行积极争取央行新增再贷款再贴现额度，向全省民营经济市场主体提供不少于 500 亿元的央行低成本资金支持，通过"再贷款"方式，将金融政策产品化，向企业和商户提供融资让利补贴支持。2023 年，人民银行重庆营业管理部全面推广"再贷款+科创贷""再贴现+科票通"专属产品，引导金融机构为中小微科技创新主体提供信贷、票据融资支持。2023 年上半年，重庆市金融机构共发放"再贷款+科创贷"贷款 27.1 亿元，支持科技创新主体 786 户；通过"再贴现+科票通"信贷产品支持 367 户科技创新主体实现票据融资 61.7 亿元。

（二）财政政策

财政政策是指国家根据一定时期政治、经济、社会发展的任务而规定的财政工作的指导原则，通过财政支出与税收政策来调节总需求。为调节金融生态系统，推动政策措施精准直达市场主体，激发金融市场活力，四川省政府于 2023 年印发的《聚焦高质量发展推动经济运行整体好转的若干政策措施》指出，一方面要强化财税政策支持，对小规模纳税人、小型微利企业和个体户减征增值税、资源税等税额，运用价格评审优惠等措施支持中小企业参与政府采购；另一方面要加大金融支持力度，推广"制惠贷""园保贷""税电指数贷"，促进制造业发展。

为支持实体经济发展，成都和重庆分别推出《成都市聚焦产业建圈强链支持实体经济高质量发展十条政策措施》《关于加强财政金融联动支持实体经济发展的通知》，提高财政资金的使用绩效，增强金融的供给能力，用财政的"小资金"撬动更多金融"大资源"，用财金政策的加力，形成发展实体经济的推力[1]。

（三）金融监管政策

金融监管是中央银行或其他金融监管当局根据国家法律法规的授权对金融业实施监督管理。在金融监管方面，需要充分发挥成渝两地金融委员会协调机制和金融工作议事协调机制作用，在监管信息共享、金融风险形势研判、重大金融风险处置、消费者权益保护等领域加强统筹协调，强化跨区域、跨行业、跨市场的金融监管协调配合。2023年6月，成渝金融法院与重庆证监局、四川证监局共同签订战略合作框架协议。该合作有助于三方共同研究和化解涉证券纠纷的热点、难点问题，优化辖区证券执法司法协作机制，有效保护投资者合法权益，健全证券市场功能，防范化解金融风险，营造健康安全有序的金融法治环境，助力加快西部金融中心建设。此次签约的合作协议共十六条，内容涉及合作目的，建立联席会议、信息共享、协同治理、诚信监管等互动协作机制；探索代表人诉讼、专家支持、法治宣传等维权支持机制；强调在调研、研讨、培训、人才、党建等方面的交流合作机制，以有效保护投资者合法权益，维护公开、公平、公正的资本市场秩序，共同防范化解金融风险。

第二节　基于金融生态的西部金融中心生态调节机制的内在机理

西部金融中心生态调节机制是针对金融生态环境失灵或金融生态主体遭遇危机时的调控机制与救助手段。从调节方式看，西部金融中心生态调节分为内调节和外调节。所谓内调节指的是金融生态主体为了最大化个体

---

[1] 许幼飞，陈诚. 如何把重庆制造业发展得更好？[J]. 当代党员，2022(18): 33-35.

第七章　成渝共建西部金融中心的金融生态调节机制建设路径研究

或组织的效用，在市场竞争的压力下，积极进行金融产品和服务的创新，同时为了维持经营的稳定性，采取规避风险或者控制风险的策略。在市场机制的"自然选择"下，金融生态主体不断调整自身的行为和决策[1]，以适应不断变化的金融生态环境，最终实现金融与其环境的最大程度适应，这个过程也可以被概括为金融供给与金融需求的自适应过程。然而，金融生态系统内调节机制存在无法克服的缺陷，如金融机构的破产倒闭及其连锁反应所引发的负外部性、金融机构间过度竞争导致的金融体系不稳定、信息不对称引发的逆向选择和道德风险、金融工具过度创新积累的金融风险等[2]。因此，政府在内调节机制失灵时需要主动作为，通过制度建设、政策引导以及监管体系建设，发挥外调节机制的补充、保障作用，以维持金融生态系统的平衡和稳定。

无论是内调节还是外调节，其目的均是使金融生态系统保持更加稳定的状态，以达到金融生态平衡。然而，金融生态系统平衡的构建依赖于系统内各金融要素之间的协调，包括生态系统内部的金融资源、金融机构和金融市场的协调，以及系统内生态主体与环境之间的协调，同时扩展至金融生态圈与圈外社会经济环境的整体协调。因此，对西部金融中心生态调节机制内在机理的深入剖析也需要全面考虑金融生态主体和金融生态环境所包含因素、所处状态及其之间错综复杂的相互作用。

一、货币、信息等要素循环是调节机制发挥作用的基础

西部金融中心生态系统中，货币、智力和信息等要素循环流动构成了调节机制的基石。这些要素不仅在金融生态主体间的相互作用中发挥关键作用，而且在与外部环境的紧密互动中交织，形成了一个错综复杂、紧密相连的网络。这个错综复杂的关系网为调节机制的形成与发展奠定了坚实的基础，赋予其更强大的适应性和稳定性，使其能够更加灵活地迎接不断

---

[1] 王志辉. 金融生态系统演化研究[D]. 长春：吉林大学，2019.
[2] 王志辉. 金融生态系统演化研究[D]. 长春：吉林大学，2019.

变化的经济和社会环境的挑战。

由于金融生态系统的开放性，无论是内部金融生态主体之间的相互作用，还是与外部环境的互动，都呈现出物质和信息的双向流动。物质流动主要表现为资金的有序转移与流通。在金融生态中，货币流动则扮演着关键的角色：闲置货币及物化的资金进入生态系统，经由金融资产的转化，通过供给者、消费者和中介机构的依次转化，形成了一个循环流动的资金链网。货币作为媒介，促进了金融主体之间的交易活动，满足了各方的资金需求，并在整个生态系统中形成了资源有效配置的机制。在这一发展过程中，信用则成为推动资金循环的重要动力，贯穿中央银行的货币发行、商业银行的信用创造、金融市场的资金运作以及企业间的商业信用等环节[1]。智力循环推动了金融生态系统内技术和金融产品的创新。金融从业者、企业家以及监管机构之间的知识分享和经验传递，促使整个金融生态系统不断学习和适应不同的市场环境。这种智力循环使得金融机构引入先进技术和金融工具，提高整个生态系统的效率和竞争力。

此外，信息传递在金融生态中至关重要。金融生态的运行机制可以被视为一个信息交换和调整的过程[2]。信息具有知识的属性。透明的信息流动提高了市场的透明度，减少了信息不对称的情况，进而增强了金融市场的公平性和有效性。信息传递不仅在金融主体内部帮助管控风险，还在金融生态系统与外部环境之间起到了及时识别和应对挑战的关键作用。

金融生态系统内要素循环、信息传递详见图7.1。

---

1 李莹莹. 北京市金融生态问题研究[D]. 北京：首都经济贸易大学，2011.
2 田兆武，刘毅飞. 复杂性适应系统视角下的金融生态平衡与调节[J]. 金融发展研究，2014(4): 62-66.

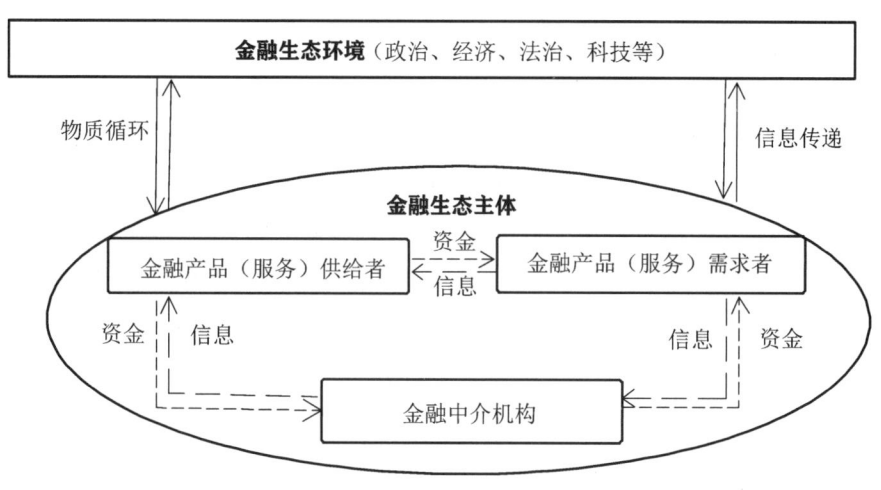

第七章　成渝共建西部金融中心的金融生态调节机制建设路径研究

图 7.1　金融生态系统内要素循环、信息传递

二、市场机制是实现内调节的主要手段

内调节被视为西部金融中心生态系统中最为重要的调控方式，被誉为维持金融生态平衡的"首要关口"，其本质在于市场机制的精妙运作。市场机制涵盖了价格机制、竞争机制、供求机制、风险机制等[1]。在西部金融中心生态系统中，各个生态主体在平等竞争的环境下，通过市场机制自发地调节金融主体的数量、规模、种类、经营模式以及发展战略，以灵活方式适应市场环境的变迁，实现资源的最优配置，使金融生态主体与其依赖的金融生态环境在最大程度上实现相互适应。这种内部调节机制既凸显了金融生态系统的自主性，又彰显了其对外部环境变化的敏感性，为西部金融中心生态的发展和平衡提供了坚实的基础。

（一）竞争机制的调节机理

在众多金融机构参与的金融活动竞争中，能实现个体平衡的总是那些能从"投入—产出"循环中获得利润的组织。资本的逐利推动着这些组织扩大规模或者进入新领域，以谋取更大的利润空间，同时也吸引其他组织

---

1 李春娟，魏民. 论市场经济运行机制[J]. 长春师范学院学报，1994(2): 5-10.

进入市场。金融机构之间的竞争刺激了金融产品和服务的不断创新。在市场机制的作用下，金融市场中的各参与主体追求自身利益最大化，金融机构通过提供更优质、更具创新性的金融产品和服务来吸引客户。竞争机制还推动了金融市场的交易成本不断降低。为了争夺市场份额，各金融机构不断提升服务质量、优化业务流程，并通过技术手段（如线上金融服务、自动化交易系统等）降低交易成本，从而提高了金融市场的效率和竞争力。这种竞争不断驱动金融机构提高效率和服务水平，实现了市场资源配置的自我调节。

在西部金融中心生态系统中，竞争的结果远非简单的优胜劣汰，而是塑造了一种相互补充、共生协作的生态体系。竞争所带来的不仅是个体间的竞争与胜负，更是一种基于协同合作的竞争模式，这种模式才是推动生态系统发展的真正动力和源泉。由于单一的金融企业难以完全满足客户需求，各主体之间的关系变得更加复杂，唯有通过合作和共生，它们才能更好地适应市场多元化的需求。在西部金融中心生态系统中，大型金融机构和中小金融机构、国有和非国有金融机构、国内和外资金融机构既在竞争中争夺市场份额，又在合作中相互弥补不足，发挥各自的独特优势以及推动相互之间的竞争与合作。从静态角度看，银行、保险、证券三者之间存在竞争，彼此争夺客户和资金。证券业和保险业的兴起使部分原本流向商业银行的储蓄存款投向了股票、债券等证券资产和保费收入。然而，从动态角度看，它们又是相互依存、互为前提、相互促进的关系。债券市场的兴盛与商业银行的资产证券化程度密切相关；同时，商业银行的资产证券化进程在一定程度上也依赖于保险业的发展。

（二）供求机制和价格机制的调节机理

市场机制通过供需关系的调控影响资金的流动和价格的形成。当某一领域需求强劲时，资金会自主流向该领域，推动相关金融产品创新和发展，并引起价格上升。相反，当某一领域供过于求时，市场则采取调整措施（如降低价格或提高收益率），以自动平衡资源的分配。在完全竞争的环境下，价格是检验金融机构生存能力的核心标准。那些具有较低边际成本或边际收益良好的金融机构能够生存下来，而那些边际成本高于市场价格的机构则可能面临亏损，一旦亏损严重影响到资本获利预期，这些机构可能被迫退出市场。价格机制是市场信息传递和资源配置的关键。它透过市场定价，参与者的认知、对资产价值和风险的理解显现。透明的市场价格有助于降低信息不对称性，使市场更加公平、高效运作。价格波动引导着投资者和金融机构调整其投资组合，实现对市场风险的分散和调整，从而促进金融生态系统的自我调节。

（三）金融生态主体的多元化强化了金融生态系统的自我调节能力

市场机制通过自由竞争和供需关系的精妙调控，推动各类金融生态主体在不同领域迅速崛起。金融生态主体的范畴不仅包括金融产品和服务的提供者与消费者，还涵盖了确保金融交易得以顺利进行的第三方。在形式和功能上，各类金融生态主体呈现出显著的差异和互补性。举例来说，金融中介机构包括不同类型的银行，它们在间接融资领域从事金融交易；同时也包括投资银行、证券公司、证券经纪人、金融市场上的各种基金和证券交易所等，在直接融资领域为筹资者和投资者提供策划、咨询、承销和经纪等服务。这些不同类型的金融机构在市场中各司其职，相互之间形成了一种互补关系，共同构建了金融生态系统的多元结构。主体结构的多样性与复杂性使得金融生态系统展现出更大的弹性、适应性和韧性，从而提升了其自我调节的能力。

此外，存在于金融生态系统中的多元主体各自承担着不同的业务和风险。这种多样性有助于实现风险的分散，使得金融生态系统具备更强的风险抵御能力。多元化的主体结构使得金融系统更加灵活，能够通过调整自身战略、产品和服务更好地适应市场的需求。这种适应性有助于在市场动荡时期维持整个生态系统的相对稳定性。各种形式的多元金融机构，如区域性银行、民营银行、村镇银行和社区银行等，致力于为社会的小微企业、低收入群体以及农户等提供更加灵活、贴心的金融服务。这种多元金融机构的发展进一步提高了金融生态系统的可持续性和包容性。

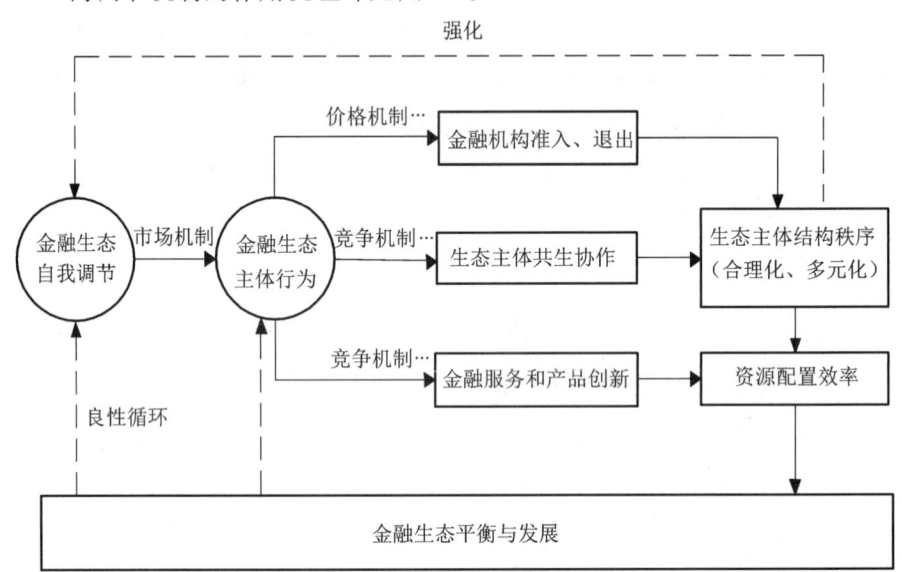

内调节机制的作用机理详见图 7.2。

图 7.2 内调节机制的作用机理

三、生态主体和环境的自适应过程是自我调节机制的重要组成

金融生态系统中，金融生态主体与生态环境之间展现出紧密的相互适应性，通过人力、资金、信息等要素的流动实现相互影响、相互作用与共同演化。在这一互动过程中，双方的属性和特征也呈现出明显的耦合协调特征。

首先，金融生态主体的活动受制于金融生态环境。金融生态环境影响着金融生态主体的活动空间和服务对象，决定其发展方向、活动空间及运行方式[1]。一个良好的生态环境为生态主体提供所需的资源和空间支撑，包括政治、经济、文化、信用和法治等方面。健康的金融生态环境有助于生态主体结构的优化、功能的强化以及效率的提高；相反，金融生态环境的不利变化可能导致生态主体结构的削弱、功能的减弱，甚至破坏金融生态平衡。其次，金融生态主体也反作用于金融生态环境。金融系统内部结构的合理性、大小的匀称性以及功能的配套性对金融生态环境具有建设性作

---

1 余红. 省域金融生态系统协调发展的空间差异研究[D]. 贵阳：贵州大学，2019.

第七章 成渝共建西部金融中心的金融生态调节机制建设路径研究

用[1];相反,系统内部的不协调可能对金融生态环境造成破坏。金融生态主体通过不断提出改变市场环境、规则和制度等新需求,引导金融生态环境不断调整演化,以适应主体需求。此外,金融生态系统中的各个主体具备自主思考和行动的能力,能够根据环境的变化和自身意愿灵活调整管理与经营策略。面对金融生态环境的动态变化和不确定性,各金融生态主体为了实现持续发展,不断努力提升自身的适应性,以便更好地利用有利的资源和机会,同时规避潜在的不利影响。在多元化的金融生态环境中,各主体之间相互影响、相互促进,通过不断学习、竞争、合作和创新,进一步增强彼此之间的协同效应。

总之,金融生态主体和金融生态环境之间的作用是双向的,形成一种互惠互利的关系。生态主体与环境之间的自适应过程是一个相互影响和共同进化的动态过程,推动金融系统更好地适应外部变化。通过与环境进行信息交流,生态主体能够了解市场的变化和政策的调整,从而灵活调整自身策略。生态主体积极遵循并适应法规政策的变化,以确保金融活动的合法合规性。这种自适应过程使得金融生态系统更具弹性,有助于维持金融生态系统的平衡和稳定。

生态主体和生态环境的自适应过程详见图 7.3。

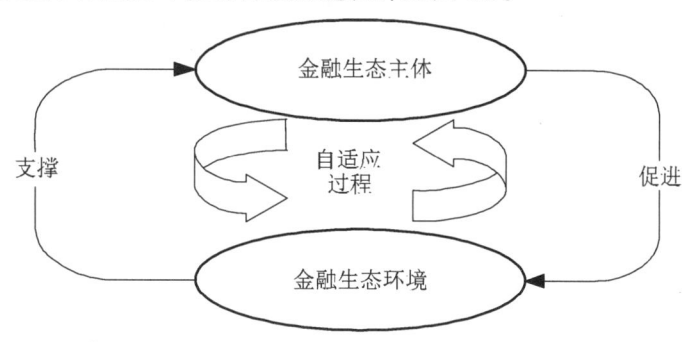

图 7.3 生态主体和生态环境的自适应过程

---

[1] 朱玉华,赵刚. 基于生态和谐性的我国航运金融生态系统的研究[J]. 生态经济,2012(12): 57-59,64.

四、政府通过制度建设、监管体系建设等方式发挥外调节机制的保障作用

外调节的目的也是维持金融生态的稳定平衡状态，预防和纠正内调节的失控，被视为保持金融生态系统平衡的最后一道防线[1]。具体而言，外调节通过制度建设、货币政策以及监督管理来发挥作用。在这一机制下，政府的引导和监管起到了关键作用，通过有效的制度和政策工具来引导金融生态的发展，确保其朝着可持续和平衡的方向前进。货币政策的运用能够对整体经济产生调控效果，影响金融系统的运行。监督管理则通过对金融主体及其活动的监测和干预，确保其行为符合法规要求，防范潜在的风险。

（一）制度建设的调节机理

西部金融中心建设的路径需要在政府的引导下形成，政府在这一过程中充当了制度设计和制度供给者的角色。政府主导制度的供给，有助于降低制度变迁的成本，包括时间成本和摩擦成本。政府借助政策和立法等手段构建了经济和金融制度体系，使金融体系的产生和发展具备一定超前性，激发了金融发展潜能。清晰的产权界定有助于避免金融机构、市场和政府行为之间的边界模糊，防止某些金融主体或政府行为超越金融生态的边界，侵占其他金融主体的资源或功能，从而破坏金融生态的均衡；有效的市场准入和退出机制，能够确保金融机构在具备一定风险管理能力、合规要求等条件下进入市场，并以多样化的退出方式平稳退出，从而保持生态主体的活力。制度建设直接优化了金融生态环境的建设，解决了金融市场、金融组织和金融发展环境是否合理的问题，激发了金融生态主体的活力。不仅如此，制度建设进一步转化为推动金融主体自身发展的外在动力，实现金融规模的有效扩展和金融创新的优化，即制度变迁可以实现对金融主体发展的有效助推[2]。

---

1 王志辉. 金融生态系统演化研究[D]. 长春：吉林大学，2019.
2 周建荣. 金融生态环境、金融主体发展及其关系探析——基于区域面板数据的实证研究[J]. 财政监督，2016(11): 100-105.

（二）货币政策的调节机理

在统一的货币政策目标下，中央银行赋予各区域分行有限的自主调控权力，以便根据区域内金融发展和产业结构的实际情况，采取不同时机和不同力度的调控措施。西部金融中心可通过宽松的再贴现政策，引导金融机构扩大区域内信贷投放和优化信贷结构；适当放宽区域内金融机构获得再贷款的条件、延长再贷款期限，增加区域内金融机构再贷款；通过将货币政策与产业调整相结合，利用多种政策工具为产业结构升级提供金融支撑；通过支农、支小再贷款使基础货币不经中间环节直接流入农村地区、小企业等处于融资弱势领域，激活金融市场活力。此外，在利率分级管理和差别利率政策指导下，各分行可自行确定辖区内利率浮动区间，限制资金外流。商业银行等金融机构根据央行的政策操作调整自己的行为，从而对各类经济行为主体的储蓄、投资、消费等经济活动产生影响，进而影响西部金融中心生态系统的发展。

（三）监管机制的调节机理

金融监管是金融领域内部需求的产物，旨在防范金融领域的流动性风险、市场风险、信用风险和操作风险[1]。通过解决市场机制下的外部效应问题，金融监管使金融生态系统在监管约束下能够规避、化解风险，保持平衡状态。金融监管机制对金融生态的内部结构和功能效率有着深远的影响。一个良好的金融监管机制不仅有助于金融主体的多元化发展，促进金融机构资产质量的提升，提高金融资源的配置效率，还能有效监测、防范和化解金融风险，推动突发事件的积极应对，降低金融损失，提升金融生态系统的自我调节和修复能力。

作为专业性组织，政府金融监管机构应当遵循两项原则，即最大限度地运用市场自动调节机制和第三方中介组织解决市场问题。政府金融监管的唯一目标是确保市场交易的公平与高效[2]。在金融生态失衡的外部治理过

---

1 刘佳萌. 我国商业银行财务风险面临的问题及对策[J]. 中国商论，2015(1): 79-81.
2 张红凤，张细松. 论"新常态"下金融生态失衡的政府治理[J]. 教学与研究，2016 (2): 15-22.

程中，政府行为直接影响着金融生态平衡的恢复。政府在金融监管中的作为和不作为都有可能对金融生态平衡产生直接而重要的影响。适度的金融监管将促进风险防范、规范交易行为，推动金融交易活动增加，从而推动金融生态系统的健康发展，促使金融生态主体不断提升，形成金融内在需求的良性循环。

外调节机制的作用机理详见图7.4。

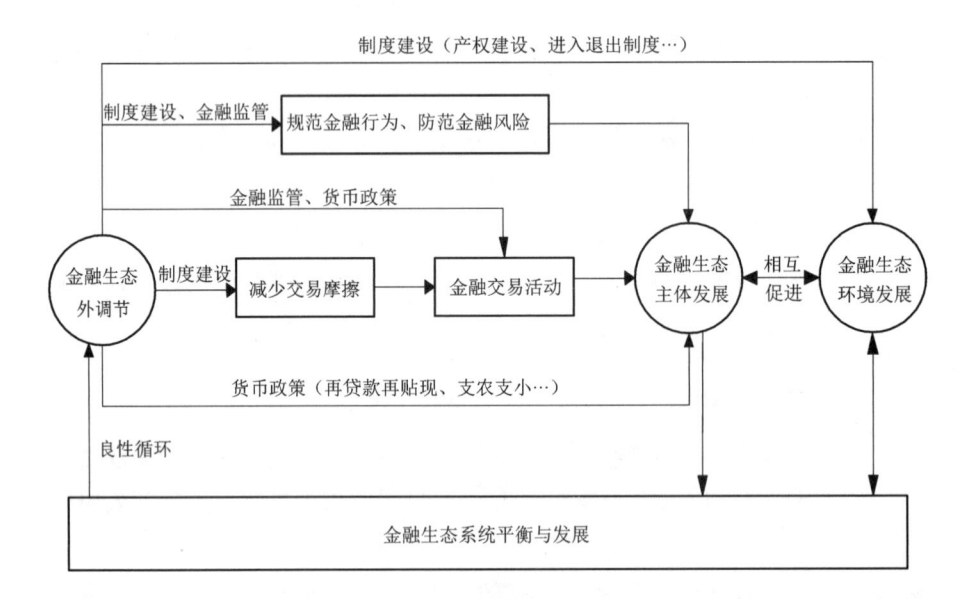

图 7.4　外调节机制的作用机理

第三节　基于金融生态的西部金融中心生态调节机制建设重点与任务

政府作为市场有效运行的制度供给者和监管者，在西部金融中心金融生态的调节、维护和修复中扮演着关键角色。政府应当积极主动地参与成渝两地金融生态调节机制的优化和完善工作。

第七章　成渝共建西部金融中心的金融生态调节机制建设路径研究

一、加快多元化的金融生态主体培育

（一）培育和发展本地法人金融机构

发展壮大注册地在成渝地区的城市商业银行、证券公司、保险公司、基金公司及其他金融中介机构。支持有条件的法人商业银行向全国性商业银行发展，以壮大其规模和增强其实力。为进一步拓展金融机构多样性，鼓励非银行法人金融机构在成渝设立各类金融机构，如证券公司、保险公司、基金公司、理财公司、消费金融公司和金融租赁公司等。支持大型金融机构、企业财团等设立金融控股集团，并放宽金融机构市场准入标准，鼓励合法设立中小型民营银行等。特别是在深化中小银行改革的框架下，要大力推动成渝地区城商行、农商行、农信社聚焦主责主业，通过发行永续债等方式多渠道补充资本，优化资本结构，以提升地方法人银行机构能级。

（二）引进境内外专业化金融机构

推动境内外金融机构在成渝地区设立区域总部和功能中心。依托陆海新通道、中新互联互通示范项目、川渝自贸试验区平台、中欧班列等对外合作平台，加大金融对外开放力度，深化与境内外金融市场的业务合作。建立面向西部陆海新通道沿线国家的"引进来""走出去"绿色通道，促进境内外金融机构互设、互投。鼓励成渝本地金融机构与境内外金融机构合资设立服务"一带一路"项目的各类金融服务机构。充分利用国家对银行、证券、保险行业外资股比限制的开放政策，积极吸引优质外资金融机构入驻成渝地区。

引进全国性融资租赁、商业保理等机构，以提高专业化金融服务能力。发展新型专业化金融服务公司，重点为跨境电商、国际物流等企业提供差异化金融支持。此外，加强金融中介服务，集聚金融专业服务机构，引入知名的会计师事务所、律师事务所、税务师事务所等。鼓励中介服务机构创新经营模式，提高信用评级公信力，构建国际接轨的专业化金融中介服务体系，共同提升成渝地区金融服务水平。

(三)建强金融服务体系

在西部金融中心建设中,包括银行、保险、信托租赁等在内的间接融资体系不仅是金融中心建设的基础,同时也为成渝地区乃至整个西部实体经济的发展提供必要的金融服务支持。在成渝地区,尽管一些实力雄厚的企业主体能够在上海、深圳、北京等金融中心进行直接融资,如发行股票、债券等,然而,大多数实体经济主体仍然需依赖本地金融机构进行间接融资。因此,必须对成渝地区的间接融资体系进行优化,以解决金融机构之间可能存在的矛盾与空间布局问题。

(四)提升资本市场服务能级和功能

构建完善的资本市场综合服务体系,加快西部金融中心建设,推动在成渝地区建设区域性乃至全国性金融交易市场,深入打造区域性多层次资本市场,优化资本市场服务能力和功能。推动上海证券交易所西部基地、深圳证券交易所西部基地、全国中小企业股份转让系统西南基地等功能的提升,并加强企业上市和发债培育工作。同时,建立投融资对接平台,支持中西部地区企业的融资需求,并开展符合市场需求的路演活动等服务,以打造辐射中西部地区的资本市场交易服务中心。打造西部股权投资基金发展高地,促进成渝地区保险业协同发展,推动建立完善民营企业和小微企业贷款、金融科技创新、普惠金融发展等领域的风险补偿基金,建立跨区域的创业投资风险补偿机制、大力培育天使投资人群体。为加强与东南亚国家的合作,应建立多层次资本市场合作机制,推动境外合格投资者投资区域性股权市场挂牌企业的试点项目。另外,应积极争取境内外主要证券交易所在成渝地区设立服务基地,以提升交易所上市路演、资源对接等功能,加快重点企业的上市进程。

二、促进金融要素循环流动

成渝地区应建设跨区域一体化的征信平台、支付结算平台、政银企信息化平台、知识产权和技术转让交易中心、银行间债券发行辅导平台等金

第七章　成渝共建西部金融中心的金融生态调节机制建设路径研究

融基础设施[1]。发展多元化金融工具，如股票、债券、衍生品等，以促进资金在成渝地区内的灵活流动。鼓励本地金融机构提升服务水平，吸引更多本地企业和居民在本地进行金融活动，有效减少资金的"外流"情况。实施高层次人才"倍增计划"、青年科技人才培养和"萃青工程"，完善海外急需紧缺人才引进机制，培育领衔科学家和顶尖青年科技人才，壮大高技能人才队伍，激发其创造潜能和整合其他生产要素的能力。重点培养金融管理、战略领导、紧缺专业和青年骨干人才，共同建设达到国际水准的西部金融中心高端智库。促进金融科研机构与高校、企业形成紧密合作生态，推动金融智力资源在地区内流动，共同推进金融创新和发展。建设成渝地区金融信息共享平台，实现金融机构、企业和政府部门之间的高效信息互通，提升整体信息流动效率。支持金融科技企业，推动信息技术在金融领域的广泛应用，以提高金融服务的普及性和效益。

三、大力发展特色金融

推动特色领域金融改革创新有助于丰富成渝地区金融业态，促进金融资源迅速汇聚，提升成渝地区金融综合服务能力。建立健全绿色金融发展体制机制，积极探索并推动高水平的绿色金融衍生品发展，以促进绿色金融产品和服务的创新。鼓励金融机构和企业积极参与绿色直接融资，发行多样化的绿色债券和资产证券化产品，并支持保险机构推陈出新，推出包括环境污染强制责任险在内的多样化绿色保险产品。争取建设绿色金融改革创新试验区，推动西部环境资源交易所的建设。

建立健全科创金融组织体系。创新科技企业金融产品和服务，拓宽科技型企业直接融资渠道，以政策引导更多金融资源流向科技型企业。加强对创业投资的引导，加大对创投以及私募股权投资的政策支持力度[2]。打造西部创业投资基地，加强科技保险、科技小贷等专业机构的发展，最大程

---

1 施小琳. 为成渝共建西部金融中心贡献成都力量[J]. 中国金融，2022(8): 9-12.
2 推动完善创业投资支持政策健全私募投资基金管理法规制度[EB/OL]. （2019-10-20）. http://finance.sina.com.cn/stock/relnews/cn/2019-10-20-doc-iicezuev3515248.shtml.

度发挥全国首个区块链知识产权融资服务平台的功能，积极探索创新的投贷联动、银保联动、投保联动等服务模式。

深化农村金融服务体系建设，加大政策性银行对农业农村基础设施建设等领域的信贷投放力度[1]。在农村金融创新方面，建议推广农产品价格指数、农业气象指数等创新产品，促进农村农产品产权价值评估、仓储等专业服务机构的发展。推动农村居民金融服务普惠化，拓宽多元化融资渠道和涉农贷款抵押质押物范围。

充分发挥数据作为生产要素的重要作用，积极推动数字化转型在产品创新、精准营销、精细管理和智能风控等领域的应用。同时，积极将产品和服务融入数字政务等领域，接入工业互联、产业互联等平台，以及嵌入新型基础设施，共同打造一个蓬勃发展的金融服务新生态。

四、加强政府治理能力

在金融资源集聚、金融市场构建、金融机构布局、金融才智引进等方面，成渝地区各级政府应强化协同作战。建议在川渝两省市成功合作的基础上，进一步优化调节机制，使金融主体与金融环境和谐共生。通过升级现有的川渝两省市西部金融中心建设领导小组机制，建立共商共建的会议机制，实现共同参与、共同规划，更好地满足西部地区金融发展和服务需求。加强地区内各省市的协同合作，推动成渝两市成为西部地区金融业的"双引擎"，充分发挥其引领作用，避免同质化竞争，形成"1+1>2"的增值效应。

成渝地区各级政府在西部金融中心建设中要"有所为、有所不为"，充分发挥政府在市场调节机制中引导和规范功能。

五、加强金融监管

结合实际情况和防范金融风险的需要，应当不断完善成渝地区地方金融监管法规制度，确保监管措施的科学性和有效性，为金融市场的健康运

---

[1] 农业农村部：推进政策性开发性金融支持农业农村基础设施建设[EB/OL]．（2022-07-15）．https://finance.sina.com.cn/china/gncj/2022-07-18/doc-imizmscv2347061.shtml．

行提供坚实保障。坚持全面监管原则，应推动法律法规的修订，扩大宏观审慎监管的范围，将更多金融活动，如金融控股集团、金融科技平台、私募基金和场外金融衍生品等纳入监管范围。成立成渝金融法院后，应加快建立跨区域调解、仲裁和诉讼的协同机制，设立金融案件审理的"绿色通道"，完善金融审判系统。同时，应创建符合国际标准的跨境金融法律服务体系，实施金融案件的集中管理和专业审理，以法定、有效、稳健的方式处理金融争端，规范金融秩序。建立成渝地区司法安全联动合作会议机制，构建协同惩戒体系，加大对恶意逃废金融债权和违法违规金融活动的处罚力度[1]。持续加强金融企业合规体系建设，建立适应企业实际情况的内部控制机制和业务产品规章，推动金融机构向着良性发展方向不断前进。

第四节 基于金融生态的西部金融中心生态调节机制建设的主要路径

根据金融生态调节机制形成的内在机理，应主要从金融生态内部调节机制、金融生态外部调节机制两大方面探索西部金融中心生态调节机制具体的建设路径。

一、完善金融生态内部调节机制的主要路径

西部金融中心金融生态调节机制可以从优化价格机制、强化竞争机制、完善市场退出机制三大路径进行建设。

（一）优化价格机制

价格机制是市场经济中最主要的调节手段之一。在金融生态中，价格是信息传递的重要媒介，它反映了供求关系和市场参与者对资源价值的认知。价格的波动反映了市场情况的变化，从而引导金融主体的行为调整。当某一金融市场出现供需失衡，价格会自动调整，从而影响金融主体的投

---

1 施小琳. 为成渝共建西部金融中心贡献成都力量[J]. 中国金融，2022(8): 9-12.

资和资金配置决策。价格机制的作用路径在于通过市场信号引导金融主体进行资源的合理配置，从而实现金融生态系统的自我调节和修复。在成渝地区要发挥金融系统价格机制的作用，需要采取一系列措施以确保其有效性和合理性。一是要建立健全的市场机制，即设计合理的交易制度和市场规则，以确保市场价格能够反映市场真实情况，包括建立透明、公正、公平的交易规则，促进市场主体公平竞争和资源有效配置。二是要提升市场信息透明度，保障市场信息的准确、全面和及时性，使各类金融市场参与者能够更好地了解市场供求状况和价格波动，从而作出明智的决策；这可以通过建立健全的信息披露制度，加强市场监管和信息共享来实现。三是要加强金融产品和服务的信息披露，让消费者能够充分了解产品的特点和风险，作出明智的选择。

（二）强化竞争机制

竞争是推动市场经济健康发展的动力之一。在西部金融中心金融生态体系中，竞争机制可以鼓励金融机构提供更优质的产品和服务，不断追求效率和创新，以满足客户需求。竞争机制通过降低市场壁垒、促进资源优胜劣汰，推动金融机构提高自身竞争力。在这个过程中，低效率的金融主体可能会受到市场竞争的排挤，从而促使金融生态系统内部资源得到更加合理的分配。在成渝地区要发挥金融生态中竞争机制的作用，首先，应当制定和完善市场竞争的法律法规，加强反垄断执法，防止市场垄断和不正当竞争行为的发生；同时，建立透明的市场监管机制，加强对金融机构的监管和评估，确保竞争环境的公平和公正。其次，可以采取降低市场准入门槛的方法来实现竞争机制发挥作用，即减少市场准入的限制和壁垒，鼓励更多的金融机构进入市场，增加市场竞争的激烈程度。这可以通过简化注册和审批流程，提供更开放的市场准入政策来实现。再次，可以建立激励机制，奖励那些在服务质量、创新等方面表现出色的金融机构，有助于增强市场竞争活力。最后，可以推动金融开放和国际竞争，促进金融市场的开放和国际化竞争，引入更多的国际金融机构和资金，刺激本地金融机构提升自身服务水平和创新能力。

(三)完善市场退出机制

市场退出机制是金融生态调节中的"清除机制"。建立健全成渝地区金融企业破产和市场退出机制,应当从多个方面进行准备:一是要制定和完善金融机构破产法律体系,明确金融企业破产程序和流程,确保破产程序的透明、公正和合理;建立市场退出的相关规定,包括市场退出的条件、程序和具体措施,为市场主体提供明确的退出路径。二是要优化破产清算程序,设计高效的破产清算程序,包括资产评估、债权确认、资产变现等环节,以最大限度地保护债权人的权益,同时减少破产程序的时间和成本,促进资产的快速回流。三是建设和培育破产机构,建立专门的破产管理机构或法院,负责监督和执行破产程序;提供专业培训和支持,培育专业的破产管理团队,提高破产程序的效率和质量。四是加强债权人权益保护机制,确保债权人在破产程序中合法、公平地行使权益;或是建立债权人委员会或代表,参与破产程序的决策和监督。此外,还包括提供市场退出的辅助政策、加强信息披露和透明度、建立法律风险评估和预警机制以及学习和借鉴国际上成功的金融企业破产和市场退出经验等。

二、完善金融生态外部调节机制的主要路径

金融生态体系具有自我调节功能,但是自调能力是有限度的。当金融市场失灵或失衡超出内部调节范围时,需要借助政府、央行和金融监管部门等外部调节措施来维护金融稳定运行。在宏观层面科学使用金融生态外部调节机制是建立稳健的金融生态系统的关键一步。伯南克的"金融加速器理论",认为金融体系有自我强化的内在机制,在金融周期的上行期容易产生金融泡沫以及过度加杠杆行为,在金融周期的下行期又容易产生非理性的信贷收缩,甚至导致金融基础设施停摆,引发金融危机。需要实施大力度的货币政策干预,来阻断市场顺周期的自我强化[1]。这意味着,西部金融中心整个金融生态体系的健康运行,也需要运用外部调节机制,以实现平衡的货币供需、高效的资源配置以及有效的风险管理。内涵丰富且务实的

---

[1] 易纲. 货币政策的自主性、有效性与经济金融稳定[J]. 经济研究, 2023(6): 19-29.

实施方法将对整体经济稳定和可持续发展产生深远影响。

（一）平衡货币供需

货币供求平衡是金融生态系统的基石，直接影响着金融市场的稳定性和经济发展。中央银行作为货币政策的制定者和执行者，通过调整货币供应量来维持稳定的货币供求关系。当货币供应过多时，可能导致通货膨胀，消费者物价上涨，资产泡沫形成，从而损害金融市场的健康发展。相反，货币供应不足则可能导致通货紧缩，抑制消费和投资，影响经济增长。平衡的货币供求有助于提供适度的流动性，维护金融生态系统内部的稳定，为经济活动提供合适的环境。因此，平衡货币供需是维护金融稳定的重要环节。平衡货币供需是西部金融中心服务成渝地区社会经济发展的重要职能。通过宏观调控手段，政府可以控制货币供应量，以平衡市场上的货币需求。这需要科学设定货币政策目标，适时调整货币政策工具，确保货币供应与实际经济发展相匹配，避免通货膨胀或通货紧缩等不稳定因素的影响。与平衡货币供需相关的金融政策包括货币政策、利率政策和汇率政策等，成渝地区金融主管部门可以充分利用这些宏观调控政策，结合当地实际，开发灵活且具有弹性的调控工具，调控金融生态主体行为。

（二）有效资源配置

外部调节机制在资源配置中的作用至关重要。一方面，市场机制具有一定的短视性，可能会追求短期利益，而忽视整体社会的福祉。经济发展不能盲目追求利益最大化，政府监管就是要避免市场失灵导致的供需失衡、公平与效率失衡[1]。另一方面，尽管金融生态内部存在自我调节的机制，但这并不意味着政府的作用可以被完全忽略。事实上，政府的政策和行政支持仍然是必要的。因此，构建西部金融中心金融生态外部调节机制，不仅要关注在辅助市场机制的作用下，引导资金流向最具生产力、创新性和发展潜力的领域；同时，更要关注实现社会经济稳定更加广泛的目标。

---

1 黄惠. 经济全球化进程中的有为政府与有效市场——基于中国特色社会主义政治经济学的分析[J]. 经济问题探索，2022(2): 15-25.

第七章　成渝共建西部金融中心的金融生态调节机制建设路径研究

在加强西部金融中心金融生态外部调节机制的效果方面，可以采取多种途径，以确保资源的合理配置和经济活动的优化。首要的是建立资源市场和交易平台，通过此类平台，不同领域的资源能够更加灵活地流动，促进资源的跨领域配置，实现优势互补，提升资源的利用效率。其次，各级政府在产业政策和创新支持方面具有重要作用。通过制定合理的产业政策，引导资源向着具有增长潜力和创新活力的领域倾斜，从而推动经济的升级和创新发展；政府可以提供资金、税收优惠、科技研发支持等方面的支持，从而进一步激发创新活力，推动产业的创新发展；信息透明度的提升也是至关重要的，通过向市场提供准确、及时的信息，投资者能够更加清晰地了解市场状况和各类资源的供求情况。这可以使投资者作出更明智的决策，避免资源的浪费和投资的失误，从而有效提高资源的利用效率；信息的透明度还有助于消除信息不对称带来的市场扭曲，使市场更加公平和高效。

（三）有效风险管理

在宏观层面，科学使用金融生态外部调节机制需要将风险管理高效组合作为重要策略，以最大限度地提升金融系统的稳定性和以便其健康发展。为此，在风险管理方面，成渝各级政府需要加强以下工作：一是建立综合性风险评估体系。通过充分整合数据和信息，对市场、信用、操作等风险进行全面评估，形成对风险的准确认知。这有助于监管机构和金融机构更好地识别和应对潜在风险，从而减少系统性风险的发生。二是构建风险监测和预警机制。建立敏捷的监测系统，及时捕捉市场变化和风险蔓延的迹象，以便及早采取应对措施；同时，设立预警机制，使监管机构和金融机构能够在风险迅速积聚时作出快速决策，避免局部风险扩散为系统性风险。三是加强信息共享与协作。由于金融机构之间的风险存在相互传染的可能性，致力于防范单个金融机构破产风险的微观审慎政策，并不能有效阻止事前的风险传染以及促进事后实体经济的恢复（Rubio 和 Carrasco-Gallego，2014）；金融生态外部调节机制需要不同机构之间的紧密协作，以形成有效的风险管理组合；监管机构、金融机构、市场参与者等各方应加强信息共享，实现跨机构、跨市场的风险信息传递，以减少信息不对称和避免集中风险。四是要实现政策协同。政府部门应与监管机构、金融机构共同制定风险管理政策，确保政策协调一致；政策的明确性和稳定性有助于引导金融机构加强风险管理，并在其他外部调节机制、内部调节机制的支持下实现更好的风险组合。

总之，西部金融中心金融生态调控机制构建，应当围绕微观、中观和宏观层面的相互作用展开。通过在微观层面鼓励负责行为，在中观层面通过进入和退出维持稳定，在宏观层面确保均衡和有效资源配置，该机制维护了金融生态的平衡，促进了更广泛的社会经济稳定。这种金融生态调控机制能够维护一个安全和可持续发展的西部金融中心金融生态系统，既有效地为成渝地区金融主体提供服务，又为更大范围的社会经济系统提供服务。

第八章
西部金融中心建设使命与政策建议

相比于东部地区的金融市场发达程度，西部地区金融市场的规模较小，金融机构和金融专业人才相对不足，金融体系相对不完善，这限制了西部金融中心的发展和吸引力。与京津冀、长三角、粤港澳大湾区相比较，成渝地区的经济发展相对较弱，资金不足是限制金融中心建设的一个重要因素。另外，缺少有效的政策支持也是一个问题，政府在金融中心建设中支持政策不到位，缺乏定向和有效的政策措施，也会制约西部金融中心的发展。同时，西部金融中心还面临来自东部地区其他金融中心的竞争压力，东部地区已经建立起了相对完善的金融体系，吸引了大量的金融资本和金融机构，这使得西部金融中心要在竞争中找到自己的定位和竞争优势变得更加困难。

第一节 建设使命

根据《成渝地区双城经济圈建设规划纲要》及《成渝共建西部金融中心规划》两个权威性文件分析，西部金融中心建设使命主要体现在三大方面。

一是推动成渝地区加快双城经济圈建设。党中央、国务院高度重视成渝地区发展。成渝地区双城经济圈位于"一带一路"和长江经济带交汇处，是西部陆海新通道的起点，具有连接西南西北，沟通东亚与东南亚、南亚的独特地缘优势。区域内生态禀赋优良、能源矿产丰富、城镇密布、风物多样，是我国西部人口最密集、产业基础最雄厚、创新能力最强、市场空间最广阔、开放程度最高的区域，在国家发展大局中具有独特而重要的战略地位；"十三五"以来，成渝地区发展驶入快车道。中心城市辐射带动作用持续提升，中小城市加快发展，基础设施更加完备，产业体系日渐完善，科技实力显著增强，内需空间不断拓展，对外交往功能进一步强化[1]。与此同时，成渝地区综合实力和竞争力仍与东部发达地区存在较大差距，特别是基础设施瓶颈依然明显，城镇规模结构不尽合理，产业链分工协同程度不高，科技创新支撑能力偏弱，城乡发展差距仍然较大，生态环境保护任务艰巨，民生保障还存在不少短板[2]。推动成渝地区双城经济圈建设，符合我国经济高质量发展的客观要求，是新形势下促进区域协调发展，形成优势互补、高质量发展区域经济布局的重大战略支撑，也是构建以国内大循环为主体、国内国际双循环相互促进新发展格局的一项重大举措，有利于在西部形成高质量发展的重要增长极，增强人口和经济承载力；有助于打造内陆开放战略高地和参与国际竞争的新基地，助推形成陆海内外联动、东西双向互济的对外开放新格局；有利于吸收生态功能区人口向城市群集中，使西部形成优势区域重点发展、生态功能区重点保护的新格局，保护长江上游和西部地区生态环境，增强空间治理和保护能力[3]。

二是打造高质量发展重要增长极和新的动力源。坚持党中央集中统一领导，坚定不移贯彻新发展理念，坚持稳中求进工作总基调，以推动高质量发展为主题，以深化供给侧结构性改革为主线，立足构建以国内大循环为主体、国内国际双循环相互促进的新发展格局，围绕推动形成优势互补、高质量发展的区域经济布局，强化重庆和成都中心城市带动作用，引领带动成渝地区统筹协同发展，促进产业、人口及各类生产要素合理流动和高效集聚，加快形成改革开放新动力，加快塑造创新发展新优势，加快构建与沿海地区协作互动新局面，加快拓展参与国际合作新空间，推动成渝地

---

1 新华社. 中共中央、国务院印发《成渝地区双城经济圈建设规划纲要》[J]. 当代党员, 2021(21): 2.

2 《人民日报》评论员. 打造带动全国高质量发展的重要增长极和新的动力源[N]. 人民日报, 2021-10-21(1).

3 《人民日报》评论员. 打造带动全国高质量发展的重要增长极和新的动力源[N]. 人民日报, 2021-10-21(1).

第八章　西部金融中心建设使命与政策建议

区形成有实力、有特色的双城经济圈[1]。通过大中小城市协同发展的城镇体系建设、基础设施互联互通、具有全国影响力的科技创新中心建设、世界级先进制造业集群建设、中国式现代产业体系构建、融入全球的开放型经济体系建设、人民生活品质大幅提升等具体路径，推动成渝地区双城经济圈对全国高质量发展的支撑带动能力显著增强。

三是有效提升服务新时代西部大开发、共建"一带一路"、长江经济带和西部陆海新通道建设的能力。立足新发展阶段，贯彻新发展理念，构建新发展格局，坚持一体化融合，坚持共建共享，坚持风险防范底线思维，以金融支持成渝地区双城经济圈高质量发展为主线，以构建优势互补的现代金融业为根本，以金融改革创新为动力，以内陆金融开放创新为突破口，以营造良好金融发展环境和防范化解金融风险为保障，深化金融体制机制改革，共同完善提升区域金融市场功能，合力扩大金融对外开放，深化跨境跨区域金融合作，强化重庆和成都中心城市带动作用，促进各类金融要素资源合理流动和高效集聚[2]。金融体制机制更加优化，金融机构创新活力不断增强，金融开放程度显著提高，辐射集聚能力不断增强，支撑人民币"走出去"的区域战略地位更加凸显，金融生态环境明显优化，金融营商环境居全国前列。现代金融体系更加健全，金融服务"一带一路"建设格局初步形成[3]。科创金融、绿色金融、普惠金融、养老金融、数字金融、消费金融、供应链金融等特色金融服务体系更加完善，基本建成中国（西部）金融科技发展高地。基本确立具有较强金融资源配置能力和辐射影响力的区域金融市场地位，形成支撑区域产业发展、引领全国高质量发展、西部陆海贸易和国内国际双循环的内陆金融开放服务体系，金融服务"一带一路"功能更加完善，西部金融中心的国际影响力显著增强[4]。

---

1 白龙祥. 重磅!《成渝地区双城经济圈建设规划纲要》公布![EB/OL]. （2021-10-21）. https://m.thepaper.cn/baijiahao_15014433.
2 施小琳. 为成渝共建西部金融中心贡献成都力量[J]. 中国金融，2022(8): 9-12.
3 中国人民银行，等. 成渝共建西部金融中心规划[Z]. 2021-12-28.
4 中国人民银行，等. 成渝共建西部金融中心规划[Z]. 2021-12-28.

第二节　政策建议

对上述问题进行分析，可以发现这些问题都可归属于金融生态环境、金融生态主体、金融生态调节机制三大方面。通常，金融生态主体会根据金融环境参数变化修正自身行为，政府主导的金融生态调节机制建设的主要依据也是金融生态环境参数的变化。在金融生态系统中，人们直观观察到的是金融生态主体的各种表现，比如，金融机构的增减、金融人才的流入流出、金融资源的流进流出、金融产业的兴衰、企业与产业的发展等，其背后的原因都涉及金融生态环境是否良好和法律制度是否健全。而金融法律制度是金融生态环境重要组成部分，因此金融法律制度的健全完善本质上还是金融生态环境建设问题。在我国，高质量金融生态环境打造的动员者、设计者、引导者、监督者是政府。因此，结合西部金融中心建设使命、任务和存在的问题，重点从金融生态环境建设与"政府有为"的视角提出政策建议。

一、成渝共建西部金融中心金融生态环境建设的对策建议

成渝共建西部金融中心金融生态及营商环境的政策供给需以党的二十大、中央金融工作会议的系列精神作为指引，以节约制度性交易成本和市场交易成本为导向。我国社会主义市场经济体制机制完善方面，党的二十大重申要深化"放管服"改革，主要从法律、信用等方面切入优化营商环境，激发市场主体活力，尤其是激发企业家精神。金融体系居于现代经济体系的核心位置，金融稳则经济稳、经济强则金融强。在2023年中央金融工作会议上，党中央明确了我国金融高质量发展还面临着的几个突出问题，其中包含金融服务实体经济的质效不高、金融监管和治理能力薄弱，并指出要做好科技金融等五篇大文章促进实体经济和现代金融服务业深度融合。

第八章 西部金融中心建设使命与政策建议

（一）成渝共建西部金融中心金融生态及营商环境深化产融体系结合的政策建议

深化成渝地区产融体系结合是顺利推进西部金融中心金融生态及营商环境建设的物质保障。纵观人类历史几次大的产业革命，每一次产业革命都有来自金融体系的强大支撑，历时数百年的产业和金融互动融合过程中也孕育出了诸如伦敦、纽约等代表性国际金融中心。无论是政府主导型还是市场主导型的国际金融中心的成功建设，都需要强大的经济实力作为支撑。高科技产业和现代金融服务业深度融合是经济实力强大的基石，经济实力内生于生产力和生产关系的互动，而生产力又是决定性因素。2024年1月，党中央也辩证地指明了金融强国建设、科技创新、综合国力之间的关系，认为金融强国建设（含国际金融中心核心要素）应当基于强大的经济基础、领先世界的经济实力、科技实力和综合国力。产融结合会直接影响经济体的综合实力，经济强则金融强，国内外的国际金融中心建设逻辑如此，西部金融中心成渝共建逻辑也是如此。

东部沿海金融中心的产融结合经验为成渝地区深化产融结合助力西部金融中心建设提供了借鉴。第34期的GFCI数据显示，此次排名前100名的城市中我国内地城市占12个席位，其中上海和深圳位居内地城市的前两位[1]、青岛和成都分别位居第5和第6。可以直观发现，内地金融中心仍主要分布在经济实力更强的东部沿海经济区，这些沿海省市的经济实力例如人均GDP排名也长期位居国内前列，科技创新活跃度也同样位居全国前列。上海、深圳和青岛在金融中心建设中一贯重视产融结合，近年推出的一系列产融结合政策制度值得成渝共建西部金融中心参考借鉴。（1）自20世纪以来，上海建设国际金融中心长期获得中央层面的政策支持。2023年中央金融工作会议再次明确支持上海建设国际金融中心，其GFCI评分长期居于内地城市首位，在GFCI指标体系中反映产融结合的"声誉"指标，上海相比国内其他城市具有明显的竞争力。近年上海围绕科技企业生命周期，出台2022—2025年金融业支持上海科创中心建设的办法、多轮科技企

---

[1] 上海和深圳的GFCI34国际综合排名分别为第7和第12。

业信贷风险补偿方案，完善"股贷债保"联动发展的科技金融生态体系，持续通过产融结合巩固其国际金融中心领导者的地位。(2)深圳以产融结合促进国家金融中心建设也卓有成效。一方面从外部环境看，珠三角经济区和粤港澳大湾区为深圳产融结合促进国家金融中心建设提供了有力的支持；另一方面，深圳自身也保持了20世纪以来艰难曲折建金融中心的初心。近年，深圳面临着多个国内城市的金融中心地位竞争，深圳主动从深化产融结合和金融业特色化发展之路出发来巩固国家金融中心地位。例如深圳近年出台了一系列的产融结合政策，印发金融支持科技创新文件，扩大科技企业直接融资规模、引导 VC（风险投资），和 PE（私营股权投资）组织支持"20+8"产业集群等 20 条举措。重点发展金融科技产业，牵引深圳国家金融中心的特色化专业化发展，深圳金融科技指标在 GFCI34 排名高居全球第 4。深圳金融科技协同数字金融深化产融结合助力金融中心建设可以为西部金融中心数字化提供借鉴。(3)青岛作为国内区域性金融中心建设城市的代表，在 GFCI34 排名高于成都 1 位，相比上海和深圳而言，青岛产融结合助力区域性金融中心建设更具有参考价值。青岛作为全国首批科技金融试点示范城市于 2011 年就出台了科技金融资金管理办法[1]，聚焦地方金融组织支持科技中小企业成长；近年又陆续推出科技信贷"白名单"制度、探索科技金融投贷联动商业模式、科技金融特派员专项行动等一系列创新政策，动态推出 2023 年促进实体经济高质量发展政策清单，建立科技企业和专精特新企业金融服务白名单，完善白名单企业金融服务机制。青岛产融结合促进区域性金融中心建设首先受益于自身良好的经济基础和地缘资源禀赋，也与山东省长期重视产融结合和强劲的经济实力分不开[2]。山东高新技术企业，尤其是单项冠军企业培育在全国长期处于一流水平，山东各地的新旧动能转换、产业结构升级本身就是产融深度结合的

---

1 相关的内容是，经国务院同意，山东济南于 2021 年 11 月 25 日成为全国首个建设科技金融改革试验区的城市，早于长三角（上海、江苏、浙江等多省市联合发起）、北京中关村建设科技金融改革试验区 1 至 2 年。截至 2024 年 7 月，全国仅有上述 3 个科技金融改革试验区。

2 山东 GDP 总量在全国（港、澳、台除外）31 个省市区中长期保持一流。该省 2023 年的 GDP 总值已突破 9 万亿元，在全国排名仅次于广东和江苏而位居第 3，但是山东的 GDP 增速为 6%快于广东和江苏。

第八章 西部金融中心建设使命与政策建议

体现。青岛的区域性金融中心建设既受益于山东产融结合，也为山东产融结合深入推进提供了金融支持，使地方实体产业发展与金融中心建设实现了良性互动循环。

借鉴国内以上省市产融结合促进各类金融中心高标准建设和可持续发展的经验，西部金融中心金融生态及营商环境建设也可以通过深化产融结合入手。无论是国际、国家还是区域性金融中心建设都需要强大的经济实力为支撑，经济实力有赖于产融深度结合。科技是第一生产力，企业是科技创新的主体。因此，金融支持科技创新促进西部金融中心建设的当务之急是做好"科技—产业—金融"良性循环这篇大文章。结合中央金融工作会议精神、成渝双城经济圈和西部金融中心的系列建设规划，可以明确将西部科技金融中心建设作为西部金融中心建设的核心基础工程。实施这一核心基础工程要立足于成渝地区经济发展的实际，客观研判成渝两地与上海、深圳、青岛在产融结合促进金融中心建设中的长处和短板。西部金融中心建设规划要求在2025年初步完成。应理性认识到——成渝地区产融结合促进经济实力提升是一项长期工程，西部金融中心建成后的金融生态及营商环境建设更需要久久为功，毕竟金融中心的营商环境是保障其可持续运行的关键软性基础设施。

（二）成渝共建西部金融中心金融生态及营商环境的体系化法治化建设的政策建议

成渝共建西部金融中心金融生态及营商环境需以构建中国特色现代金融体系为指引，其主要构成是：自主可控安全高效的金融基础设施体系、分工协作的金融组织机构体系、结构合理的多层次市场体系、多样化专业性的金融产品和服务体系。《成渝共建西部金融中心规划》所制定构建金融体系的任务可归为产融结合的体系化和金融生态及营商环境的体系化。

产融结合体系化的主要内容是，以体系化的金融机构和金融市场形成促进成渝地区产融结合的金融服务体系。主要服务于成渝地区科技创新、绿色发展、乡村振兴、消费升级、数字化等领域，该些领域是成渝地区金融机构和金融市场体系化服务的主要目的，已涉及我国金融工作"五篇大文章"的主要范畴，是成渝地区产融结合的工作重点。我们认为，可以将科技金融生态及营商环境建设的政策供给作为突破，促进"科技—产业—金融"良性循环，为成渝共建西部金融中心的金融生态及营商环境建设提供坚实产业基础和制度基础，重点从促进产业链供应链融合，建设"产业—金融"的融合载体，聚焦电子信息、装备制造和汽车产业作为产融结合的重点，深入研判成渝高端制造业协同发展的基础条件、现实挑战与创新举措。结合中央金融工作会议有关完善金融产品和服务体系的要求，建议在西部科学城、绵阳科技城开展科技金融先行先试，学习借鉴山东济南及青岛的经验尽快创建科技金融改革试验区；在重庆、成都、绵阳和德阳等地协同建设科技金融试验区和知识产权金融试点区，探索知识产权质押、ABS（资产证券化）、租赁等金融模式；鼓励成渝地区银行业金融机构探索科技金融"六专机制"，创新科技保险和科技担保协同发展的科技金融风险缓释模式；推进 AI（人工智能）、大数据、云计算、区块链等数字技术在成渝地区的产融结合中先行先试，节约成渝地区产融结合的制度性交易成本和市场性交易成本。

  金融生态及营商环境的体系化建设，主要内容包含建设法治透明高效的金融法治体系。其内容可以细分为，法律及法规不同层面的金融法治环境建设。法律层面的金融法治环境是中国国际贸易促进委员会、世界银行集团 B-READY、GFCI 等主流营商环境评价体系的重点指标。中国国际贸易促进委员会的统计数据显示，西部地区法律环境总体落后于东中部地区，尽管近年成渝两地 GFCI 营商环境指标在国内较领先[1]，这并不会遮掩西部金融中心外围法律环境欠佳的事实，改善西部地区法律环境是一项艰难、复杂、持久的系统工程。鉴于此，成渝地区就法律层面的金融法治环境建设需结合成渝地区双城经济圈建设有关协同立法的要求，在立法、执法、司法、普法各环节保持交流沟通、同向发力、同题共答。可以以成渝金融法院为金融法治载体，对标上海金融法院和北京金融法院，在金融民事纠纷速裁、破产重组重整清算、知识产权金融裁判领域深化创新改革。

---

1 重庆 2021 年 11 月和北京、上海、杭州、广州、深圳一同入选全国 6 个开展营商环境创建的试点城市，重庆营商环境建设成效显著。

第八章　西部金融中心建设使命与政策建议

规范引入数字技术，完善网络维权、在线审判、P2P金融纠纷批量线上审理。加强金融法治人才队伍建设，因为金融工作本身就具有专业性，而科技金融、知识产权金融、涉外数字金融领域对专业性的要求就更高，对金融法律人员综合素质要求也更高，建议在金融法律工作人员招录阶段就严把准入关，可以在成渝地区的自由贸易试验区、科技金融改革试验区、知识产权金融生态示范区的建设进程中加强业务培训交流，通过司法裁判妥善解决知识密集型金融纠纷，培育与国际接轨的高端金融法律服务体系。

以上就法律层面的金融生态及营商环境体系化建设作出探讨，金融法治环境还包括金融法规层面的内容。我国金融监管制度更多属于部门规章，部门规章的位阶虽然低于法律，但是在金融实务层面却应用得更为广泛。鉴于我国的金融体制改革正在深入推进，成渝地区可以紧扣防范化解地方金融风险、优化金融监管。加强"一行一局一会"驻成渝机构与省市金融管理部门的信息沟通、监管协同。以大数据中心为载体，搭建金融风险治理合作平台，完善成渝金融风险监测。对地方隐性债、互联网金融、邮币卡、高利贷等重点领域开展金融风险排查，防范地方性金融风险跨区域、跨行业交叉外溢。推动成渝地区金融统一大市场形成，深化金融业"放管服"改革，节约制度性交易成本。以成渝地区"7+4"地方金融组织监管政策、执法口径统一为联合攻关重点，有序清理废除增加制度性交易成本的政策措施，开展不正当竞争行为治理，优化成渝共建西部金融中心的金融生态及营商环境。深化成渝地区金融法治联动合作，加大对恶意逃废金融债权，尤其是逃废银行信贷债权的惩罚力度。银行不良贷款对地方金融生态及营商环境的破坏极大。中国社会科学院李扬等学者编写的《中国城市金融生态评价报告》将地区不良贷款率作为评价金融生态环境的关键指标。引导成渝地区银行或小额信贷机构及时调整金融资产质量的考核导向和指标体系。按市场化方式加强不良贷款内部管理，避免大规模不良贷款纠纷对地方金融生态环境的侵蚀。鼓励银行业和小额信贷业金融机构使用债务重组和转让、NPL（不良贷款）收购处置、ABS（资产抵押债券）、REITs（房地产信托基金）等金融手段提升多元化、综合化处置不良资产。充分发挥AMC（资产管理公司）及金融资产交易所等金融生态主体的作用,建立统一盘活或处置不良贷款、不良担保形成的相关抵质押资产。成渝地区政府金融监管当局、司法部门可以依托成渝金融法院协同探索以维护地方金融生态环境为导向的不良贷款处置机制,打造成渝共建西部金融中心的金融法治环境的新模式新业态。

(三)成渝共建西部金融中心金融生态及营商环境的社会信用文化体系建设的政策建议

《成渝共建西部金融中心规划》有关金融生态及营商环境体系化建设的主要内容,除金融法治环境体系建设之外,还包含社会信用和金融文化体系化建设,具体要求推动社会信用文化(含清廉文化)、支付结算、金融监测数据共享,健全西部金融中心的金融基础设施。前已述及,自主可控安全高效的金融基础设施体系是构建中国特色金融体系的基础,社会信用体系是金融基础设施体系的核心,要实现金融基础设施体系的互联互通,离不开社会信用体系这一枢纽。因此,成渝共建西部金融中心的金融生态及营商环境体系建设应夯实社会信用及金融文化体系基础工程。基于自主可控安全高效的地方金融基础设施体系,才能进一步地构建分工协作的地方金融机构体系、结构合理的地方金融市场体系、多样化专业性的金融产品和服务体系。近年来,成渝地区地方金融监管面临一些难题,诸如:如何在防范地方金融风险与促进地方金融发展目标间保持平衡？如何在缺乏上位法情境之下增加地方金融监管的有效性？等等。这些监管难题一定程度也影响到地方金融组织的正常生产经营。例如,成渝地区小额贷款公司数量减少明显,商业保理公司和地方 AMC 展业困难,交易场所有序发展面临的政策不确定性大,民营融资担保公司可持续性差,政府性融资担保代偿风险逐年积累。本书认为,可以加大成渝地区的社会信用体系建设,地方金融监管可以引入信用监管规范,发展地方金融组织,增进央地金融监管及治理的协同性。避免中央金融管理部门纵向监管法规政策的"水土不服",减少地方金融监管部门因循守旧导致的"合成谬误"。在健全地方金融的信用监管中,需配套健全金融中介服务和专业服务体系,引导行业自律。伦敦等国际金融中心的成功经验表明,那些建设得越成功的国际金

第八章　西部金融中心建设使命与政策建议

融中心，其金融中介和专业服务体系也越发达。

成渝共建西部金融中心的社会信用体系，可以重点发展知识密集型会计、法律、资产评估等金融中介专业服务，为社会信用体系建设提供人力资源、信息支持、数据支持。结合GFCI的评级指标分析，"人力资本"是5个核心指标之一，其分项指标包括"专业人才的可获得性""劳动力市场的灵活度"，这些分项指标均与金融中介专业服务有关。西部金融中心的社会信用环境体系建设，需要金融生态主体共建共享、主动作为。鼓励国内外信用服务中介组织在成渝地区展业，例如可以设立市场化征信、信用评级、信用增进机构。在金融机构体系较完善的基础上，从多维度入手加强成渝地区社会信用服务体系的纵向一体化建设：一是可以将成渝地方性特色金融服务——例如天府信用通、天府科创贷、长江·绿融通、绿蓉通等——与国家发展改革委的"信易贷"平台实现对接；二是将成渝地方大数据中心的信用数据与国家城市信用监测系统的数据实现联通。规范发展成渝地方征信业、信用评级业，进而赋能成渝地区金融生态的社会信用横向一体化，推动成渝地区地方征信平台互联互通，建立信用信息共享机制，依法加大信用信息归集、共享和开发利用力度。向地方"7+4"金融组织开放人民银行的征信系统接口。有序推进成渝地区金融统计数据共享，促进社会信用体系建设，将统计数据基础设施建设列入财政专项。对标世界银行集团B-READY营商环境评价体系，协同推进成渝地区支付结算体系一体化建设，推动成渝地区的移动支付结算、公共服务互联互通，联合打击支付结算领域的违法犯罪，以稳定有序的支付结算体系助力成渝地区普惠金融、养老金融、数字金融高质量发展。统一的成渝地区社会信用政策制度和标准体系，可以为成渝共建高质量的西部金融中心社会信用体系夯实制度性基础设施。

成渝共建西部金融中心的社会信用文化体系有必要传承好中国特色金融文化。党中央在2024年1月的金融高质量发展专题研讨班开班式上，明确中国特色金融文化的要义是法治和德治相结合，其核心内容包含诚实守信、以义取利、稳健审慎、守正创新、依法合规等。这些金融文化内容与GFCI金融生态及营商环境评价体系的"声誉"一级指标的多个子指标相关,这些子指标包含城市吸引力与文化多样性、城市品牌与吸引力。与中国特色金融文化相契合的是,《成渝共建西部金融中心规划》及实施细则也就成渝共建西部金融中心的金融文化作出部署,相比而言关注的重点更聚焦于清廉金融文化。清廉金融文化与上述"诚实守信、稳健审慎、依法合规"等中国特色金融文化具有内在一致性。因此可以发挥成渝地区教育、人才资源富足的资源禀赋,以中央金融监管机构的驻成渝分支机构联合金融机构、科研教学机构协同打造具有全国影响力的清廉金融教育培训中心,引导银行业、保险业、证券业等金融机构从业者接受系统全面的清廉金融文化教育,以此预防和治疗相关金融领域近年屡禁不止的违法违规难题。清正廉洁、秉公无私是中国共产党人的优良传统,结合成渝地区的红色文化资源禀赋,本书认为可以在成渝共建西部金融中心工程中传承好、发扬好"长征精神""红岩精神",实现红色金融文化在成渝地区的发扬光大。因为这些红色文化是我党红色文化精神谱系的重要构成,同时也具有厚重的成渝历史文化底蕴,在成渝共建西部金融中心这一伟大事业中,将这些红色文化融入中国特色金融文化而共同发扬光大是成渝共建西部金融中心的责任担当。

二、成渝共建西部金融中心"政府有为"的政策建议

建设西部金融中心是我国区域金融中心建设战略的重要举措。在实施过程中,离不开党中央国务院把方向、做协调、给政策,离不开四川、重庆两地党委政府寻路径、定方案、抓落实。

党的十九届五中全会首次提出"推动有效市场和有为政府更好结合",从《成渝共建西部金融中心规划》内容看,"有为政府"包括三个层面:一是中央层面,"坚持党中央对金融工作的集中统一领导,强化党组织在推进成渝共建西部金融中心进程中的领导作用",发挥领导作用。二是国务院相关部门(中国人民银行、国家发展和改革委员会、财政部、国家金融监督管理总局、中国证监会、国家外汇管理局),主要职责是"加强与重庆市、四川省的沟通,指导共建西部金融中心工作稳妥有序推进。各金融机构要

第八章 西部金融中心建设使命与政策建议

加大对共建西部金融中心工作的支持力度,加大工作组织保障力度,依法依规推动创新业务在成渝地区先行先试,支持成渝地区双城经济圈内重大基础设施、国家重大产业项目、重大区域协同发展项目等建设",发挥指导、组织保障和支持作用。三是省市层面(重庆市人民政府、四川省人民政府),主要职责是"联合成立共建西部金融中心工作领导小组,研究制定共建西部金融中心实施细则,落实各职能部门工作责任,形成滚动推进的协作机制",是具体推进实施和责任主体。中央、国务院相关部门和成渝两地政府之间形成有效的三级联动工作机制,将有力保障西部金融中心建设主体不缺位、不错位、不越位,保证中国特色社会主义金融体制建设实践的政治性、方向性[1]。

(一)成渝共建西部金融中心中央政府主动作为的政策建议

1. 持续深化金融体制改革

继续深化我国金融体制改革,特别要注重金融产权制度建设。建立健全完善的金融产权制度,对金融机构实现利润目标和追求全社会福利最大化至关重要。完善金融产权制度在促进金融市场稳定、资源有效配置、产业升级和规范市场秩序等方面具有重要的积极作用。其一,能够加强金融主体的产权保护,确保金融主体的合法权益得到充分尊重和保障,从而提升金融机构的信心和积极性,促进金融市场的稳定和健康发展。其二,有助于优化资源配置。清晰的产权归属和明确的权责边界能够促使金融主体更加有效地运用资金,选择最优投资方向,提高资源配置的效率和效益。这有助于推动经济的高质量发展,促进产业结构的升级和优化。其三,可以促进金融市场的健康竞争。在公平竞争的环境下,金融机构将更加注重提供优质的金融产品和服务,以赢得客户信任和市场份额。这不仅可以推动金融创新,还可以提高金融服务的质量和效率,最终造福于广大金融服务的受益者。其四,有助于规范金融市场秩序。明确的产权规定和权利保护机制可以减少不当行为和违规操作,提高金融市场的透明度和诚信度。

---

[1] 魏良益. 着力提升金融集聚力辐射力[J]. 中国金融,2022(8): 21-23.

这有助于构建健康的金融生态环境，防范金融风险的发生，维护金融市场的稳定和健康。

2. 在成渝地区布局设立全国性生产要素交易市场

西部金融中心的建立和发展，将持续集聚金融资源和产业发展要素，布局全国性生产要素交易市场是必需的，也是可行的。首先，支持国际、国内金融机构在成渝地区设立分支机构、后台运营机构和数据备份中心；支持有条件的期货交易所在成渝地区设立交易系统备份中心、研发中心和业务分中心；支持上海票据交易所在成渝地区设立分中心或灾备中心，以辐射西南地区的票据业务。鼓励和支持境内外金融机构在成渝地区建设信息化平台、信息服务中心和数据备份中心[1]。这些举措能够支撑西部金融中心成为我国区域金融中心及全国性金融中心，可以促进金融资源集聚和金融功能辐射，助力成渝地区及西部地区经济高质量发展。

可以提升成渝地区金融交易的效率和创新能力，还能够吸引更多的金融从业人员和技术人才在成渝地区发展。有助于加强票据交易的地区性服务能力，推动票据市场的发展。有助于金融信息的安全存储和传输，为金融交易提供稳定可靠的基础设施。有助于提高金融机构的信息化水平，增强金融市场的信息传递和服务能力。除此之外，还应当支持成渝地区与全国各地大宗商品期货交易所、黄金交易所、环境交易所、知识产权交易所等机构开展战略合作，通过业务落地和产品推广等方面的积极探索，加强西部金融中心与全国金融市场的联系，促进金融资源的共享和交流。

3. 在成都规划设立西部数据资产交易场所

在健全数据资源产权等基础制度和标准规范的基础上，建立大数据产权交易和行业自律机制，促进成渝地区及全国数据经济的发展。

4. 规划设立成渝一体化的知识产权和技术转让交易中心

整合资源，提升成渝地区金融创新和知识产权交易能力，促进"科技—产业—金融"良性循环机制建立。

---

[1] 中国人民银行，等. 成渝共建西部金融中心规划[Z]. 2021-12-28.

（二）成渝共建西部金融中心国务院部门主动作为的政策建议

对成渝地区经济金融发展给予倾斜性政策支持。成渝地区是内陆地区，与京津冀、长三角、粤港澳大湾区相比，社会经济发展水平有相当大的差距。建设西部金融中心的重要目的是助力成渝地区双城经济圈成为我国第四个经济增长极，服务于西部地区、长江经济带、"一带一路"、西部陆海新通道建设等重大国家战略，使命重大。成渝地区建设西部金融中心有一定基础，但整体力量较为薄弱，需要中央政府出台相应的扶持性政策，支持成渝地区加快发展、提升能力，完成这一重大任务。

1. 科技创新能力提升的政策

一是增加国家重点实验室数量。制定专门政策鼓励从事原创性、基础性研究的国家顶尖级科研人才和团队流向成渝地区。二是增加基础研究项目立项。针对成渝地区双城经济圈建设、西部金融中心建设设立专项国家自然科学基金、国家社会科学基金项目（重大、重点和一般）。三是增加基础研究经费投入。制定倾斜性政策，提高资金预算专额度，支持成渝地区开展基础科学研究。四是创新和完善科研人员科研成果转化激励政策。在现行科研人员激励政策基础上进行创新和完善，营造勇于创新、乐于创新、善于创新的科研氛围，尊重科研人员劳动成果，形成容错文化和社会机制。

2. 产业创新能力提升的政策

一是在成渝地区统筹布局战略性新兴产业和未来产业。在传统产业发展过程中，东中部地区因人才、地缘等优势比成渝地区发展速度快、发展成效好，成渝地区主要依靠工业基础和国际国内产业梯度转移的机遇发展传统产业。但随着互联网、AI 技术发展，生产要素流动受到的时空影响将越来越弱；在未来，成渝地区与京津冀、长三角、粤港澳经济圈在战略性新兴产业和未来产业发展面临的机遇和挑战基本一致。因此，为了将成渝地区双城经济圈建设成为我国新的增长极，国家应当在成渝地区产业发展方面给予重点支持。二是支持成渝地区打造世界级制造业产业集群。目前，高端装备、电子信息、食品饮料初步具备打造世界级产业集群条件，光伏发电、新能源汽车也有打造世界级产业集群的可能，生命科学、新能源、新材料也有一定基础，需要国家统筹规划布局，并出台专门政策给予支持。三是成立国家级产业创新研发中心。结合目前推行的产业园区院士工作站工作机制，重点针对未来产业发展方向、发展路径、产业生态构建等方面开展研究。国家级产业创新研发中心应当跟踪世界产业创新发展前沿理论、动态，结合成渝地区实际，在产业技术、产业布局、产业组织、产业布局、产业政策等方面开展开拓性研究，为成渝地区构建现代产业体系、发展新质生产力服务。

3. 促进金融业发展的政策

一是将成渝地区列为"金融强国"建设试点区。"产业强国""金融强国"与"经济高质量发展"具有内在一致性，成渝地区双城经济圈要成为我国新的经济增长极，必须要具有强大的产业支撑能力和金融支撑能力。将成渝地区作为"金融强国"试点区，做好科技金融、绿色金融、普惠金融、养老金融、数字金融"五篇大文章"，探索金融发展理论创新和实践创新，有助于西部金融中心建设。二是制定成渝地区金融机构业务经营税收优惠政策。在新时代西部大开发税收政策的基础上，对在成渝地区开展业务的金融机构或对成渝地区企业（项目）投放资金资源的金融机构的税费再进行减免，引导金融资源向成渝地区流动。

（三）成渝共建西部金融中心成渝两地政府主动作为的政策建议

习近平总书记先后在中央金融工作会议、省级主要领导干部推动金融高质量发展专题研讨班开班式上进行了讲话，要求我们积极探索新时代金融发展规律，不断加深对中国特色社会主义金融本质的认识，不断推进金融实践创新、理论创新、制度创新，逐步走出一条中国特色金融发展之路[1]。必须坚持党中央对金融工作的集中统一领导，坚持以人民为中心

---

[1] 中央金融工作会议释放重要信号[EB/OL]. （2023-11-01）. https://news.cctv.com/2023/11/01/ARTITNwbOhEOCUNUREB2VWiv231101.shtml.

第八章　西部金融中心建设使命与政策建议

的价值取向，坚持把金融服务实体经济作为根本宗旨，坚持把防控风险作为金融工作的永恒主题，坚持在市场化法治化轨道上推进金融创新发展，坚持深化金融供给侧结构性改革，坚持统筹金融开放和安全，坚持稳中求进工作总基调[1]。西部金融中心建设是加快构建中国特色社会主义现代金融体系的重要内容，是建设金融强国的重要内容。成渝两地政府作为成渝地区金融市场公益性基础设施建设者和市场有效运行的制度供给者和监管者，承担着西部金融中心金融生态环境、金融生态主体、金融生态调节机制建设的主体责任。必须围绕建立健全科学稳健的金融调控体系、结构合理的金融市场体系、分工协作的金融机构体系、完备有效的金融监管体系、多样化专业性的金融产品和服务体系、自主可控安全高效的金融基础设施体系[2]创新性开展各项工作。

1. 探索建立以政府为主导的金融制度体系建设的合作模式

成渝共建西部金融中心的首要任务是打造可预期、可持续的金融生态环境。满足宏观审慎管理的金融制度体系建设和制度创新，需要成渝两地政府加强合作。可以采用制度创新试点（示范）等方式，选择条件相对成熟的毗邻地区（遂潼、合广长、泸永江、万达开等）开展金融制度创新试点（示范）；统一制订试点方案，形成可复制、可推广的合作模式。

2. 探索建立以政府引导为主的金融资源配置体系建设的协同模式

成渝共建西部金融中心的核心任务就是要建立起符合金融监管要求、金融资源要素聚集能力强、金融市场效率高、具有西部金融中心特色的金融资源配置体系。在金融资源集聚、金融市场建设、金融机构布局、金融人才引培等方面，成渝两地政府部门应加强协同，在目前两地成功合作经验基础上，不断优化金融主体与金融环境和谐共生的调节机制[3]。

---

[1] 中央金融工作会议释放重要信号[EB/OL].（2023-11-01）. https://news.cctv.com/2023/11/01/ARTITNwbOhEOCUNUREB2VWiv231101.shtml.
[2] 习近平在省部级主要领导干部推动金融高质量发展专题研讨班开班式上发表重要讲话[EB/OL].（2024-01-16）. http://cpc.people.com.cn/n1/2024/0116/c64094-40160230.html.
[3] 魏良益. 着力提升金融集聚力辐射力[J]. 中国金融，2022(8): 21-23.

3. 探索建立以政府发展特色金融为主的重大金融工程建设的联动模式

将科创金融、绿色金融、养老金融、数字金融、普惠金融、产业金融、供应链金融等作为成渝地区特色金融大力发展，争创国家科创金融改革试验区、国家绿色金融改革创新试验区[1]，大力发展金融要素市场，争取全国数字资产交易所落地成渝，引育优质公共金融服务团队，创新金融监管规则。

---

[1] 张静静. 成渝西部金融中心的六大看点[J]. 中国金融，2022(2): 78-79.

参考文献

[1] AKEY P, LEWELLEN S. Policy uncertainty, political capital, and firm risk-taking[R]. SSRN Working Paper, 2016.

[2] GRAS N S B. The development of metropolitan economy in Europe and America[J]. The American historical review, 1922, 27(4): 695-708.

[3] LEVINE. R. Financial development and economic growth: views and agenda[J]. Journal of economic literature, 1997, 35: 688-726.

[4] KINDLEBERGER C. The formation of financial centers: A study in comparative economic history[M]. Princeton: Princeton University Press, 1974.

[5] ORLOWSKI J, WICKER P. The monetary value of social capital[J]. Journal of behavioral and experimental economics, 2015, 57(8): 26-36.

[6] PARK Y S. The economics of off shore financial centers[J]. Columbia journal of world business, 1982, 17(4): 31-35.

[7] REED H. C. The pre-eminence of international financial centers [M]. New York: Praeger, 1981.

[8] RUBIO M, CARRASCO-GALLEGO J A. Macroprudential and monetary policies: implications for financial stability and welfare[J]. Journal of banking & finance, 2014, 49: 326-336.

[9] SMYTHE D J. Bounded rationality, the doctrine of impracticability, and the governance of relational contracts[J]. Southern California interdisciplinary law journal, 2004, 13: 227-267.

[10] THRIFT N. On the social and cultural determinants of international

financial centers: the case of the city of London[M] //CORBRIDGES. Money, power and space. Oxfovd: Blackwell.

[11] TITMAN S, WESSELS R. The determinants of capital structure choice[J]. Journal of finance, 1988, 43(1): 1-19.

[12] WILLIAMSON O E. The economic institutions of capitalism[M]. New York: Free Press, 1985.

[13] WILLIAMSON O E. The mechanism of governance[M]. Oxford: Oxford University Press, 1996.

[14] 本刊特约评论员. 扎实推动成渝地区双城经济圈建设开好局起好步[J]. 四川党的建设, 2020(8): 1.

[15] 陈平. 从金融生态圈的构成思改善金融生态环境的对策[J]. 金融纵横, 2005(8): 29-31.

[16] 陈志武. 金融的逻辑[M]. 北京: 国际文化出版公司, 2009.

[17] 陈红霞, 陈敏灵. 川、渝、陕构建区域金融中心的现实条件与路径研究[J].软科学, 2010, 24(9): 71-76.

[18] 陈银华, 袁梅. 西部金融中心背景下的成渝保险市场协同发展路径探索[J]. 保险职业学院学报, 2022, 36(5): 5-8.

[19] 戴了. 香港金融中心影响力分析——基于经济促进和金融辐射视角[D]. 沈阳: 辽宁大学, 2018.

[20] 邓献辉, 胡玲.政府间非合作博弈及其制度引导——基于维护国家金融安全视角[J]. 公共治理研究, 2014, 26(1): 78-84.

[21] 杜凤娜. 中部地区金融生态环境优化研究[D]. 武汉: 中南民族大学, 2013.

[22] 范文. 习近平新时代中国特色社会主义思想的理论框架[J]. 国家行政学院学报, 2018(2): 17-20, 134.

[23] 耿小烬. 以重庆打造内陆国际金融中心为契机引领西部金融中心建设[J]. 重庆行政, 2020, 21(2): 91-93.

[24] 郭鹏, 杨晓琴. 博弈论与纳什均衡[J]. 哈尔滨师范大学自然科学学报, 2006(4): 25-28.

[25] 哈肯. 高等协同学[M]. 郭治安, 译. 北京: 科学出版社, 1989: 1-68.

[26] 何韧, 刘兵勇, 王婧婧. 银企关系、制度环境与中小微企业信贷可得性[J]. 金融研究, 2012(11): 103-115.

[27] 何德旭. 新时代中国金融发展的根本遵循[N]. 人民日报, 2022-06-23(10).

[28] 霍文波, 余真仪, 杨蕙宇. 成渝地区双城经济圈金融市场一体化建设研究[J]. 当代金融研究, 2022, 5(2): 69-82.

[29] 胡志浩, 李勍. 关系型融资研究新进展[J]. 经济学动态, 2019(10): 132-146.

[30] 胡永彬, 王磊. 金融生态系统自我调节机制及提升途径研究[J]. 金融纵横, 2016(8): 95-98.

[31] 黄惠. 经济全球化进程中的有为政府与有效市场——基于中国特色社会主义政治经济学的分析[J]. 经济问题探索, 2022(2): 15-25.

[32] 姜若溦, 郑蓉, 干胜道, 等. "以退为进"的战略性主动退市分析——以二重重装为例[J]. 财会月刊, 2023, 44(3): 114-121.

[33] 姜璐, 郭治安, 沈小峰. 协同学与社会学的结合——定量社会学简介[J]. 社会学研究, 1986(3): 84-88.

[34] 蒋海玲. 国际金融中心的演进研究[D]. 南京: 南京师范大学, 2017.

[35] 赖先进. 论政府跨部门协同治理[M]. 北京: 北京大学出版社, 2015.

[36] 李文清. 协同学中的相似思想[J]. 华北工学院学报（社科版）, 2002(4): 22-25.

[37] 李扬. 金融中心: 聚集金融资源的有效机制[J]. 经济管理, 2003(9): 60-63.

[38] 李扬, 王国刚, 刘煜辉. 金融生态界说: 金融生态概念提出[J]. 中国工商, 2005(11): 37-39.

[39] 李成, 郝俊香. 金融中心发展的理论、总结与展望[J]. 上海金融,

2006(11): 4-8.

[40] 李嘉晓. 我国区域金融中心发展研究[D]. 咸阳：西北农林科技大学，2007.

[41] 李连友，罗嘉. 我国金融监管协同机制分析——基于协同学的角度[J]. 财经理论与实践，2008(2): 22-26.

[42] 李忠民，邹明东. 西部构建区域金融中心的比较研究[J]. 西部金融，2010(5): 36-37.

[43] 李兵兵. "金融极化"分析范式研究[D]. 武汉：武汉大学，2012.

[44] 李兵兵. 经济极化发展中的金融极化效应研究[J]. 区域金融研究，2013(11): 10-16.

[45] 李景春，周清清. 广州深圳区域金融中心协同发展研究[J]. 产业与科技论坛，2013，12(18): 123-124.

[46] 李琳，吴珊. 基于DEA的我国区域经济协同发展水平动态评价与比较[J]. 华东经济管理，2014, 28(1): 65-68, 91.

[47] 李彤. 金融生态环境优化及其促进地方经济发展的相关思考[J]. 中小企业管理与科技，2022(14): 164-166.

[48] 李云泽. 依法将各类金融活动全部纳入监管[N]. 每日经济新闻，2023-05-19.

[49] 梁馨元，兰国海，徐国涛，等. 基于金融生态视角的沈阳市建设区域金融中心优化对策研究[J]. 沈阳建筑大学学报（社会科学版），2023，25(5): 479-484.

[50] 林欣. 中国金融生态与经济增长关系研究[J]. 统计与决策，2016(1): 119-123.

[51] 林永军. 金融生态建设：一个基于系统论的分析[J]. 金融研究，2005(8): 44-52.

[52] 林毅夫. 新结构经济学[M]. 北京：北京大学出版社，2019.

[53] 刘定. 成渝金融法院来了，意味着什么？[J]. 四川省情，2022(3): 51.

[54] 刘国宏. 基于金融生态视角的区域金融中心建设研究[D]. 天津：

南开大学，2012.

[55] 刘国宏. 基于金融生态视角的金融中心形成机制研究[J]. 开放导报，2011(6): 49-52.

[56] 刘香叶. 完善内部调节机能 促进金融生态建设[J]. 中国金融家，2006(5): 110-111.

[57] 刘迅. "新三论"介绍——二、协同理论及其意义[J]. 经济理论与经济管理，1986(4): 75-76.

[58] 卢现祥，朱巧玲. 新制度经济学[M]. 北京：北京大学出版社，2007.

[59] 陆军，徐杰. 金融集聚与区域经济增长的实证分析——以京津冀地区为例[J]. 学术交流，2014(2): 107-113.

[60] 马德功，杨陈晨，刘林昕. 成渝构建区域金融中心比较研究[J]. 社会科学研究，2012(4): 14-18.

[61] 内田贵. 契约的再生[M]. 胡宝海，译. 北京：中国法治出版社，2005.

[62] 饶艳超，胡奕明. 银行信贷中会计信息的使用情况调查与分析[J]. 会计研究，2005(4): 36-41, 94-95.

[63] 宋保胜，吴奇隆，赵明正. 中部地区金融资源有效配置的路径优化研究[J]. 区域经济评论，2021(2): 106-115.

[64] 唐平，沈玉婷. 金融生态、经济发展与西部金融中心构建路径[J]. 重庆工商大学学报（社会科学版），2024(4): 1-15.

[65] 汤露，彭耿. 金融生态系统内部耦合的区域差异研究[J]. 浙江金融，2022(2): 40-51.

[66] 王雅俊. 西部地区金融生态运行绩效分异与影响因素研究[J]. 统计与决策，2020，36(8): 147-151.

[67] 王廷科，张军洲. 中国的金融中心问题研究[J]. 金融与经济，1996(1): 14-19.

[68] 威廉姆森. 治理机制[M]. 石烁，译. 北京:机械工业出版社,2016.

[69] 武力超，施桑桑，叶涛. 金融生态环境对城市外向型经济的影响

研究[J]. 现代金融导刊，2020(1): 42-47.

[70] 吴念鲁，杨海平. 关于打造中国国际金融中心的评析与思考[J]. 金融研究，2008(8): 166-176.

[71] 吴佳其. 专用性资本投入对贷款缔约行为的影响研究[D]. 成都：西南财经大学，2021.

[72] 肖作平，张樱. 社会资本对银行贷款契约的影响[J]. 证券市场导报，2014(12): 32-40.

[73] 邢乐成，白朴贤，邢之光. 中国普惠金融实现路径研究——基于金融生态圈案例[J]. 山东社会科学，2021(12): 125-132.

[74] 徐礼志. 区域金融生态环境评价指标体系构建与应用分析[J]. 黑河学刊，2019(1): 11-12.

[75] 杨子强. 金融生态环境与经济健康发展[J]. 银行家，2005(5): 24-28.

[76] 易纲. 货币政策的自主性、有效性与经济金融稳定[J]. 经济研究，2023，58(6): 19-29.

[77] 殷孟波，吴佳其. 非上市企业的经营效率传递了负债融资能力吗[J]. 财经科学，2020(4): 37-45.

[78] 殷孟波，吴佳其，许坤. 微观非金融企业杠杆治理的加减法——来自信贷市场的证据[J]. 重庆大学学报(社会科学版)，2021，27(3): 245-258.

[79] 尹志超，甘犁. 信息不对称、企业异质性与信贷风险[J]. 经济研究，2011，46(9): 121-132.

[80] 尤丽莎. 金融机构债权人委员会制度研究[D]. 太原：山西财经大学，2023.

[81] 于文超，梁平汉. 不确定性、营商环境与民营企业经营活力[J]. 中国工业经济，2019(11): 136-154.

[82] 余江波. 司法主导型金融机构破产程序：现实反思与优化路径[J]. 南方金融，2023(2): 88-98.

[83] 曾康霖. 刍议金融生态[J]. 中国金融，2007(18): 86-87.

[84] 张敦力, 李四海. 社会信任、政治关系与民营企业银行贷款[J]. 会计研究, 2012(8): 17-24, 96.

[85] 郑蓉, 李传宪. 差异化分红监管政策的实施效应检验[J]. 财会月刊, 2021(4): 17-25.

[86] 周永新. 金融生态环境对企业绿色技术创新的影响[J]. 企业经济, 2024(3): 124-134.

[87] 周小川. 法治金融生态[J]. 中国经济周刊, 2005(3): 11.

[88] 魏良益. 着力提升金融集聚力辐射力[J]. 中国金融, 2022(8): 21-23.

[89] 魏良益. 持续推进成渝共建西部金融中心[J]. 中国金融, 2023(23): 82-83.